2014—2015 浙江省创新型经济蓝皮书

Blue Book of Zhejiang Innovation Economy 2014—2015

吴晓波　主编

图书在版编目（CIP）数据

2014—2015 浙江省创新型经济蓝皮书 / 吴晓波主编.
—杭州：浙江大学出版社，2018.12
ISBN 978-7-308-18829-6

Ⅰ.①2… Ⅱ.①吴… Ⅲ.①区域经济发展—研究报告—浙江—2014—2015 Ⅳ.①F127.55

中国版本图书馆 CIP 数据核字（2018）第 287176 号

2014—2015 浙江省创新型经济蓝皮书

吴晓波　主编

责任编辑　樊晓燕
责任校对　夏湘娣
封面设计　周　灵
出版发行　浙江大学出版社
（杭州市天目山路 148 号　邮政编码 310007）
（网址：http://www.zjupress.com）
排　　版　杭州中大图文设计有限公司
印　　刷　虎彩印艺股份有限公司
开　　本　710mm×1000mm　1/16
印　　张　12.75
字　　数　208 千
版 印 次　2018 年 12 月第 1 版　2018 年 12 月第 1 次印刷
书　　号　ISBN 978-7-308-18829-6
定　　价　39.00 元

《浙江省创新型经济蓝皮书》课题组

课题组组长：吴晓波　　教育部长江学者特聘教授，浙江大学管理学院院长、博士生导师，浙江大学“创新管理与持续竞争力研究”国家哲学社会科学创新基地主任

课题组成员：杜　健　　浙江大学管理学院副教授

许宏啟　　浙江大学管理学院博士研究生

邵晓琳　　浙江大学管理学院博士研究生

常晓然　　浙江大学管理学院博士研究生

张紫涵　　浙江大学管理学院博士研究生

周榜豪　　浙江大学管理学院博士研究生

前　言

随着互联网技术的发展和普及，传统的区域边界、行业边界、企业边界逐步被打破。互联网的蓬勃发展不仅是当前和未来经济增长的现实背景，同时还是传统产业转型升级以及进一步深化创新型经济发展的驱动要素。随着浙江省逐步迈入经济新常态，提高企业自主创新能力、打造创新型经济大省、建设综合型经济强省，成为浙江省发展战略的核心，是进一步提高浙江省综合竞争力的关键。

创新型经济即创新驱动型经济，是将创新视为经济增长的动力，企业是创新活动的主体，企业与产业的协同发展是加快创新型经济建设的关键。本版蓝皮书在对国内外创新型经济的相关研究进行全面总结和梳理之后，利用课题组独立构建的创新型经济指标体系，从创新资源、创新过程以及创新产出三个维度对创新型经济进行刻画。首先对浙江省创新型经济 2014 年的运行状况进行了全面分析，并选取了北京、上海、江苏、山东、广东五个省市进行横向对比。在数据分析的基础之上，就“互联网＋”背景下的创新型经济价值创造模式进行深入剖析，认为“互联网＋”催生了新型创新机会，互联网技术为创新型价值主张的创造提供了更多的机会和平台。现在的商业竞争已经不再单单是企业和企业之间的直接竞争，更多的是基于企业所依存的价值网络之间的竞争，而互联网技术的推广也更加强调基于价值网络的创新。机遇与挑战并存，这一新的发展范式也对企业的创新能力提出了更高要求。本书以“互联网＋”对传统产业的升级改造、新时期战略性新兴产业的发展以及它们与创新型经济的协同发展为切入点，分别对“互联网＋工业”“互联网＋服务业”“互联网＋农业”目前的发展状况进行总结，并结合相关产业的优秀典型案例进行剖析。工业选择了聚光科技、鸿雁电器；服务业选择了阿里巴巴、网易；农业选择了遂昌模式、义乌模式。在此基础上指出了不同产业现阶段在提升创新能力中所面临的问题，以及下一步的发展举措。

本书在编排上力求既对创新型经济评价有一个一贯长期的延续，又结合当前形势，提出能“落地”的政策建议。就浙江省创新型经济的发展情况和面临的实际问题，课题组在本书的最后一篇从宏观产业层面以及微观企业层面给出了相应的政策建议，特别就如何提升企业自主创新能力以及如何培育企业家精神进行了详细阐述。

本课题组于2005年即在国内开创性地发起了“创新型经济评价”工作，出版了第一部区域创新型经济评价专著——《浙江省创新型经济蓝皮书2004》，在国内首次对创新型经济的概念和内涵进行了明确界定，并结合全国和浙江省的具体情况构建了由资源要素、过程要素和产出要素构成的多层次、定量化的创新型经济评价指标体系，至今转眼已10年。值此10年之际，本书也对浙江省过去10年的创新型经济运行情况进行了详细总结。我们惊喜地看到，在我们指标体系进行一次又一次完善以期能更真实全面地反映创新型经济发展情况的同时，浙江省在创新型经济的各类指标上也确实有了长足的进步，取得了骄人的成绩。在我们对六省市的横向对比中，浙江省创新型经济的综合排名从2009年的第五名已稳步提升至2015年的第二名。

在为浙江省创新型经济的发展感到骄傲时，我们还需要继续保持学者理性的特质去分析去总结，力求客观、科学地反映浙江省创新型经济的发展现状和趋势，并“清醒”地指出发展中存在的问题和瓶颈，不被取得的成绩所“蒙蔽”。本书所能达到的目的，是为决策者、研究者以及利益相关者“抛砖引玉”。也许我们无法提供详尽的政策论点和措施，但如果能为他们提供依据与启示，我们也甚为欣慰。欢迎社会各界对书中的不足给予批评和指正，使这一具有创新性的研究工作能够不断完善。借此机会，向一直支持和关心该项研究的领导和同仁们表示最衷心的感谢！课题组将持续对创新型经济进行研究，在下一个10年继续陪伴浙江省创新型经济快速发展并期能为其助力。

《浙江省创新型经济蓝皮书》课题组
2015年10月

目　录

第一篇　创新型经济总览

第 1 章　创新型经济界定 …… 003

1.1　创新型经济的内涵与引领作用 …… 003

1.2　创新型经济的研究动态及趋势 …… 012

第 2 章　创新型经济蓝皮书 10 年回顾 …… 019

2.1　主题和专题演变 …… 019

2.2　浙江省创新型经济新常态 …… 025

第二篇　评价指标体系与 2014 年评价

第 3 章　创新型经济评价指标体系的构建 …… 029

3.1　创新型经济评价指标体系的构建 …… 029

3.2　创新型经济评价方法 …… 033

附录　三级指标的意义及选用说明 …… 038

第 4 章　浙江省 2014 年创新型经济评价 …… 046

4.1　浙江省创新型经济的总体水平 …… 046

4.2　六省市创新型经济的比较与趋势分析 …………………………………… 055
4.3　浙江省创新型经济发展情况:10 年创新型经济运行回顾 ……………… 095

第三篇　创新实践:理论+案例

第 5 章　"互联网+"背景下的创新型经济价值创造模式 ……………………… 111

5.1　"互联网+"催生新型创新机会 …………………………………………… 111
5.2　"互联网+"立足价值主张创新 …………………………………………… 112
5.3　"互联网+"强调价值网络创新 …………………………………………… 115
5.4　"互联网+"塑造新型创新能力 …………………………………………… 122

第 6 章　"互联网+工业":培育工业新型创新能力 ………………………………… 127

6.1　"互联网+工业"的国际趋势 ……………………………………………… 127
6.2　中国"互联网+工业"的历史进程 ………………………………………… 128
6.3　浙江省"互联网+工业"的发展现状 ……………………………………… 130
6.4　浙江省"互联网+工业"的挑战 …………………………………………… 131
6.5　浙江省"互联网+工业"的机遇 …………………………………………… 132
6.6　浙江省"互联网+工业"的成功案例 ……………………………………… 134
6.7　浙江省培育"互联网+工业"新型能力的政策建议 ………………………… 140

第 7 章　"互联网+服务业":提升新兴服务业创新能力 ………………………… 142

7.1　"互联网+服务业":从传统服务业到新兴服务业 ………………………… 142
7.2　浙江省传统服务业发展现状与面临的挑战 ………………………………… 145
7.3　浙江省新兴服务业发展现状 ……………………………………………… 146
7.4　浙江省新兴服务业典型案例分析 ………………………………………… 148
7.5　浙江省"互联网+服务业"的政策建议 …………………………………… 159

第 8 章 “互联网＋农业”:打造新型农业创新能力 …… 163

8.1 浙江省“互联网＋农业”发展历程:从农业信息化到涉农电商 …… 163
8.2 涉农电商的运行机制 …… 165
8.3 涉农电商的机遇与挑战 …… 167
8.4 浙江省涉农电商的典型案例 …… 168
8.5 浙江省培育“互联网＋农业”新型能力的政策建议 …… 172

第四篇 政策启示

第 9 章 政策建议 …… 177

9.1 针对宏观层面的政策建议 …… 177
9.2 针对微观层面的政策建议 …… 181
9.3 企业提升自主创新能力存在的问题及解决方案 …… 182
9.4 培育企业家精神的建议 …… 184

参考文献 …… 186

图目录

图 3-1　创新型经济评价体系 …… 031
图 4-1　2013 年六省市三类指标表现 …… 047
图 4-2　2014 年六省市三类指标表现 …… 047
图 4-3　2013 年六省市资源类要素表现 …… 048
图 4-4　2014 年六省市资源类要素表现 …… 049
图 4-5　2013 年六省市过程类要素表现 …… 050
图 4-6　2014 年六省市过程类要素表现 …… 050
图 4-7　2013 年六省市产出类要素表现 …… 051
图 4-8　2014 年六省市产出类要素表现 …… 052
图 4-9　2014 年六省市 R&D 经费占 GDP 的比重 …… 053
图 4-10　2014 年六省市技术市场成交额 …… 053
图 4-11　2014 年六省市高技术产品出口额占商品出口额比重 …… 054
图 4-12　2014 年六省市单位 GDP 工业废水排放量 …… 054
图 4-13　每万人口普通高等学校在校学生数量 …… 056
图 4-14　每万人口中等职业学校在校学生数量 …… 057
图 4-15　普通高校师生比 …… 057
图 4-16　职业高中师生比 …… 058
图 4-17　教育经费总投入占 GDP 比重 …… 059
图 4-18　每万人中 R&D 人员数 …… 060
图 4-19　R&D 人员全时当量 …… 060
图 4-20　R&D 经费占 GDP 的比重 …… 061
图 4-21　地方财政科技拨款占地方财政支出的比重 …… 062

图 4-22　企业 R&D 经费支出占主营业务收入的比重 ………………… 063
图 4-23　电话普及率(包括移动电话)…………………………………… 064
图 4-24　移动电话普及率………………………………………………… 064
图 4-25　互联网普及率…………………………………………………… 065
图 4-26　城镇居民人均住房建筑面积…………………………………… 066
图 4-27　每万人拥有公共图书馆数量…………………………………… 066
图 4-28　每十万人专利申请授权量……………………………………… 067
图 4-29　每十万人发明专利申请授权量………………………………… 068
图 4-30　每亿元研究开发投入所取得的专利数………………………… 068
图 4-31　每万名 R&D 活动人员科技论文数 …………………………… 069
图 4-32　技术市场成交额………………………………………………… 070
图 4-33　大中型工业企业技术引进经费占本地区 R&D 经费内部支出比重……………………………………………………………… 071
图 4-34　大中型工业企业消化吸收经费占技术引进经费的比重……… 072
图 4-35　规模以上工业企业 R&D 项目数 ……………………………… 073
图 4-36　国家级企业技术中心数………………………………………… 073
图 4-37　高技术产品出口额占商品出口额比重………………………… 074
图 4-38　规模以上工业企业新产品产值占规上工业企业总产值比重……………………………………………………………………… 075
图 4-39　第三产业产值占 GDP 比重 …………………………………… 076
图 4-40　城镇居民登记失业率…………………………………………… 077
图 4-41　城镇居民人均可支配收入……………………………………… 077
图 4-42　人均地区生产总值……………………………………………… 078
图 4-43　贸易顺差(逆差)………………………………………………… 079
图 4-44　单位 GDP 废水排放量 ………………………………………… 080
图 4-45　单位 GDP 废气排放量 ………………………………………… 080
图 4-46　单位 GDP 工业废物排放量 …………………………………… 081
图 4-47　单位 GDP 综合能耗 …………………………………………… 082
图 4-48　电子商务发展指数……………………………………………… 082

图 4-49　信息化发展指数 …… 083
图 4-50　2014 年六省市教育资源指标得分 …… 084
图 4-51　2014 年六省市技术人力资源指标得分 …… 085
图 4-52　2014 年六省市科技投资资源指标得分 …… 085
图 4-53　2014 年六省市基础设施资源指标得分 …… 086
图 4-54　2014 年六省市知识创新指标得分 …… 086
图 4-55　2014 年六省市技术商业化指标得分 …… 087
图 4-56　2014 年六省市技术独立性指标得分 …… 088
图 4-57　2014 年六省市创新组织与活力指标得分 …… 088
图 4-58　2014 年六省市产业发展指标得分 …… 089
图 4-59　2014 年六省市居民生活指标得分 …… 090
图 4-60　2014 年六省市经济效益指标得分 …… 091
图 4-61　2014 年六省市可持续发展指标得分 …… 091
图 4-62　2014 年六省市互联网发展指标得分 …… 092
图 4-63　2014 年六省市资源类指标得分 …… 093
图 4-64　2014 年六省市过程类指标得分 …… 094
图 4-65　2014 年六省市产出类指标得分 …… 095
图 4-66　2003—2014 年浙江省创新型经济发展综合排名 …… 096
图 4-67　2006—2014 年浙江省教育资源指标排名 …… 097
图 4-68　2004—2014 年浙江省技术人力资源指标排名 …… 098
图 4-69　2006—2014 年浙江省科技投资资源指标排名 …… 099
图 4-70　2004—2014 年浙江省基础设施资源指标排名 …… 101
图 4-71　2005—2014 年浙江省知识创新指标排名 …… 101
图 4-72　2004—2014 年六省市技术交易额 …… 103
图 4-73　2008—2014 年浙江省技术独立性指标排名 …… 104
图 4-74　2008—2014 年浙江省创新组织与活力指标排名 …… 104
图 4-75　2008—2014 年浙江省产业发展指标排名 …… 105
图 4-76　2004—2014 年浙江省居民生活指标排名 …… 106
图 4-77　2004—2014 年浙江省经济效益指标排名 …… 107

图 4-78　2004—2014 年浙江省可持续发展指标排名 …………………… 108
图 5-1　百度的互联网帝国：自营业务与投资布局 2015 版本 ………… 116
图 5-2　阿里巴巴的互联网帝国：自营业务与投资布局 2015 版本 …… 117
图 5-3　京东的互联网帝国：自营业务与投资布局 2015 版本 ………… 118
图 5-4　腾讯的互联网帝国：自营业务与投资布局 2015 版本 ………… 119
图 5-5　互联网＋新型能力体系之凤凰模型 ……………………………… 125
图 6-1　工业变革进化 ……………………………………………………… 127
图 6-2　中国两化融合历史进程 …………………………………………… 128
图 6-3　2011—2014 年两化融合各类指数发展比较 ……………………… 129
图 6-4　2014 年各省两化融合各类指数发展比较 ………………………… 130
图 6-5　聚光科技智慧环保监控网络 ……………………………………… 135
图 7-1　支付宝与未来医院 ………………………………………………… 153
图 8-1　遂昌模式中综合服务商推动涉农电商发展的机制 ……………… 170
图 8-2　义乌模式中本地网商的竞争力来源 ……………………………… 172

表目录

表 3-1　创新型经济评价体系的相关指标 …………………………… 031
表 3-2　三级指标数据来源 ……………………………………… 035
表 4-1　2013 年六省市三类指标表现排序 ………………………… 047
表 4-2　2014 年六省市三类指标表现排序 ………………………… 048
表 5-1　基于价值网络的商业模式创新能力解构 ………………… 126
表 6-1　聚光科技的发展脉络 …………………………………… 136
表 6-2　鸿雁电器基于“互联网＋”提供的各领域方案 ………… 138
表 6-3　鸿雁电器的发展脉络 …………………………………… 139
表 7-1　阿里巴巴集团业务范畴 ………………………………… 149
表 7-2　阿里巴巴“未来医院”计划 ……………………………… 151
表 7-3　网易云课堂简介 ………………………………………… 158

第一篇　创新型经济总览

第 1 章 创新型经济界定

1.1 创新型经济的内涵与引领作用

1.1.1 创新型经济的内涵

创新是经济增长的源泉，创新过程是经济增长的路径。经济社会发展的宏观环境改善，反过来又促进了创新的进一步发展。创新其实并不是一个全新的概念，在新古典经济学派和制度经济学派对经济增长现象的解释中均有关于创新的描述。最早真正将技术创新直接作为推进经济增长原因的是学者亚当·斯密及卡尔·马克思。而进一步系统地提出创新概念并推动人们对创新进行深入研究则应归功于美籍奥地利经济学家约瑟夫·熊彼特。熊彼特于 1912 年出版《经济发展理论》，提出了技术创新的概念。他认为，技术创新就是企业家抓住市场机会重新组合生产要素的过程。他将技术创新归结为下列 5 种情况：(1)引进新产品或产出新质量的产品；(2)使用新的生产方法；(3)开辟新的商品市场；(4)获得原料或半成品的新的供应来源；(5)实行了新的企业组织形式。他将影响经济的因素划分为内在因素和外在因素，认为人口、欲望状态、经济和生产组织的变动都是引起生产扩张的外在因素，而只有技术创新才是一个"内在的因素"，"经济发展"也是"来自内部自身创造性的关于经济生活的一种变动"(Schumpeter，1912)。

经济发展具有阶段性，在不同的发展阶段，驱动经济增长的力量是不一样的。波特认为，国家竞争优势的发展可分为 4 个阶段，即要素驱动(factor-driven)阶段、投资驱动(investment-driven) 阶段、创新驱动(innovation-driven) 阶段和财富驱动(wealth-driven) 阶段。近几十年，世界科学技术飞速进步，尤其是新兴技术和信息技术的发展,使得越来越多的国家的经济发展从要素驱动阶段、投资驱动阶段逐渐进入创新驱动阶段;与此相对应,21世纪的区域经济发展模式也逐步转变为创新型经济发展模式。此时,区域经济优势已不再严重依赖于自然资源和劳动力资源的拥有状况,而是依赖于国家和企业的技术创新构想和技术创新能力(Evangelista、Iammarino 和 Mastrostefanov,2001)。

1998年,英国创新驱动型经济特别工作组在出台的《英国创新驱动型经济报告》中首次对创新驱动型经济进行了定义,将创新驱动型经济界定为"那些从个人的创造力、技能和天分中获取发展动力的企业,以及那些通过对知识产权的开发可创造潜在财富和就业机会的活动"(CITF,1998)。创新驱动的经济模式具有极高的附加值,已成为区域经济发展的"引擎"。创新驱动型经济在技术、知识产权、专利制度、金融服务等发展条件的支撑下,以居于价值链高端的地位渗透所有产业,决定生产过程利润分配的本质。这也是知识经济对创新驱动型经济的要求。

由此可见,创新型经济给全球经济社会发展带来的影响将越来越深刻,研究这种新的经济发展模式已显得非常重要。创新型经济的理论基础主要围绕创新和经济这两个理论核心展开。首先,创新是经济增长的源泉,创新过程也是经济发展的过程;第二,经济社会发展的宏观环境改善反过来又促进了创新的进一步发展。创新型经济正是建立在这一互动反馈基础上的经济模式。

尽管国际上不乏关于创新型经济的理论和实证研究,但包括较有影响的美国麻省创新型经济评估报告在内,对于创新型经济的概念始终没有明确的界定,只通过指标体系来表达对创新型经济的理解。为了明确研究方向,便于评价工作的持续和推广,我们认为给出创新型经济清晰的界定是非常必要的。综合经济增长理论、创新理论、区域创新系统理论及创新能力评价等理论和实证研究的成果,我们提出的定义如下:

创新型经济是指以信息革命和经济全球化为背景,以知识和人才为依托,以创新为主要推动力,持续、快速、健康发展的经济。

不同于单纯依靠劳动力投入或资本的增加,以严重消耗资源作为代价的"增长型经济",创新型经济是以现代科学技术为核心,以知识的生产、存储、分配和消费为最重要因素的可持续发展的经济。

不同于单纯依靠引进设备和技术,以照搬外来技术为主要推动力的"模仿型经济”，创新型经济是注重培育本国企业和R&D机构的创新能力，发展拥有自主知识产权的新技术和新产品，以自主创新为目标和主要推动力的经济。

创新型经济不仅强调企业和国民经济的发展，也重视创新带来的居民生活水平的改善，追求社会与经济的和谐统一。

不少专家认为，创新型经济有三个特征：一是以创新知识密集产业和绿色技术产业为标志；二是科技创新和产业创新互动结合；三是以知识创新为主体，也就是大学、科研机构同技术创新主体紧密合作。

需要指出的是，创新型经济并非一定涵盖一个国家或地区的整个经济系统，而很可能只存在于经济系统的局部，存在于某些产业之中。而且高新技术产业并不是创新型经济的同义词，传统产业通过技术改造和产业升级，同样有可能成为创新型经济的重要组成部分。例如纺织和服装行业虽然一般被列入传统行业，但美国麻省的纺织和服装行业大量采用了新型材料、计算机辅助设计制造等先进技术和装备，提升了产品的高科技含量和档次，创造了高产值和高工资，成为当地技术创新系统的重要成员，因此美国麻省技术联合会(The Massachusetts Technology Collaborative，MTC)也将其选入选择关键产业集群行列。

为了揭示创新型经济概念提出的必要性和意义，需要仔细考察创新对经济发展的引领作用，从根本上把握经济增长的源泉和路径。

1.1.2 创新型经济的引领作用

从人类社会发展的历史看，任何一个国家都是首先成为世界的科技强国，然后成为经济强国的。美国经济正是凭借其世界最具活力的科技创新大国地位而在第二次工业革命的浪潮中全面超越英国的。中国目前正处于经济社会发展的关键时期，有专家进行过测算，要达到2020年GDP翻两番的目标，科技对经济发展的贡献率要从现在的40%左右提高到60%。因此，提高自主创新能力，掌握核心技术，就成为中国从大国发展到强国的关键。自主创新正在成为今后15年中国经济社会生活中最响亮的词。

创新型经济的本质在于它是一种自下而上、开拓新领域、逐步发展丰富的经济。创新乃是经济发展最根本的动力源泉。创新型经济之所以重要，是由于其对经济发展的引领作用。创新型经济的引领作用从以下几个方面展开。

1. 创新驱动经济增长

众所周知，真正意义上的现代经济增长始于18世纪的英国工业革命，其后扩展到其他西方国家。100多年以来，经济学家们对于探索“经济增长的本质”尤感兴趣。“到底是什么驱动了经济的增长?”这是经济学家一直孜孜不倦试图解答的难题。从古典经济学派到新增长学派，根据社会发展的不同阶段，各个学派对经济增长的本质提出了相应的不同见解。而西方经济增长理论的发展经历了三个阶段：一是资本决定论阶段；二是技术决定论阶段；三是人力资本决定论阶段。

资本决定论起源于亚当·斯密（1776）的资本理论，哈罗德—多马模型（1939，1946）是其典型表达式，其理论核心是经济增长最终取决于资本积累率。从20世纪50年代开始，技术决定论逐渐取代资本决定论，成为西方经济增长理论中的主流。技术决定论以罗伯特·索洛模型及其理论（1957），西蒙·库兹涅茨（1959）、肯德里克（1972）与丹尼森（1962）等经济学家的经济增长因素分析理论为代表，其理论核心是，一国经济增长中的决定因素是技术进步，促进技术进步并将之用于生产是经济增长的关键。20世纪60年代初，舒尔茨（1961）正式提出了人力资本概念，由此人力资本理论开始建立和发展，经济增长理论中的人力资本决定论成为重要分支之一，其理论以舒尔茨（1961）和贝克尔（1964）的人力资本理论为代表，其核心观点是，人力资本（特别是教育）是现代经济增长的主要动力和源泉。在经历“资本决定论”“技术决定论”“人力资本决定论”之后，创新的重要作用日益得到人们的广泛关注。

20世纪80年代末期以后，伴随着在西方发达市场经济国家出现新一轮的、不同于以往经济增长周期的经济增长（被称为新经济增长），新经济增长理论（又称为内生增长理论）在西方应时而生，经济增长理论的发展进入第四个阶段。新增长理论把技术进步放在经济增长尤为突出的位置，技术创新更多地进入主流经济学家的视野，影响着发展研究与发展政策。

新经济增长理论以特殊的知识与专业化的人力资本积累论为发展主体，由罗默、卢卡斯等为代表的经济学家建立。他们在继承和发展技术进步论和人力资本论的基础上，在强调经济增长不是外部力量而是经济系统的内部力量，尤其是在内生知识进展和技术变化结果的基础上，通过对知识外溢、人力资本投资、研究与开发、收益递增、劳动分工和专业化、边干边学、开放经济和垄断化等问题的研究，建立起新的经济增长模型，重新阐释了经济增长的源泉，提出了新的政策建议。正如罗默理论认为的那样："经济收益递增型模式，是以知识创新和专业化人力资本为核心的经济增长，它不仅可能形成资本收益的内部递增，而且能使传统的生产力要素也随之产生递增效益，从而牵动整个经济的规模效益递增，突破传统意义上的增长极限。"

所谓的新经济增长理论的实质是强调创新。首先，它摆脱了索洛模型中规模收益不变的假定，而强调规模收益递增，即双倍的资本、劳动力及其他生产要素会导致多于双倍的产出。其含义之一是物质资本和人力资本的影响比索洛模型要大。第二，它摆脱了索洛模型中的所谓稳态收入水平。当新的投资外部性很大时，资本的收益递减不一定会发生，所以增长不会减慢，经济也不一定会达到稳态。因此，新经济增长理论可以解释在许多国家观测到的持续的人均增长的事实而不依赖于外生的技术变化，因此，这种理论常常被称作内生增长模型。在这种模型中，强调了发展中国家人力资本投资的重要性，以及从有更先进研究能力的国家转移技术的潜在收益。

由此可见，创新能够促进经济增长，创新是经济增长的源泉和路径。"创新驱动型经济"由此产生。理论上，创新驱动型经济增长是指科技进步对经济的集约增长起了决定性的作用，经济的快速增长又促进了科技投入的增加，使科技进一步发展，科技进步因素在经济增长中的贡献率大大提高；研究与开发成本高；能源和自然资源依存度低；产品具有良好的市场潜力并且附加值高；技术变革推动经济迅速发展，技术革新带来了要素生产率的提高。

创新是推动经济增长的根本动力，它不仅可以促进经济增长，提高生产率和竞争力，而且有助于产业结构调整和升级，推动经济增长方式的转变，提高经济增长的质量和福利水平。普林斯顿大学垄断与产业组织大师威廉·鲍莫尔(William J. Baumol)教授(2004)认为，创新有三个创造增长的特征：首先，很多创新具有累积性特征。很多创新并非仅仅取代旧科技，使其过时被淘汰；相反，它们是对已有的科技进行增补，从而构成了经济中技术知识存量的一个净增长。这样的创新带来的是创造性的知识累积，而不是创造性的破坏。其次，一般而言，信息，尤其是创新，具有众所周知的公共产品特征。改善了的技术一旦被创造出来，就将不仅只是对做出这项突破的企业的产出产生促进作用。在相对说来很微小的额外成本之上，它也能够增加其他企业的产出量。最后，创新具有“加速器”的特征。一个稳定的创新产出通常意味着产量的增长，而不是保持不变。

改革开放以来，中国经济以年均9.67%的速度增长。但是有数据表明，自1998年以来，科技对中国经济增长的贡献有所下降。经济增长主要靠投资拉动，产业技术的进步基本靠引进，本土的科技能力未能给国家发展提供有效的支撑。可以说，技术创新能力的不足已成为中国经济的“软肋”。因此，中国政府提出大幅度提高科技创新能力，逐步实现从要素驱动型增长与投资驱动型增长向投资与创新驱动型共同增长的转变。

2.创新促进工业化发展与转型升级

工业化(industrialization)是一个国家用以提高物质生活水平的一个必要手段，是发展中国家实现经济增长和社会经济转型的重要途径(Lewis,1955)。联合国工业发展组织在《2009年度工业发展报告》中明确指出：“工业化是实现经济发展的根本途径。除非是土地或资源极度富余的国家，才有可能不通过工业化来实现成功发展。”(UNIDO,2009)作为经济发展过程的一个历史阶段，工业化不仅表现为一个国家由落后的农业国变成先进的工业国的过程，而且还包含着经济增长量的扩张和结构变动所带来的生产力进步和经济发展的质的变化。

在产业间结构升级方面，美国经济学家钱纳里(H. B. Chenery)和泰勒(L. Taylor)在考察生产规模较大和经济比较发达国家的制造业内部结构转换及其成因时，为了研究的需要，采用了将不同经济发展时期对经济发展起主要作用的制造业部门划分为初期产业、中期产业和后期产业的一种分类方法。初期产业是指在经济发展初期对经济发展起着主要作用的制造业部门，包括食品、纺织、皮革等。初期产业一般具有如下共同特征：其产品主要用于满足基本生活需要；其产品具有较强的最终需求性质，后向关联系数较小；其产品具有较小的需求收入弹性；其产品的生产技术和工艺比较简单。中期产业是指在经济发展中期对经济发展起着主要作用的制造业部门，包括非金属矿工业、橡胶工业、木材与木材加工业、石油工业、化学工业、煤炭工业等。中期产业一般具有如下共同特征：它包括中间产品和部分最终产品；它也有明显的最终需求性质，前向关联系数较大；它具有较高的需求收入弹性；在很多场合能够较快结束初期产业发展中的进口替代政策。后期产业是指在经济发展后期对经济发展起主要作用的制造业部门,包括服装及日用品、印刷出版、粗钢、纸制品、金属制品和机械制品等。后期产业一般具有如下共同特征:包括服装等很多最终产品,是前向关联系数较大的制造业部门;具有很强的中间需求性质,也是后向关联系数较大的部门;具有较高的需求收入弹性。产业结构的发展和变迁基本上就是一个沿着初期产业—中期产业—后期产业路径发展的过程。

陈佳贵和黄群慧(2003)进一步认为,在工业部门内部结构变化所呈现的重工业化、高加工度化和技术集约化的三种趋势,在本质上反映了工业产业结构从劳动密集型向资本密集型、进而向技术密集型逐步升级的过程。霍夫曼所揭示的资本品工业净产值在整个工业净产值中所占的比重随着工业化过程的推进而逐渐上升的经验法则,更适合描述工业化中期阶段的工业产业结构从劳动密集型向资本密集型演变的规律。而到了工业化的中(后)期与后期,工业部门呈现高加工度化和技术集约化的趋势,工业产业结构开始向技术密集型升级。

在产业内升级的研究中,产品内分工与产业内贸易成为产业结构升级的理论前提。当前的主要理论有水平型产品内分工和垂直型产品内分工两种结构模式(中国制造业比较优势与产业结构升级研究)。在水平型分工模式中,部分厂商生产质量较高的高端产品,而另一部分厂商生产低成本优势的产品,形成产品差异化。水平型分工的影响因素与市场竞争结构有关。Greenaway 和 Milner(1984)等人基本证明了 Lancaster(1980)所提出的产品水平差异、垄断竞争、适度规模经济等对产业内贸易的重要作用。

在垂直型分工模式中,根据 Dixit 和 Grossman(1982)对多阶段生产(multistage production)的解释,制造业的生产过程是由一系列连续的垂直阶段组成,每一阶段都对上一阶段的中间产品增加一些附加值,然后生产出这一阶段的半成品,为下一阶段做好准备。每一阶段的生产技术或要素密集度是不同的,比较优势决定了每个国家在生产阶段上的专业化分工模式。Helpman(2006)结合不完全契约理论和行业内企业在劳动生产率上的异质性分析了跨国企业的组织选择决策。分析认为,同一行业内企业在劳动生产率上存在较大差别,只有劳动生产率最高的企业才会选择外商直接投资(FDI),劳动生产率次之的企业会选择海外外包,劳动生产率再次之的企业会依次选择在国内投资、国内外包。Helpman 认为,行业内企业在劳动生产率上的异质程度和一国的契约制度质量构成了比较优势新的源泉。

创新不仅能带来经济的增长，而且还可以引起经济增长质量的提高，推动工业化转型升级。首先，技术创新是产业结构升级的前提和动因。各国的工业化进程无不表明，任何一个国家经济的持续、稳定、健康发展，都依赖于该国产业结构的升级。产业结构的升级以技术创新为前提和动因，因为每当有技术创新出现并进一步不断扩散到生产领域的各个方面时，劳动对象、生产手段、生产结果都会发生质的变化，生产要素、生产条件都需要重新组织，其结果是会进一步形成积聚效应，从而培育出新的高新技术产业部门或者取代某些传统部门，从而促进区域产业结构的更新，使一个国家(或区域)的产业结构区域高级化。

其次，技术创新将促进工业部门结构的变化。随着高新技术的产业化，高新技术产业产值占工业总产值的比重也日益提高。1995 年我国高技术产业的总产值占全部制造业总产值的比重仅为 5.6%，到 2001 年已经接近 10%。美国和日本的这一指标分别于 1982 年和 1984 年首次超过 10%，英国和韩国也于 1986 年首次达到 10%，我国则在 2002 年才达到 9.9%。近 10 年来，我国逐渐重视技术创新对企业乃至整个区域经济的重要作用，积极参与国际高技术产业竞争，大力发展高技术产业，使得高技术产业规模迅速扩张，从而促进了制造业产业结构的明显改善。

再次，技术创新促进区域消费结构的变革。技术创新活动所开发的新产品，不仅引发和促进了产品的更新换代，而且也诱导和改变了消费需求的取向，从而引发了区域消费结构的变化。美国在 20 世纪 50 年代初，物质消费支出占消费总支出的 58.8%；20 世纪 80 年代初已下降到 45%，而健身、旅游、文化娱乐等非物质消费达到了 55%。在日本，20 世纪 60 年代的非物质消费为 31.7%，80 年代上升到 41.1%。消费结构的变迁不仅对生产活动产生导向作用，会促进区域产业结构的调整，而且也对商业贸易活动产生指示作用，引发和促进区域贸易结构的变化。由此可见，技术创新引起了产业结构的变化，进而又影响了消费结构的变革。

最后，技术创新会推动国际贸易结构的变革，引发水平分工与垂直分工的变化。随着技术创新的推动，国际贸易结构变化显著。技术作为一种特殊的商品成为贸易的重要对象，国际技术贸易额不断增加。我国技术贸易起步较晚。中华人民共和国成立后，伴随着国民经济的发展，我国技术进口也进入了稳步发展的新时期。我国的技术进口大致可以划分为四个阶段：1952—1959 年为中华人民共和国成立以后我国技术进口贸易发展中的第一阶段。当时从苏联引进 450 个项目，用汇金额 37 亿美元。1963—1968 年为第二阶段，我国从日本、英国、法国、意大利等国引进技术和设备 84 项，累计用汇 14.5 亿美元。1972—1978 年是第三阶段，我国先后同日本、德国、英国、美国等国的厂商签订了 367 个项目合同，累计金额 33.5 亿美元。1978 年至今为第四阶段。这一阶段是我国技术进口贸易的飞跃发展时期，技术进口金额高达 2000 多亿美元。

3.技术创新与产业发展

在 20 世纪 50—70 年代，产业经济学家关注的主要问题是产业内部结构中的静态均衡。产业经济学致力于揭示产业结构和产业绩效之间的相互关联，例如集中度、企业规模和盈利能力等。至今，相关理论和研究仍然未能对产业成长过程中产业动态和演进以及与之相伴的产业组织和市场结构的变化有更好的解释，特别是有关经济组织和结构的变化模式。例如企业的进入、退出，企业的成长过程，企业经营中的垂直一体化和多样化现象，企业间网络关系的变化，以及金融和政府等机构和制度在此间的作用。更重要的是，建立在“结构—行为—绩效”框架上的传统产业组织理论将市场结构视为外生给定并且以静态的眼光分析产业内的企业竞争行为，这样的分析方法存在重大的缺陷，这也促使新产业组织理论和演化经济学等以动态和进化的视角重新考虑产业成长问题（张家伟，2007）。

许多产业都遵循生命周期过程，即突破性（产品）创新引发了小制造商的进入并引入新产品，随着市场需求增长，过程创新越来越重要，选择过程最终使产业结构集中化（张家伟，2007）。Utterback 等人提出了“主导设计”模型。他们认为，在产业的下一个演进阶段，将会出现一种主导设计（dominant design），这种设计的出现会锁定未来产品开发的路线，还会引发一系列过程创新（process innovations），使生产过程更具弹性，并且逐步改善生产效率。主导设计的出现使产业进入淘汰过程，产业集中度随进入壁垒的提高而提高，优胜劣汰的选择过程会将未能及时适应主导设计并调整组织结构的企业赶出市场或致其被兼并。在最终的产业成熟阶段中，仅会出现少量后续的过程创新，在位企业均具有较高的集中度，且有串谋的可能性。这种情况将持续到出现下一次技术进步的不连续（discontinuity）。Geroski 等人的工作开创了创新和产业演进关系的经验性研究。他们发现许多产业在演进过程中都有一个共同的特点，即经历了淘汰(shakeout)的过程。有许多经验研究发现，在新产业的形成期，进入的新企业最多，淘汰阶段新进入者的减少和现存企业的大量退出使生命周期成熟和衰退阶段的企业总数量下降。同时，产业的产出增长率在生命周期的初始阶段非常高，随着市场的成熟逐渐趋向于零；产业的价格下降速度在生命周期的初始阶段比较快，随着市场的成熟逐渐放慢并趋于零(Klepper，1995)。

可见，创新通过影响产业生命周期，推动产业结构调整和升级。2012 年 11 月，党的十八大报告提出，要着力激发各类市场主体发展新活力，着力增强创新驱动发展新动力，着力构建现代产业发展新体系，着力培育开放型经济发展新优势。就是要更多地依靠内需特别是消费需求拉动，更多地依靠现代服务业和战略性新兴产业带动，更多地依靠科技进步、劳动者素质的提高、管理创新驱动，更多地依靠节约资源和循环经济推动，更多地依靠城乡区域发展协调互动，不断增强长期发展后劲。而要达到这些目标，科技进步和教育是基础，创新是必由之路。

1.2 创新型经济的研究动态及趋势

创新型经济给全球经济、社会的发展带来的影响越来越深刻，因而创新型经济在全球范围内也受到了各国政府和研究机构的关注，研究这种新的经济发展模式已非常重要，国外相关机构也提出了创新经济评价的相关研究和指标体系。由于创新型经济仍然是一个新的概念，因此本书借鉴了国外先进成果和国内的相关研究，也提出了自己独特的分析框架和指标体系。

1.2.1 国际创新型经济的研究现状及趋势

欧盟 1997 年发表的《第 2 号欧盟科技指标报告》把欧洲放在全球视野中，对欧盟创新能力指标和与科技密切相关的经济指标进行了不同层次的国际比较，从投入和绩效两个角度对欧盟的创新能力进行了评价。

2000 年 3 月，在葡萄牙里斯本召开的欧盟理事会明确提出了建立欧盟创新评价指标体系的要求，并将此作为提高欧盟经济竞争力的重要手段和措施，这是将欧盟建设成为世界上最具竞争力的知识经济社会的战略思想。创新评价指标体系的最重要表现形式是创新综合评价表。该表由17项与创新活动密切相关的指标组成，这17项指标分为4个类别，这4个类别分别是人力资源、新知识的产生、新知识的转移和应用以及创新的投入、产出和市场。创新评价表对评估欧盟各成员国的创新措施、监控创新发展的过程、评价创新政策的优劣等有着重要的作用。

随后，欧盟从2001年开始正式发布“欧盟成员国创新计分卡”(European Innovation Scoreboard)，建立创新指标体系，对成员国及美国、日本等国的创新表现进行定量比较，分析优势和劣势。“欧盟成员国创新计分卡”是欧盟依照“里斯本战略”(Lisbon Strategy)所发展出的综合性创新评价指标体系。用以衡量及比较欧洲各国创新表现的计分卡，主要包括创新投入和创新产出两大类指标。创新投入分为创新动力、知识创造和创新与企业家精神三类指标，创新产出包括创新应用和知识产权两类指标，这些指标又分别由5～6项指标构成。数据主要来自于欧盟组织、各成员国参与的“共同体技术创新调查”(CIS)、EUROSTAT等创新调查以及OECD的R&D统计。

“里斯本战略”在2010年到期。因此，2010年3月3日，欧盟委员会在当天傍晚的例行工作会议上，公布了未来十年经济发展战略，即“欧盟2020”。这一备受瞩目的战略提出了欧盟未来十年的发展重点，目的是帮助欧盟最终摆脱金融危机，并在全球化浪潮中处于不败地位。根据“欧盟2020”，欧盟在“欧盟成员国创新计分卡”的基础上发布了“创新联合计分卡2010”(Innovation Union Scoreboard 2010)，用来对欧盟的27个成员单位以及克罗地亚、冰岛、前南斯拉夫马其顿共和国、挪威、塞尔维亚、瑞士和土耳其的创新表现进行比较性评估。同时，将其与美国、日本和BRIC(巴西、俄罗斯、印度和中国)国家进行了比较。在与中国和巴西的对比中，可见欧盟依然在创新绩效上有明显的优势，但是从12个一般的指标来看，这些优势正在快速消失。

美国麻省技术联合会(MTC)自从1997年以来一直跟踪麻省创新型经济的运行情况，每年提供一份关于经济运行情况的定量分析报告*Index of the Massachusetts Innovation Economy*。该报告在国际范围内产生了重大影响，受到许多国家和地区政府以及学术界的广泛关注。

2009年，纽约市发布了《2009纽约市创新经济指数》(*2009 Index of the New York City Innovation Economy*)，通过对比纽约以及波士顿、旧金山、圣地

亚哥等主要城市科技领域所占有的资产水平以及这些资产的商业化程度，分析了纽约市在发展创新经济上的优势与劣势，同时也弥补了现阶段创新经济只停留在表面倡导，而内在评价上却不足的现状。

美国国会竞争力委员会(Council on Competitive)于2004年提出了进一步加强美国国际竞争力的“国家创新促进计划”(National Innovation Initiative, NII)，明确指出：创新是决定美国在21世纪取得成功的唯一关键要素。该计划以“创新美国：在充满挑战和变化的世界中生存”为主题，提出了以创新为核心，连接技术、知识、资本、管理等要素供给和安全、效率、质量等经济与社会发展的需求，包括教育、知识产权、法律规制等政策环境和能源、交通、信息网络等基础设施的“创新生态系统”的概念，并在创新人才、投资和基础设施等关键问题上制定了详细的议程。计划的目的旨在汇聚美国关于创新的真知灼见，加深对创新演化过程的理解，并为营造鼓励创新的环境制定可操作的战略行动方案。

2008年4月，联合国在加纳首都阿克拉发布了《2008创新经济报告》，这是联合国第一份关于这一新兴领域的研究报告。报告指出，虽然现在还没有一个统一的“创新经济”或“创新产业”的定义，但是其都具有一个本质特征——“创造力”，它能带来技术上的进步并且使企业和国家经济具有竞争优势。报告同时指出，一些发展中国家，特别是亚洲的发展中国家，已经开始受益于全球创新经济的发展活力并制定了扶持创新产业的政策；中国在全球创新经济发展中居领先地位，到2005年已经发展成为全球领先的增值创新产品的生产者和出口者。

日本从1953年开始实行科学技术调查制度，成为OECD成员后参与《弗拉斯卡蒂手册》编制，并使用OECD科技指标，但并不完全照搬OECD的科技指标体系，1985年起每年由文部科学省科学技术政策研究所出版《日本科学技术指标白皮书》，其主要由世界科技趋势与日本地位、知识基础人才与教育、知识生产等三大部分11个方面上百个指标构成。其中，科学技术综合指标是由12个变量解析支持的创新能力评价综合指数计量。

韩国1962年施行第一个五年计划，次年开始统计科研数据，此后每年发布相关调查报告。20世纪90年代韩国开始施行创新型国家战略，自1995年科研统计改用《弗拉斯卡蒂手册》指标，次年正式成为OECD成员。在国家创新体系中建立国家创新评价体系，由国家科学技术委员会每年出版《国家研究开发事业调查分析报告》来公布评价结果。体系由创新资源、创新活动、创新过程、创新环境和创新成果等5个部分、14个分项和80多个个别指标构成。

2011年1月12日，汤姆森·路透(Thomson Reuters)知识产权解决方案事业部公布了《2011年创新报告:12个重要技术领域及其创新情况》。该报告主要针对全球12个重要技术领域，对世界专利索引数据库收录的世界主要专利机构2011年1月1日至12月12日授权专利和已公布的专利申请(审查和未审查的)量进行了追踪，采用专利数量来衡量创新水平，列出了在各个领域中排在前10名的机构。与日本、美国等发达国家相比，中国在创新能力方面的差距相当大。根据该报告中的数据，日本的专利总量是中国的100倍以上，美国是中国的4.3倍，韩国是中国的1.8倍。

2013年1月18日，美国通用电气公司(GE)在康涅狄格州费尔菲尔德公布了第三届年度《全球创新趋势报告》。报告指出，中国首次在创新方面超越日本，位列第三。《全球创新趋势报告》旨在通过对"创新环境"和"对创新的乐观态度"两项核心指标的评估，来考察全球的创新蓝图。"创新环境"指企业对于其本国创新环境的满意度;"对创新的乐观态度"指企业在多大程度上希望实现创新转化，并使之改善民众的生活。报告结论为"中国的环境有助于创新":灵活多样的商业模式、强大有力的政府支持、不拘一格的人才策略和广泛开放的国际合作，是中国创新取得成功的四张王牌。同时，中国企业高管对社会总体支持创新的满意度较高。

康奈尔大学(Cornell University)、欧洲工商管理学院(INSEAD)以及世界知识产权组织致力于全球主要经济体创新能力的研究。从2011年起三方每年联合发布全球创新指数报告，分别从创新的整体加速增长、全球增长中的创新关联、创新的本地动态变化、创新的人力资源要素以及有效促进发展的创新政策等多个维度对全球经济体的创新能力进行评估。截至2015年已连续5年发布全球的创新指数报告。2012年发布的《2012年全球创新指数》(*Global Innovation Index 2012*)显示，中国大陆地区在国家和地区排名中列第34位，在同等收入水平国家中排名第三，在创新效率指数排名上位列第一。同时这份报告也对中国经济转型的未来道路提出了新的要求。2012年的全球创新指数以创新投入指数和创新产出指数的平均值计算而成，二者的比值即为创新效率指数。创新投入指数用以评估能够表现创新活动的国家经济元素，包括制度、人力资源及研究、基础设施、市场完善度和商业完善度五个方面;创新产出指数则主要捕捉实际的创新成果,包括知识技术产出和创意产出两个方面。在2014年发布的《2014年全球创新指数》(*Global Innovation Index 2014*)报告中,中国大陆综合创新指数以46.57位列榜单的第29位。该报告包括根据143个国家的81项指标得出的数据和排行,且主要分布在以下7个大类:机构、人力资本与研究、基础设施、市场成熟度、企业成熟度、知识与技术产出以及创意产出。2015年发布的《2015年全球创新指数》(*Global Innovation Index 2015*)报告使用79个指标衡量了全球141个经济体的创新能力和重大创新成果,中国大陆以47.47分位列综合创新指数榜单的第29位,得分有所提升,综合排名趋于稳定。该报告主要从各经济体促进发展的有效创新政策方面进行考察。在报告中高收入的经济体仍表现抢眼,连续占据榜单前25位,前10名分别为瑞士、英国、瑞典、荷兰、美国、芬兰、新加坡、爱尔兰、卢森堡以及丹麦。报告特别指出,中国作为中等收入的发展中国家表现抢眼,在榜单中名列第29位的成绩已经非常接近高收入经济体,特别是在人力资本开发和研发资金的投入以及创新质量方面得分都较高,在缩小与高收入经济体差距的同时也不断扩大与其他中等收入经济体的距离。

1.2.2 国内创新型经济的研究现状及趋势

《国家中长期科学和技术发展规划纲要(2006—2020)》提出了中国科技发展的指导方针是“自主创新,重点跨越,支撑发展,引领未来”。我国经济和社会发展必须走以科技创新为主导,转变经济增长方式,积极推进经济结构战略性调整,增强发展后劲,依靠科技支撑和引领经济社会发展的道路。胡锦涛总书记指出:“科学技术是经济社会发展的一个重要基础资源,是引领未来发展的主导力量。”

《中国区域创新能力报告》借鉴了瑞士洛桑国际管理开发学院发表的《国际竞争力报告》的经验,重点从知识创造能力、知识流动能力、企业的技术创新能力、创新的环境、创新的经济绩效等5个方面对中国区域创新能力进行评价,是以中国区域创新体系建设为主题的综合性、连续性的年度研究报告。从1999年开始,为各地区判断自己的创新优劣势提供了一个比较好的分析框架。通过中国科技发展战略研究小组多年形成的评价方法,利用大量的研究统计数据,权威性、综合性、动态地给出了各省(自治区、直辖市)的创新能力排名和各项创新能力分析，为地方政府了解本地区的创新能力提供了一个很好的平台。继2009年首次跃居全国首位之后，江苏区域创新能力在2010年保持了第一的位置，依旧是全国创新能力最强的地区。与2009年相比，2010年区域创新能力综合排名的总体格局略有变动，但是前7位地区的排名十分稳定，没有变化，依次是江苏、广东、北京、上海、浙江、山东和天津。在综合指标排名中，湖北由2009年的第10位上升到第8位，四川由2009年的第8位下降到第9位，重庆由2009年的第13位上升到第10位。

上海市社会科学院、浙江省社会科学院和江苏省社会科学院在2007年联合推出了《长三角区域创新发展报告》。第一，该报告描述了长三角区域创新发展的总体进程，揭示了长三角区域在创新发展方面遭遇到的困难，其主要表现为促进长三角区域各地区创新发展的制度机制还不健全，企业普遍缺乏强烈的创新发展冲动，科技创新的领军人才相当稀缺，创新发展的协作体系不够完善等。第二，该报告列举了长三角区域加快创新发展的重要意义与初步成就，并进行了分省的论述。第三，该报告描述了长三角各地区创新发展的宏伟目标。第四，该报告对长三角城市群的创新能力进行了比较和定位，找出了制约长三角创新发展的因素。第五，该报告为长三角区域创新发展提出了对策建议。

同年，国务院发展研究中心主办的《中国经济报告》季刊专门编排了"长三角区域创新经济"这一专题，浙江省创新经济蓝皮书课题组在该专题中发表了对长三角地区创新型经济的评价报告。该报告对长三角两省一市进行了创新指标的评价对比，揭示了长三角创新经济发展的现状，提出了相应的政策建议。

《2009年中国城市创新报告》作为中国城市发展研究会的重点研究项目，在前两年研究成果的基础上，对评价指标体系进行了调整和优化，从基础条件及支撑能力、产业化能力和品牌创新能力三个方面对中国主要城市的创新能力进行了深入的调查与分析，其较为系统地研究了中国城市创新的总体状况及特点，在对中国各类主要城市发展现状及潜力进行研究与比较的基础上，按副省级以上城市、地级市和县级市三大类型进行城市综合测评；同时，重点选择了一些典型城市和企业，总结和介绍了它们的创新经验。

同时，"中国科技创新景气指数"（深圳南山指数）也在2012年首次发布。该指数由中国科技开发院、北京科技大学、国家统计局中国经济景气监测中心、南山区科技创新局等单位共同承担，是我国首个以季度数据为基础的区域科技创新景气指数。全报告由两部分组成:第一部分包括由科技投入指标、科技产出指标、经济产出指标等15个综合指标构成的基于季度数据测度的科技创新景气指数。第二部分是反映企业家创新信心及南山区创新环境的企业调查结果。南山成为中国科技创新活动的重要窗口之一。该指数不仅反映了此阶段深圳南山区科技创新景气的波动与转折,还反映了南山区科技创新景气指数稳步回升的局面,同时也体现了在后金融危机时代我国科技创新能力的发展轨迹。

2012年3月,浙江大学管理学院联合北京零点前进策略咨询有限责任公司共同推出了《2012中国企业健康指数报告》,从企业层面探索影响企业健康创新的要素。报告中提出了"三九企业健康生态系统理论"。其中:"三"指从企业家精神、企业行为和商业环境三个维度入手分析企业的健康状况;"九"指衡量企业的九个健康元素,即创新力、创业力、领导力、竞争力、合规力、责任力、市场力、服务力和包容力。这是迄今为止对中国企业健康最为科学、系统的评估指标体系。

中国科学发展战略研究院在2015年7月发布的《国家创新指数报告2014》中对世界主要经济体2013年至2014年的创新能力进行了衡量。中国在榜单中位列全球第19名。该指数从创新资源投入、创新的过程以及最后绩效刻画各经济体的创新能力。具体来说,创新资源投入采用研发费用度量;创新过程主要以企业专利数以及企业研发经费与工业增加值之比来描述;创新绩效则是以有效发明专利数、高技术产业出口占整体制造业的比例以及知识密集型服务业增加值来刻画。除此之外,指标体系还考虑了国家整体创新环境的因素,主要考察知识产权保护力度和反垄断政策效果。

国内的相关研究表明,发展创新型经济,从目标角度讲,是我国提升国际竞争力的需要;从战略角度讲,是我国建设创新型国家的需要;从发展角度讲,是我国可持续发展的需要;从民生角度讲,是解决就业问题和提高人民生活水平的需要。总之,发展创新型经济具有全方位的重大意义。

第2章　创新型经济蓝皮书10年回顾

2.1　主题和专题演变

本课题组在吴晓波教授的带领下，长期致力于创新领域的研究，以竞争战略与技术创新管理为核心，在创新管理、全球化制造与创新战略、信息技术与管理变革、包容性创新、大数据背景下的商业模式创新等领域都有开拓性的研究。基于对创新研究领域的认识以及对浙江省实际情况的了解，课题组于2004年开始对浙江省创新型经济进行分析、总结、提炼。基于客观科学的原则，课题组结合中国和浙江省具体的情况，构建了一套具有浙江特色的创新型经济评价体系，对浙江省各地创新型经济的发展情况进行纵向深入解析。不仅如此，课题组还重视横向对比，将浙江省的发展情况与其他重点省市进行对比。在浙江省独有的比较优势上，继续做好做强；不足的地方，取长补短，在对比的基础上更好地为浙江省又好又快地发展创新型经济建言献策。时至2015年，课题组已连续发布浙江省经济蓝皮书10年，已累计出版10本书。值此10年之际，课题组特将过去10本蓝皮书的专题进行系统整理，将该系列丛书的主题与专题的演变进行总结，以期展现出这一系列蓝皮书伴随着浙江省创新型经济的发展所做出的不断改进和完善。

《2004浙江省创新型经济蓝皮书》指出了创新型经济的形成以及在那个时期的重要性，特别提出创新型经济在浙江省的现状以及发展意义。作为系列丛书的第一本，该蓝皮书在对新经济增长理论、区域创新系统理论、区域创新理论等相关理论的完整梳理后，参考美国麻省对创新型经济的评估经验，率先提出了针对浙江省实际情况的创新型经济指标体系。该指标体系主要针对关键产业发展态势进行度量，在对浙江省的情况进行分析后，进行了六省市的横向对比。研究发现了浙江省创新型经济在产业结构和人力资源等方面存在不足，并提出了相应的政策建议。

在前一年的基础上，《2005 浙江省创新型经济蓝皮书》课题组研究学习了麻省技术联合会（MTC）对创新型经济评价的研究，又结合欧盟对创新型经济的评价指标体系，对指标体系评价维度进行了深化、细化，以期更加全面、真实地对创新型经济进行评价。同时，课题组也高度重视国内研究机构的相关研究成果，对中国科技战略发展研究小组发布的《中国区域创新能力评价报告》进行了学习研究。将本次评估过程的指标得分进一步细化，详细拆分二级指标得分与一级指标得分，并给出最后的综合评价得分。在更加完善全面的评价指标体系之下，课题组提出了浙江省创新型经济中的技术学习模式与资源约束的突破方法，给出了下一步发展的方法和路径，并极具前瞻性地提出，创新型经济发展的十大趋势分别是创新资源的地理聚集、发展纵向产业集群、构建创新型政府、城市化进程的深入、发展环保新能源、发展面向特殊人群的新兴服务业、发展会展经济、发展创意产业、发展风险投资以及发展网络经济。

《2006—2007 浙江省创新型经济蓝皮书》首次对全国 31 个省市地区 2005 年的创新型经济总体运行情况进行了评估和分析，发现浙江省创新型绩效高于全国平均水平，但是与北京、上海等处于领先地位的地区相比还有较大的差距，且一年来的增速也远远低于全国平均水平。因此本年度蓝皮书主要集中在分析阻碍浙江省创新型经济发展的原因，并就如何提高浙江省创新型经济增长速度，使其与创新型绩效表现更加平衡提出了政策建议。具体来说，为了挖掘浙江省创新型经济发展存在的问题，课题组扎根浙江省典型创新型企业，包括杭氧集团、中控集团、海天集团、杭汽轮集团、横店东磁、宏华数码、海正药业、奥克斯集团、正泰集团以及万向集团。基于对每个企业的深入研究，课题组总结出浙江省创新型经济的发展特色及发展趋势，提倡加强浙江省民营科技企业的发展，加快传统产业向创新型产业转型升级，并提出浙江省创新型经济的“走出去”战略。

《2007—2008 浙江省创新型经济蓝皮书》在经济全球化不断加深的背景下面世。课题组从经济、社会发展的角度再次对新时期的创新型经济的内涵进行了界定，也再次强调了创新型经济引领作用的重要性，深入分析了政府的相关政策在创新型经济发展中的重要作用，以及政策的演变。同时随着我国经济环境的不断变化，创新型经济评价的指标体系也与时俱进，该指标体系既要保持一定的稳定性，便于进行纵向的分析比较；又要根据每年创新型经济发展的实际情况，进行改进和完善。考虑到创新型经济理论方面的发展和国内外的最新研究成果、我国经济发展的现实情况以及本年度创新型经济的热点问题，最后加上数据的权威性与可获得性，本年度新增指标有普通高校和职业高中师生比、R&D 折合全时人员、企业 R&D 经费支出占产品销售收入比重等。更新后的指标体系使得对创新型经济的评价更加具有全面性、科学性和客观性。课题组本年度还对浙江省的专利数据以及中小企业的发展进行了系统分析，并对发展现状给出了相应的政策建议。随着信息技术的不断发展，课题组对基于 IT 技术驱动的商业模式创新以及现代服务业发展进行了前沿的分析研究，开创性地指出现代服务业是浙江省目前创新型经济的重要推动力，并针对浙江省不同类别的现代服务业发展所存在的问题给出了相应的解决办法。

《2008—2009 浙江省创新型经济蓝皮书》刊出之际正值全球金融危机爆发，该年度蓝皮书以“全球危机下的创新经济”为主题，在一个更广阔的视野下阐述创新型经济。结合这一背景，课题组进一步深化了创新型经济的研究，从经济周期、创新周期与转型经济下的创新视角来考察创新型经济，并对相应政策进行了介绍。在金融危机的宏观大背景之下，传统制造面临着巨大的挑战，深入研究先进制造业的转型升级之路以及在全球化条件下的企业创新与升级路径则显得尤为重要。为了回答这一问题，课题组在全面的文献梳理的基础上，深入调研了万向集团，总结万向集团的成功经验，并指出了基于制造集群的二次创新与转型升级之路。除了继续保持对制造业的研究，课题组对新兴的现代服务业与制造业的互动升级、以光伏产业发展为代表的新能源产业的转型升级以及服务外包产业的发展都进行了深入浅出的分析梳理。随着信息技术行业的不断发展，创新不仅仅局限于技术方面，越来越多采用商业模式创新的企业获得了巨大成功。课题组针对海利集团“网娃”以及贝发集团“玉米笔”的不同商业模式创新路径进行了分析。

《2009—2010 浙江省创新型经济蓝皮书》推出时，由 2008 年美国次贷危机所引发的全球性金融危机已渐渐消散，但是其所带来的影响依旧存在，因此在后金融危机时代如何寻找新的经济增长点，成为各国都在积极探索的议题。课题组紧跟时代发展步伐，着力研究经济危机下的宏观经济与政策环境，利用独立开发的指标体系对浙江省的创新型经济总体水平和发展情况进行了全面评估。为了更好地反映创新型经济在后金融危机时代的运行情况，课题组对汽车产业、移动通信业以及物联网产业进行了分析，以总结出新时代背景下的产业发展情况以及所面临的机遇和挑战。基于对不同产业的分析，课题组开拓性地提出了后金融危机时代针对不同类型企业的多种创新模式，分别为基于先进制造业的转型升级模式、按企业与中小企业的互动创新模式、商业模式创新与“群包”创新模式以及基于ODI的创新资源获取模式。

《2010—2011浙江省创新型经济蓝皮书》出版时恰逢“十一五”规划最后一年。回顾过去五年，中国经济在世界经济格局中的地位进一步提高。在科学发展观的指引下，中国经济结构调整不断深入，在又好又快的道路上不断前进。产业结构调整取得积极进展。在国民经济持续快速增长的5年中，人民生活也得到了持续改善。就业规模持续增长。此时一些主要国家为应对经济危机，都把争夺经济、科技制高点作为战略重点，把科技创新投资作为最重要的战略投资。这预示着全球科技将进入一个前所未有的创新密集时代，重大发现和发明将改变人类社会的生产方式和生活方式，新兴产业将成为推动世界经济发展的主导力量。时任国务院总理温家宝2010年9月8日主持召开国务院常务会议，审议并原则通过《国务院关于加快培育和发展战略性新兴产业的决定》。会议指出，加快培育和发展以重大技术突破、重大发展需求为基础的战略性新兴产业，对于推进产业结构升级和经济发展方式转变，提升我国自主发展能力和国际竞争力，促进经济社会可持续发展，具有重要意义。必须坚持发挥市场基础性作用与政府引导推动相结合，科技创新与实现产业化相结合，深化体制改革，以企业为主体，推进产学研结合，把战略性新兴产业培育成为国民经济的先导产业和支柱产业。创新型经济的发展无疑与战略性新兴产业高度相关。在前些年工作的基础上，本年度蓝皮书增加了对马萨诸塞州各项创新型经济的评价，旨在以马萨诸塞州作为创新经济发展的标杆，在指标选取上寻求新的思路且学习西方创新型经济发展的先进经验。该蓝皮书全面梳理了当时处在创新前沿的行业，包括节能环保业、信息技术业、生物产业、高端装备制造业、新材料产业以及新能源产业。对产业的分析着重从政府政策、市场环境结合浙江省的具体情形进行。该书还引入了“包容性”概念，从包容性增长的角度阐释了如何利用包容性突破“中等收入陷阱”以及如何利用产业集群促进包容性增长。最后响应国家政策号召，详细解读了我国战略性新兴产业的相关政策并就浙江省的实际情况对浙江省发展不同的新兴产业提出了政策建议。

《2011—2012浙江省创新型经济蓝皮书》在对国内外创新型经济研究现状及趋势总结归纳的基础上，提出我国经济发展现存的瓶颈以及相应的机遇，并描绘了在转型升级中的典型路径以及创新与转型升级的互动关系。2011年是“十二五”规划的开局之年，浙江省创新型经济处于转型的关键时期，同时各级政府的政策也在不断演化。面对这种发展范式的转变，如何卓有成效地规划和部署战略性新兴产业显得尤为重要。该蓝皮书对战略性新兴产业的内涵与特点进行了完整的阐述，并对浙江省战略性新兴产业的分类和创新模型进行了归纳。在对浙江省战略性新兴产业典型案例进行详尽分析的基础上，总结了浙江省在战略性新兴产业发展过程中的经验与教训。蓝皮书从商业模式创新、创新平台、全球化网络中的创新、开放式创新以及包容性创新多个维度分析了创新对发展战略性新兴产业的作用。最后针对不同的创新模式给出了促进其发展的相应政策建议。

《2012—2013浙江省创新型经济蓝皮书》仍然沿用课题组开发的指标体系对浙江省2011年的创新型经济发展情况进行评价，并横向对比北京、上海、江苏、广东和山东。对比中发现，浙江省综合排名较别的省市保持稳定，资源类要素与产出类要素均位列第五位，与上一年持平，过程类要素从2010年的第四位上升至第三位。在对浙江省创新实践的总结中发现，企业家在各类创新活动中起到了至关重要的作用。蓝皮书对企业家精神进行了详细的解读，着重从企业家精神概念描述、公司企业家精神和区域企业家精神以及浙江省企业家精神的培育和发展三个角度进行诠释。随着浙江省传统制造业转型升级的不断深化，制造业服务化变成大势所趋。在对制造业服务化进行完善定义后，课题组对杭州汽轮动力集团有限公司以及杭州制氧机集团有限公司进行了深入的案例分析，提炼总结出在制造业服务化过程中存在的机遇与挑战，旨在为更多制造业企业转型升级提供参考。不仅如此，以往企业间的竞争逐步转向产业链的竞争、价值网络的竞争乃至整个商业生态系统的竞争。为了更好地描述这种竞争态势的转变，课题组分别对产业链的重整、价值网络的打造以及商业生态系统的构建进行了深入探索，并辅以浙江省典型案例予以佐证，例如传化集团、阿里巴巴集团等。为了又好又快地推进浙江省产业结构升级转型以及进一步发展战略性新兴产业，新型基础设施起到了决定性作用。本课题组对浙江省高速无线网络、乡村铁路网、集群职业技术学校进行了全面总结。除了传统制造业的转型升级，大力发展现代服务业的创新也是创新驱动型经济所不可或缺的一环。课题组对现代服务业的内涵和必要性做了清晰界定，并结合浙江省现代服务业的发展现状及典型案例给出了现代服务业可行的创新模式和发展路径。报告最后结合浙江省创新型经济的发展情况，就如何激发企业家精神、如何推动制造业服务化、如何催化产业链重整、如何构建新型基础设施服务以及如何拓展现代服务业给出了相应的政策建议。

时至2014年，本课题组所著的"浙江省创新型经济蓝皮书"系列已不间断地出版了9本书。伴随着浙江省近10年创新型经济的发展，在指导实践的过程中我们发现，以省份为单位对创新型经济进行测度，尚不能完全展现区域间不同的资源禀赋及创新特点，即便是同一省内的各个城市，其创新型经济的表现也会有很大的差异。随着我国城市化进程的推进，以城市为基本单位对创新型经济的发展情况做出科学、定量的评价，从城市管理实践和学术研究角度看，都有很大的参考意义。同时，我国在社会发展以及经济数据统计方面比之10年前已经有了很大进步。在同一数据框架下，以城市为单位搜集和整理相关数据的难度大大降低。因此，本年度蓝皮书希望能够在较为成熟的创新型经济评价指标体系的基础上，以创新指数的形式对我国主要城市的创新资源、创新过程和创新产出进行综合评价，为城市及区域管理者、规划制定者、政策决策者、科学研究人员以及其他利益相关者提供依据与启示。不仅如此，随着浙江省在全国经济发展中地位的不断提升，我们也渴望与更多的城市进行更为全面的对比，以期发现浙江省发展创新型经济中的比较优势与比较劣势，为将来在更大舞台上取得更大突破做好准备。该蓝皮书名为《中国创新蓝皮书(城市卷)》，建立了中国城市创新型经济评价体系，并从创新资源、创新过程以及创新产出三个维度对中国54个主要城市进行了综合评价。在创新领先城市的榜单中，深圳、北京、上海位列前3，浙江省杭州市和宁波市进入前10，位列第7和第8位。除了对单个城市进行分析，报告还将分析层次聚焦到经济圈，分为长三角、珠三角、环渤海经济圈，并进行详尽分析，以解释我国创新型经济的分布情况。最后对可持续发展、创新资源利用效率以及自主创新与引进技术的消化吸收这3个较为重要的单项指标进行深入分析。

本课题组对创新型经济的关注已逾10年。随着创新型经济的不断发展，本系列蓝皮书的主题也随着"潮流"不断演变，与时俱进，现已逐步形成一套科学、完善、严谨、客观的指标体系，可以全面对创新型经济运行进行评价。希望课题组的蓝皮书系列成果能对浙江省乃至我国创新型经济的发展提供帮助。

2.2　浙江省创新型经济新常态

近20年来，通过传统产业的不断发展壮大，浙江省已经逐步从工业小省发展成工业大省，从经济小省同步增长为经济大省。伴随着改革开放红利释放一同增长的是人民日益提高的生活质量。浙江省经济的重要组成部分目前仍然集中在纺织、轻工食品、建材、化工等传统行业。2006年，国家明确将建设创新型国家作为国家战略，提高自主创新能力、打造以创新型为主导的经济结构是其中的关键部分，也是提高综合国力的关键。不仅是理论界对自主创新展开了广泛的讨论，产业界也积极地进行着各种实践，积累了较为丰富的经验。但在这个过程中，也出现了将自主创新泛化、虚化，甚至是过度解读的倾向，这无疑会对自主创新能力的建设产生负面影响。随着浙江省创新型经济逐渐步入新常态，浙江省也明确提出打造创新型省和科技强省战略，制定出台了一系列与加强产业和企业自主创新相关的政策。激励自主创新的政策环境初步形成，创新驱动打造创新型经济强省已成为浙江省企业的普遍共识。2014年浙江省规模以上工业企业R&D经费支出达到768.15亿元、研发人员数达到36.23万人，较前一年的R&D经费支出684.36亿元和33.72万研发人员，分别提高12.24%和7.44%。2014年浙江省规上工业企业R&D经费支出占规上工业企业主营业务收入的2.93%；科技与技术创新产出继续增长，企业创新成果也不断增加，2014年浙江省规模以上工业企业新产品产值率达到23.66%，比2010年提高6.56个百分点；规模以上工业企业专利申请数达到77135项，其中发明专利申请16824项，2010年这两个数据分别为48334项和8879项，4年翻了1.60倍与1.89倍；拥有发明专利28235项，几乎是2010年的2倍。可以看到，浙江省的企业的创新能力已有较大提高，但在企业层面和产业层面均还存在一些不足。

在企业层面，企业自主创新的内生动力不强。浙江省一些企业对传统经济增长方式的依赖性较强，还沉湎于上一个主导范式之中。为下一个范式的开发而进行的创新活动还远没有真正成为多数企业自觉的普遍行为，企业自主创新动力仍显不足。这一特征的主要表现形式为不敢创新、不能创新以及不愿创新。创新所带来的高收益必然伴随着高风险、高成本、高不确定性，这造成了企业不敢大量将资源投入创新活动中。同时,受制于企业自身能力、外部各种支撑资源不足以及整体创新商业生态系统的不完善,特别是对知识产权较弱的保护力度,使得侵权现象普遍且侵权违法成本较低,这极大地打击了企业的创新积极性,也使得企业不能也不愿去进行创新活动。

在产业层面,浙江省传统行业占比较重,创新型经济驱动的战略性新兴产业占比不足,整体结构调整困难重重。传统产业由于起步于工业化早期,发展时间较长,可开拓的市场份额越来越小。普遍来看,传统产业的绝大多数技术路径已经趋于成熟,主导技术范式已经形成,生产技术几乎都是熟练技术,主要重点在提升效率。同时生产工艺也是以传统手段为主,这样的产业技术稳定性较强。这使得传统产业提供的产品较为成熟,技术含量较低,价格竞争激烈,附加值较低。传统行业中的纺织工业、采掘工业、食品工业等行业,主要还是资源密集型行业,主要依靠劳动力的不断投入和自然资源的扩大利用,对技术创新的要求及需求都较低。任何一个行业从S形曲线来看,在步入成熟期后,市场容量基本稳定,行业成长性趋缓。对于技术来说生命周期曲线也是一样,在成熟期,技术趋同性日益明显,技术突破日益困难,也造成行业成长滞缓。

传统产业与战略性新兴产业相比,已经实现了市场容量的快速扩张、技术迭代的快速进行,是属于成长性趋缓的产业。因此,短期来看,传统产业的总量规模是可能上升的。浙江省经济增长的动力之一也确实来源于传统行业。

从长期来看,传统行业已经趋于饱和,需要寻找新的经济增长点。发展创新型经济,优化和调整产业结构,发展战略性新兴产业是浙江省打造创新强省、经济大省的必经之路。特别是在经济步入新常态后,在混沌的范式转变期,尽早抓住并进入下一个新兴范式是十分重要的。需要强调的是,课题组认为企业仍然是创新的主体,在这一轮范式转变期中,通过结构性调整,辅以政策支持都是为了更好地激发企业的创新动力,培育企业的自主创新能力,以期在我国经济新常态时期实现跨越式追赶甚至是超越追赶。

第二篇

评价指标体系与 2014 年评价

在互联网经济快速发展的背景下，本篇通过在已有的创新型经济评价指标体系中增加体现互联网经济发展水平的相关指标，构建了更加科学的指标体系。在此基础上，本课题组收集了包括浙江省在内的六省市2013—2014年的创新型经济相关数据，对其进行了评价、比较与分析，同时还回顾了六省市创新型经济在2004—2014年间的变化趋势。

第3章　创新型经济评价指标体系的构建

3.1　创新型经济评价指标体系的构建

自2004年以来出版的“浙江省创新型经济蓝皮书”系列，已经建立起了一套比较完整的创新型经济的监测与评价指标体系，并从创新的角度，科学地、有针对性地对浙江省和具有代表性的省（市）在经济发展中的创新成分进行了跟踪与监测。在这一评价体系中，创新型经济被看作一个由创新引起的动态的社会发展变化过程，并在一定的创新资源的支持下通过积极的创新活动促进创新型经济的蓬勃发展和社会的进步。该评价体系由三个主要部分组成：创新资源类指标、创新过程类指标和创新产出类指标。每个部分包括若干二级指标，二级指标下设三级指标。每一个单独指标都可以充分而直观地说明在此方面创新型经济的表现。

● 创新资源类

考察城市在人力、财力、基础设施等方面的投入以及保有情况，具体通过教育资源、技术人力资源、科技投资资源、基础设施资源这4个二级指标对城市的创新资源做出评价。

● 创新过程类

考察城市将创新资源有效地转化为经济绩效的动态过程，具体通过知识创新、技术商业化、技术独立性、创新组织与活力这4个二级指标对城市的创新过程做出评价。

● 创新产出类

考察创新对经济、社会和环境的最终影响，具体通过产业发展、居民生活、经济效益、可持续发展这4个二级指标对城市的创新产出做出评价。

但是，创新型经济和技术发展、社会环境的变化密切相关，任何一项重大的技术创新以及社会环境变化都会影响本研究的评估体系，因此需要用发展的眼光来建立和完善创新型经济的评估指标体系和方法。所以，随着我国经济环境的不断变化，创新型经济评价的指标体系也应与时俱进。该指标体系既要保持一定的稳定性，便于进行纵向的分析比较；也需根据每年创新型经济发展的实际情况，进行改进和完善。因此，考虑到2013—2014年的经济发展实际情况及相关数据的权威性和可得性，本课题组对《2011—2012浙江省创新型经济蓝皮书》中评价体系的指标进行了以下修改。

(1)在创新产出类中增加二级指标“互联网发展”，并用三级指标“电子商务发展指数”“信息化发展指数”来测量。近年来，以移动互联网、云计算等为代表的互联网技术和应用，推动了移动支付、手机电视等新业务的不断丰富，带动了信息通信、商务金融等相关产业和移动互联网各类智能终端的发展。与此同时，随着新技术、新业务的快速发展，互联网与传统产业不断融合，催生出新型商务模式和服务业态，使越来越多传统企业进入电子商务领域，在促进传统产业的改造升级的同时进一步带动了现代物流、工业设计和管理咨询等现代服务业的发展。此外，“互联网+”使各行业插上信息化翅膀，使各地区的信息化建设进入高速发展期。因此，互联网发展是全面实现创新型经济的关键因素，本蓝皮书有必要构建地区性的互联网发展指标，以更全面地衡量一个地区的创新型经济的发展状态。本书将在评价体系中增加互联网发展指标，以指导我们更好、更全面地认识和推行创新型经济。鉴于数据的可得性，本书以三级指标“电子商务发展指数”“信息化发展指数”来衡量各地区的互联网发展水平。

(2)由于相关数据无法获得，本课题组删除了以下三级指标：创新资源类中的“每万人中科学家和工程师数量”、创新产出类中的“高技术产业产值占GDP比重”。

(3)由于相关数据无法获得，以下三级指标用表达相似含义的指标来替换：创新资源类中的“每万人中科技活动人员数”替换成“每万人中R&D人员数”；创新过程类中的“每万名R&D活动人员科技论文数”替换成“每万人科技论文数”；创新产出类中的“高技术产业产值中新产品产值所占比重”替换成“规模以上(规上)工业企业科技活动新产品产值占规上工业企业总产值比重”。

基于此，本课题提出评价创新型经济的指标体系及相关指标，如图3-1、表3-1所示。

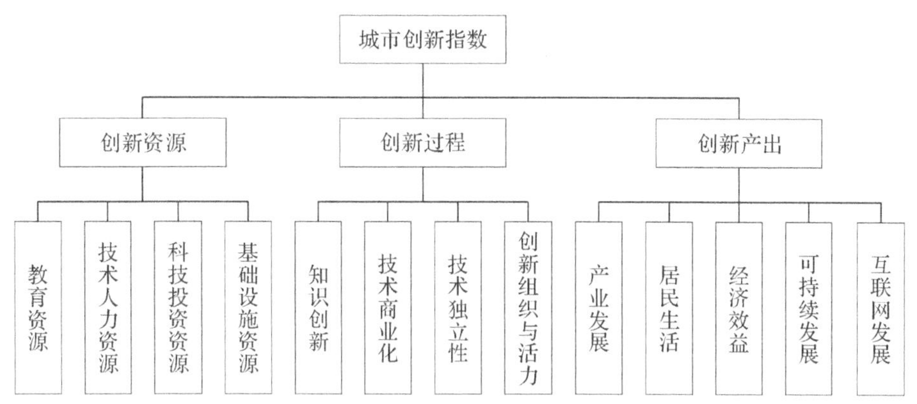

图3-1　创新型经济评价体系

表3-1　创新型经济评价体系的相关指标

指标类型		
一级指标	二级指标	三级指标[1]
创新资源	教育资源	每万人口普通高校在校生数量(人)
		每万人口中等职业学校在校生数量(人)
		普通高校和职业高中师生比
		教育经费总投入占GDP比重(%)
	技术人力资源	每万人中R&D人员数(人)
		R&D人员全时当量(人年)
	科技投资资源	R&D经费占GDP比重(%)
		地方财政科技拨款占地方财政支出比重(%)
		企业R&D经费支出占主营业务收入比重(%)
	基础设施资源	电信基础设施(电话、移动电话、互联网)普及率
		城镇居民人均住房建筑面积(平方米)
		每万人拥有公共图书馆数量(个)

续表

一级指标	二级指标	三级指标[1]
创新过程	知识创新	每十万人专利授权、发明专利授权数(件)
		每亿元研究开发投入所取得的专利授权数(件)
		每万名R&D活动人员科技论文数(篇)
	技术商业化	技术市场成交额(万元)
	技术独立性	大中型工业企业技术引进经费占本地区R&D经费内部支出比重(%)
		大中型工业企业消化吸收经费与技术引进经费比例(%)
	创新组织与活力	规模以上工业企业R&D项目数(个)
		国家级企业技术中心数(个)
创新产出	产业发展	高新技术产品出口额占商品出口额比重(%)
		规模以上工业企业科技活动新产品产值占规模以上工业企业总产值比重(%)
		第三产业产值占GDP比重(%)
	居民生活	城镇居民登记失业率(%)
		城镇居民人均可支配收入(元)
	经济效益	人均地区生产总值(元)
		贸易顺差(亿美元)
	可持续发展	单位GDP工业废水、废气、废物排放(产生)量(万吨/亿元)
		单位GDP综合能耗(吨标准煤/万元)
	互联网发展	电子商务发展指数
		信息化发展指数

1. 各三级指标意义及选用说明参见本章附录。

3.2 创新型经济评价方法

3.2.1 数据处理

对本研究中基础指标采用直接获取的数据，无量纲处理采取效用值法，值域为 0～100，即所有指标的最劣值为 0，最优值为 100。

正效指标(指指标值越高则效用越高，如每万人口普通高等学校在校学生数量)的计算方法为

$$Y_{ij}=\frac{X_{ij}-X_{i\min}}{X_{i\max}-X_{i\min}}\times 100$$

其中：X_{ij}代表在第 i 项指标上第 j 个省市的获取值；Y_{ij}代表在第i 项指标上第 j 个省市的效用值；$X_{i\max}$代表在第 i 项指标上各省市获取值中的最大值；$X_{i\min}$代表在第 i 项指标上各省市获取值中的最小值。

负效指标(指指标值越高则效用越低，如单位 GDP 综合能耗)的计算方法为

$$Y_{ij}=\frac{X_{i\max}-X_{ij}}{X_{i\max}-X_{i\min}}\times 100$$

其中：X_{ij}代表在第 i 项指标上第 j 个省市的获取值；Y_{ij}代表在第 i 项指标上第 j 个省市的效用值；$X_{i\max}$代表在第 i 项指标上各省市获取值中的最大值；$X_{i\min}$代表在第 i 项指标上各省市获取值中的最小值。

若某个三级指标包含多个方面，则该三级指标的效用值为加权平均值。如三级指标“单位 GDP 工业废水、废气和废物排放量”是由“工业废水”“工业废气”和“工业废物”的效用值加权计算得到的。

二级和一级指标得分通过分层逐级加权计算得到。如二级指标“教育资源”由“每万人口普通高校在校生数量”“每万人中等职业学校在校学生数量”“普通高校和职业高中师生比”和“教育经费总投入占 GDP 比重”等 4 个三级指标加权计算得到效用值；一级指标“创新资源”由“教育资源”“技术人力资源”“科技投资资源”和“基础设施资源”等 4 个二级指标加权计算得到效用值。

3.2.2 权重设定

课题组对所选取指标的权重系数分配如下：31个指标归集为三个大类（资源类12个，过程类8个，产出类11个），赋予每一大类三分之一的权重，即资源类、过程类、产出类指标权重各为三分之一。每一个大类分别代表了创新型经济的重要方面之一。在每一个大类内部又根据其内容和性质分为若干个二级指标，各大类内部二级指标的数目根据具体内容设定。在本研究的框架体系中，三个模块对创新型经济都有非常重要的影响，每一个大模块的权重并不会受二级指标数目多少的影响，因此，即使在二级指标有所调整的时候整个评价体系也不会受太大影响，从而可以保证平级体系的可靠性和稳定性。研究中所使用的指标都是数量型的指标，因此可以将其放在统一的体系中进行比较。

3.2.3 对比省市选择

本研究除了对浙江省的创新型经济进行纵向的回顾和现状评估之外，还与国内在创新方面的先进省市进行横向的比较分析，这样有助于明晰各地区的比较优势和相对劣势，对形成具有针对性的政策建议有重大的价值和意义。

我国各地的创新型经济表现随地域的不同而有显著差异，其中部分省市具有突出的特点：如北京市集中了众多高等院校、科研院所以及大型国有企业，综合创新能力属于国内领先水平，在大专以上人口比例、企业集团研发费用和营业收入、每万人专利授权数量等多个指标上遥遥领先；上海市拥有不少有强大创新能力的外资、合资企业和最活跃的技术交易市场，在人均GDP、城镇居民人口可支配收入等关键指标上处于领先；吸引外资是获取知识、实现创新的重要途径，广东省在吸引国外直接投资方面以绝对优势领先其他地区；江苏省在吸引外资方面仅次于广东省，而且与浙江省比较类似的是其非国有经济非常活跃，具有强大的经济活力；以海尔、海信为代表的山东企业的创新能力在国内名列前茅，科技人员数量和科研经费支出都在全国名列前茅。

因此，最终本研究选择了以下在创新方面各具特点的省市作为本课题研究创新型经济的对比省市：北京、上海、江苏、山东和广东。

3.2.4 数据来源

数据的可获得性一直是类似指标评价体系面临的挑战。依赖于过去10年撰写《浙江省创新型经济蓝皮书》的经验，本课题组从主要的统计年鉴及其他相关数据源搜集、补充相关数据，使该指标体系中的三级指标达到了100%的可得性。表3-2列出了三级指标的数据来源。

表3-2 三级指标数据来源

指标类型		数据来源	
		2013年	2014年
教育资源	每万人口普通高校在校生数量	《中国城市统计年鉴2014》 《中国统计年鉴2014》	《中国城市统计年鉴2015》 《中国统计年鉴2015》
	每万人口中等职业学校在校生数量	《中国统计年鉴2014》	《中国统计年鉴2015》
	普通高校和职业高中师生比	《中国统计年鉴2014》	《中国统计年鉴2015》
	教育经费总投入占GDP比重	《中国城市统计年鉴2014》 《中国统计年鉴2014》	《中国城市统计年鉴2015》 《中国统计年鉴2015》
技术人力资源	每万人中R&D人员数	中国主要科技指标数据库 《中国统计年鉴2014》	中国主要科技指标数据库 《中国统计年鉴2014》
	R&D人员全时当量	《中国科技统计年鉴2014》	《中国科技统计年鉴2015》
科技投资资源	R&D经费占GDP比重	《中国科技统计年鉴2014》 《中国统计年鉴2014》	《中国科技统计年鉴2015》 《中国统计年鉴2015》
	地方财政科技拨款占地方财政支出比重	《中国城市统计年鉴2014》	《中国城市统计年鉴2015》
	企业R&D经费支出占主营业务收入	《中国科技统计资料汇编2014》	《中国科技统计资料汇编2015》
基础设施资源	电信基础设施普及率	《中国统计年鉴2014》	《中国统计年鉴2015》
	城镇居民人均住房建筑面积	各省市的《统计年鉴2014》	各省市的《统计年鉴2015》
	每万人拥有图书馆数量	《中国统计年鉴2014》	《中国统计年鉴2015》

续表

指标类型		数据来源	
		2013 年	2014 年
知识创新	每十万人专利授权、发明专利授权数	各省市的《统计年鉴 2014》《中国统计年鉴 2014》	各省市的《统计年鉴 2015》《中国统计年鉴 2015》
	每亿元研究开发投入所取得的专利授权数	《中国统计年鉴 2014》《中国科技统计年鉴 2014》	《中国统计年鉴 2015》《中国科技统计年鉴 2015》
	每万名 R&D 活动人员科技论文数	《中国科技统计资料汇编 2014》	《中国科技统计资料汇编 2015》
技术商业化	技术市场成交额	《中国统计年鉴 2014》	《中国统计年鉴 2015》
技术独立性	大中型工业企业技术引进经费占本地区 R&D 经费内部支出比重	《工业企业科技活动统计年鉴 2014》《中国科技统计年鉴 2014》	《工业企业科技活动统计年鉴 2015》《中国科技统计年鉴 2015》
	大中型工业企业消化吸收经费与技术引进经费比例	《工业企业科技活动统计年鉴 2014》	《工业企业科技活动统计年鉴 2015》
创新组织与活力	规上工业企业 R&D 项目数	《中国统计年鉴 2014》	《中国统计年鉴 2015》
	国家级企业技术中心数	各省市的国民经济和社会发展统计公报《国家认定企业技术中心名单》	各省市的国民经济和社会发展统计公报《国家认定企业技术中心名单》
产业发展	高新技术产品出口额占商品出口额比重	中国主要科技指标数据库	中国主要科技指标数据库
	规上工业科技活动新产品产值占规上工业总产值比重(新产品产值率)	各省市的《统计年鉴 2014》	各省市的《统计年鉴 2015》
	第三产业产值占 GDP 比重	《中国统计年鉴 2014》	《中国统计年鉴 2015》
居民生活	城镇居民失业率	《中国统计年鉴 2014》	《中国统计年鉴 2015》
	城镇居民人均可支配收入	《中国统计年鉴 2014》	《中国统计年鉴 2015》

续表

指标类型		数据来源	
		2013 年	2014 年
经济效益	人均地区生产总值	《中国统计年鉴 2014》	《中国统计年鉴 2015》
	贸易顺差	《中国统计年鉴 2014》	《中国统计年鉴 2015》
可持续发展	单位 GDP 工业废水、废气、废物排放量	《中国统计年鉴 2014》	《中国统计年鉴 2015》
	单位 GDP 综合能耗	各省市 2014 年统计年鉴	各省市 2015 年统计年鉴
互联网发展	电子商务发展指数	2013 年中国城市电子商务发展指数	2014—2015 年中国电子商务发展指数报告
	信息化发展指数	2013 年中国信息化发展水平评估报告	2014 年中国信息化发展水平评估报告

附录　三级指标的意义及选用说明

1. 创新资源

1.1　教育资源

1.1.1　每万人口普通高校在校生数量

每万人中普通高等学校在校学生数量反映了一个地区教育水平的高低以及为未来发展提供高技术人才的潜力。普通高等学校在校生的数量也反映了该地区教育的吸引力。高等教育可以吸引潜在的在该地区就业的高级人才，普通高等学校毕业生倾向于在他们受教育的地方工作。

1.1.2　每万人口中等职业学校在校生数量

中等职业学校在校学生是一个地区的中等技术人才，每万人口中等职业学校在校学生数量反映一个地区技术储备人才的水平，对于大中城市来说，在校学生一般倾向于在学校所在地区就业。

1.1.3　普通高校与职业高中师生比(1.1.3.1 普通高校师生比;1.1.3.2 职业高中师生比)

师生比例越高，说明教师资源的投入程度越高，该指标是教育质量的一个方面的反映。除了教师素质以外，师生比例也同样重要，因为它很大程度上决定了师生互动的程度。

1.1.4　教育经费总投入占 GDP 比重

各地区教育经费总投入包括国家财政性教育经费、社会捐资和集资办学经费、社会团体和公民个人办学经费、学费和杂费、其他教育经费，这些教育总的投入占地区 GDP 的比重从一定程度上反映了该地区对教育的重视程度以及未来人才培养的潜力。

1.2　技术人力资源

1.2.1　每万人中R&D人员数

R&D(科学研究与试验发展)是指在科学技术领域,为增加知识总量以及运用这些知识去创造新的应用而进行的系统性、创造性活动。每万人中R&D活动人员数反映了一个地区R&D人力投入的强度,能够在一定程度上反映该地区的创新能力。

1.2.2　R&D人员全时当量

这是指参加R&D项目的人员以及R&D项目的管理人员和直接服务人员按全时人员折算的人年数。这个指标是研发人员贡献的一个表现,是创新的一个重要资源衡量指标,因此在一定程度上反映了该地区的创新能力。

1.3　科技投资资源

1.3.1　R&D经费占GDP比重

R&D经费占GDP的比重反映了一个社会对研发投入的重视程度,对区域的创新能力有着重要影响。

1.3.2　地方财政科技拨款占地方财政支出比重

这是指各省、自治区、直辖市(包括省、地(市)、县三级)地方财政的科技经费。不包括国务院部门拨给地方各部门的科技经费。这些经费表现了地方政府对当地的科技发展与创新的重视程度。这种宏观的指导一方面鼓励了企业的研发行为,另外一方面支持了研究机构的科研创新,地方财政科研拨款是大学、科研机构以及企业研发活动重要的资金来源。

1.3.3　企业R&D经费支出占主营业务收入比重

企业R&D经费的主要来源还是企业内部的销售收入,这个指标反映了企业对研发的重视程度,研发活动使得企业可以开发新产品和服务,从而始终保持竞争的优势。企业的研发活动对创新型经济发展起着关键的作用,因为企业的研发活动反映了该地区企业对于未来的投资程度。R&D经费的多少是一个企业研究开发能力大小的标志。

1.4　基础设施资源

1.4.1　电信基础设施(电话、移动电话、互联网)普及率(1.4.1.1电话普及

率;1.4.1.2 移动电话普及率;1.4.1.3 互联网普及率)

电话普及率、移动电话普及率、互联网普及率反映了信息时代人们获取信息的便捷程度。在创新型经济社会中,有效的信息获取将带来极大的竞争优势。

1.4.2 城镇居民人均住房建筑面积

住房条件是反映一个地区人民生活水平的最重要的因素之一。适合普通居民实际购买力的房价是吸引和保留人才的关键,这些流动性高、高技能或知识型员工通常会选择在住房条件好的地区工作。人均居住面积在一定程度上反映了劳动力在此长期居住的意愿。

1.4.3 每万人拥有图书馆数量

公共图书馆的数量反映了一个地区公共文明建设的程度和人民的文化水平,也从一个侧面反映了整个地区居民的受教育程度,同时图书馆也是居民的信息的重要来源。

2. 创新过程

2.1 知识创新

2.1.1 每十万人专利授权、发明专利授权数(2.1.1.1 每十万人申请授权专利数;2.1.1.2 每十万人申请授权发明专利数)

专利反映了原创性的创造发明数量及对创新的保护,其数量反映了具有商业意义的发明强度。而发明专利是三种专利中最重要的一种。一个国家、地区、企业所拥有的发明专利的数量集中体现了这个国家、地区和企业的自主创新能力。

2.1.2 每亿元研究开发投入所取得的专利授权数

专利数可以反映一个地区创新过程中的科技发明强度。考虑到过程的效率,不仅仅应考虑人均指标,而且应该考虑一定的研发投入下所产生的科技发明强度,这个指标对过程效率具有十分重要的指示作用。

2.1.3 每万名 R&D 活动人员科技论文数

考虑到科技发明产出不一定会全部转移至专利申请,本研究将科技论文数作为一个重要的补充指标,用以表征 R&D 活动人员在创新过程中的产出,以期更全面地反映创新过程中的知识创新情况。

2.2 技术商业化

技术市场成交额

技术市场成交情况反映了知识产权(如专利、发明等)流动、转移和利用的过程和技术成果的市场化程度。成交金额反映了这些知识产权的市场价值。

2.3 技术独立性

2.3.1 大中型工业企业技术引进经费占本地区 R&D 经费内部支出比重

衡量一个国家的技术创新对国外技术依赖程度的指标通常称为对外技术依存度,该指标也是《国家中长期科学和技术发展规划纲要》中作为重要目标强调的指标之一。一般而言,一个国家的技术依存度较高,表明该国技术创新对技术引进的依赖程度较强;反之,技术依存度较低则表明该国技术创新中的自主创新成分较大。然而目前关于该指标的测度仍然没有明确而统一的标准。通常有以下三种表达:"技术引进经费加上研发投入经费做分母,技术引进经费做分子所得出的比重""技术引进经费与 R&D 经费之比""引进技术费用、技术许可费用与整个研究开发和引进技术费用的比例"。每一种单一的方法都难以全面地反映技术依赖程度,例如,引进国外技术装备是目前我国许多企业引进技术的重要甚至是主要形式,而这笔费用经常被列入技术改造经费之中。在没有更好的方案的情况下,本研究采用"大中型工业企业技术引进经费占 R&D 经费比重"来衡量一个地区的对外技术依存度,一般来说,该指标越低,说明该地区对外技术依存度越低,也越注重自主创新。

2.3.2 大中型工业企业消化吸收经费与技术引进经费比例

企业消化吸收经费是指对引进项目进行消化吸收所支付的经费,包括人员培训费、测绘费,以及参加消化吸收人员的工资、工装、工艺开发费、必备的配套设备费、翻版费等。引进技术的消化吸收是指对引进技术的掌握、应用、复制而开展的工作,以及在此基础上的创新。通过消化吸收引进技术,达到掌握引进技术,提高自我创新能力的目的。企业消化吸收经费与技术引进经费比例越高,说明企业消化吸收能力投入越多,更有利于培养自主创新能力,也就更有利于增强企业的技术独立性。本研究采用大中型工业企业消化吸收经费与技术引进经费比例作为代理测量。

2.4 创新组织与活力

2.4.1 规模以上工业企业 R&D 项目数

这一指标主要反映了各地大中型企业在创新过程中开展 R&D 项目的情况。在以企业为主体的创新过程中,新产品开发及其他技术创新项目是主要的创新组织形式。因此,创新过程中 R&D 项目的开展情况能从创新组织的角度表征创新过程的实施情况。

2.4.2 国家级企业技术中心数

国家级企业技术中心由国家发展和改革委员会、科技部、财政部、国家海关总署和国家税务总局等五部委联合认定,其建立旨在提高企业技术开发与创新能力,增强企业竞争力,是建立现代企业制度的内在要求。这一认定要求企业在研究开发能力、企业专职研究开发人员水平、仪器设备先进度、目前产品结构和未来发展方向等方面都达到国家相关规定的指标。企业技术中心获得国家级认定后可享受政府财政补贴、进口设备减免税等方面的优惠政策。因此,在企业日益成为自主创新的核心主体的情况下,国家级企业技术中心的数量可以反映一个地区创新组织的技术水平和竞争力。

3. 创新产出

3.1 产业发展

3.1.1 高新技术产品出口额占商品出口额比重

高新技术产业通常都处于价值链的高端,其带来的高附加值是企业进行技术创新活动的主要推动力量。高新技术产品出口额占商品出口额比重可以反映一个区域出口产品中高附加值产品的比重,它可以从另外一个侧面反映该区域高新技术产业的发展水平,是衡量创新型经济运行绩效的重要指标。

3.1.2 规模以上工业企业科技活动新产品产值占规模以上工业企业总产值比重

规模以上工业企业产值中新产品产值所占比重体现了新产品、新工艺以及产品和工艺的显著技术变化,反映了工业技术创新的速度和效果,更深层次地体现了科技进步水平。

3.1.3 第三产业产值占 GDP 比重

在指标设计时希望通过以生产型服务业增加值占 GDP 比重来评估其发展的状况。生产型服务业是指生产上下游活动的延伸，包括研发、设计等专业服务、信息和中介服务、金融保险服务以及与贸易相关的服务。加快发展生产型服务业，建立社会化、专业化、规模化和规范化的创新服务体系是社会生产力发展到一定程度时的必然选择。然而当前各省市对于生产型服务业尚未有正式的发布数据。第三产业增加值占 GDP 比重是衡量一个地区经济社会发展水平的重要指标，发达国家这一比重为 70%左右。因此，本研究使用该指标作为衡量创新型经济产出的产业发展指标之一。

3.2 居民生活

3.2.1 城镇登记居民失业率

城镇登记失业率指城镇登记失业人员与城镇单位就业人员（扣除使用的农村劳动力、聘用的离退休人员、港澳台及外方人员）、城镇单位中的不在岗职工、城镇私营业主、个体户主、城镇私营企业和个体就业人员、城镇登记失业人员之和的比值。在经济运行良好、保持不断增长的情况下，失业率会维持在较低的水平。失业率反映了某一地区整体的就业情况。低失业率有助于社会的和谐发展，是衡量政府执政水平的重要指标。

3.2.2 城镇居民人均可支配收入

这是指被调查城镇居民家庭在支付个人所得税之后，所余下的实际收入。在经济运行良好、保持不断增长的情况下，人均可支配收入会随之提高。人均可支配收入高低反映了购买力的高低，进而反映了生活质量的高低。

3.3 经济效益

3.3.1 人均地区生产总值

一个地区的生产总值是该地区所有常住单位在一定时期内生产活动的最终成果。从价值形态看，它是所有常住单位在一定时期内所生产的全部货物和服务价值超过同期投入的全部非固定资产货物和服务价值的差额，即所有常住单位增加值之和。人均地区生产总值是反映该区域经济活力的最重要指标之一。

3.3.2 贸易顺差

在一定的单位时间里(通常按年度计算),贸易的双方互相买卖各种货物,互相进口与出口,甲方的出口金额大过乙方的出口金额,或甲方的进口金额少于乙方的进口金额,其中的差额,对甲方来说,就称为贸易顺差,反之,对乙方来说,就称为贸易逆差。贸易顺差太高并不一定好,过高的贸易顺差是一件危险的事情,意味着本国经济的增长比过去几年任何时候都更依赖于外部需求,对外依存度过高。巨额的贸易顺差也带来了外汇储备的膨胀,给人民币带来了更大的升值压力,也给国际上贸易保护主义势力以口实,认为巨额顺差反映的是人民币被低估。这增加了人民币升值压力和金融风险,为人民币的汇率机制改革增加了成本和难度。

3.4 可持续发展

3.4.1 单位 GDP 工业废水、废气、废物排放(产生)量(3.4.1.1 工业废水;3.4.1.2 工业废气;3.4.1.3 工业固体废物)

工业废水指经过企业所有排放口排到企业外的生产废水,包括外排的直接冷却水和矿区超标排放的有毒有害的矿井地下水。工业废气指报告期内企业厂区内燃料燃烧和生产工艺过程中产生的各种排入大气的含有污染物的气体。工业固体废物指报告期内企业在生产过程中产生的固体状、半固体状和高浓度液体状废弃物,包括危险废物、冶炼废渣、粉煤灰、炉渣、煤矸石、尾矿、放射性废物和其他废物等。

单位 GDP 工业废水、废气、废物排放(产生)量即以工业废水、废气、废物排放(产生)量分别除以当年当地 GDP 总量。计算单位 GDP 工业废水、废气、废物排放量是为了间接地衡量当地经济发展所付出的环境代价,数值越高则说明经济发展对环境产生的潜在破坏越大,而在发展经济过程中有效控制对环境的破坏,实现经济与环境的和谐,是创新型经济的重要特征,对于一个地区可持续发展的实现有着重大的影响。

3.4.2 单位 GDP 综合能耗

计算该指标的主要目的是衡量当地国民经济发展所付出的能源成本。在当今建设资源节约型社会的形势下,控制能源消耗规模、提高能源利用效率是各个地区在经济建设中的重要任务之一。

3.5　互联网发展

3.5.1　电子商务发展指数

电子商务发展指数反映各地电子商务发展情况，包括网商指数、网购指数2个一级指标以及4个二级指标。该指数的取值范围为0～100，数值越大，反映当地电子商务发展水平越高，该地区的互联网发展程度越高。

3.5.2　信息化发展指数

信息化发展指数是为国家“十一五”信息化规划而编制的，它从信息化基础设施建设、信息化应用水平和制约环境以及居民信息消费等方面综合性地测量和反映一个国家或地区的信息化发展总体水平。地区的信息化发展水平一定程度上表现了该地区互联网的发展程度。

第4章　浙江省2014年创新型经济评价

本章将参照前文构建的创新型经济评价体系及数据梳理方法对浙江、北京、上海、广东、江苏和山东的创新型经济运行情况进行横向对比分析，总结浙江在创新型经济运行上对比我国其他省市的优势和劣势。在这一版本的蓝皮书中，我们主要利用了2013年和2014年两个年度的数据进行分析，以此可以动态地观察浙江省创新型经济的发展情况，找出浙江省创新型经济发展的瓶颈所在，并为浙江省的经济发展和转型提出对策和建议。

4.1　浙江省创新型经济的总体水平

本研究通过建立创新型经济评价体系，选取资源、过程、产出三类要素作为综合评价指标，将北京、上海、广东、江苏和山东的创新型经济发展情况和浙江进行横向对比研究。如表4-1和表4-2所示，2013年和2014年，浙江的综合得分稳定在第2位，仅次于北京。如图4-1和图4-2所示，从创新资源、创新过程和创新产出三项指标来看，浙江省的创新资源和创新过程两项指标均位于第2位，次于北京；而创新产出这一项指标位于第3位，与北京和上海仍有明显的差距。浙江省在2013年和2014年的各项指数表现已经相对来说比较稳定，而且各项表现也比较平均，这说明浙江省在近年来在创新方面的扶持政策卓有成效，创新经济的发展已经趋于稳定。

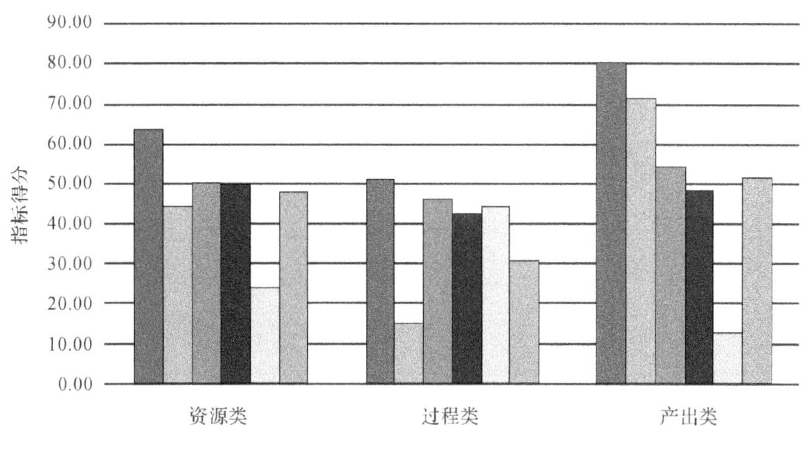

图 4-1　2013 年六省市三类指标表现

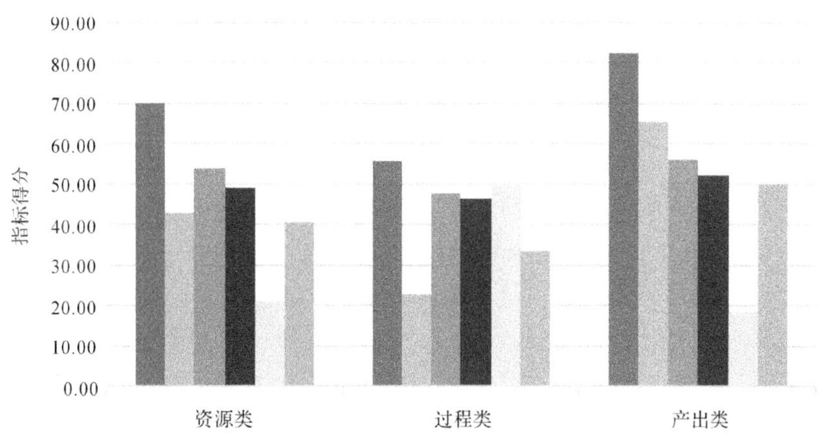

图 4-2　2014 年六省市三类指标表现

表 4-1　2013 年六省市三类指标表现排序

要素	省　市					
	浙江	北京	上海	广东	江苏	山东
资源类	2	1	5	4	3	6
过程类	2	1	6	5	4	3
产出类	3	1	2	4	5	6
综合	2	1	4	5	3	6

表 4-2　2014 年六省市三类指标表现排序

要素	省市					
	浙江	北京	上海	广东	江苏	山东
资源类	2	1	4	5	3	6
过程类	2	1	6	5	3	4
产出类	3	1	2	4	5	6
综合	2	1	3	5	4	6

图 4-3 和图 4-4 分别显示了六省市在 2013 年和 2014 年资源类要素的 4 项二级指标——教育资源、技术人力资源、科技投资资源和基础设施资源的情况。在教育资源方面的数据比较稳定，2013 年和 2014 年并没有明显的差异，浙江次于北京、上海和江苏位于第 4 位，而在技术人力资源方面，浙江同样位于第 4 位，比起前 3 位的北京、江苏和广东还有较大的差距。在科技投资资源方面浙江省 2013 年位于第 4 位，而到了 2014 年超过了广东，排名上升到了第 3 位，但和位于前 2 位的北京和上海还有较大的差距。而在基础设施资源方面，浙江相对于其他五省市来说具有明显的领先优势，位于第 1 位。

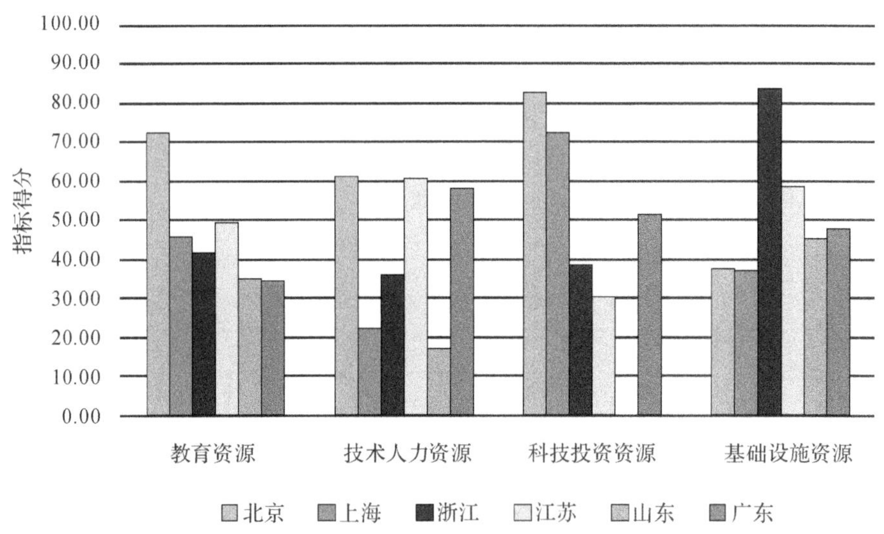

注：科技投资资源这项山东得分为零。

图 4-3　2013 年六省市资源类要素表现

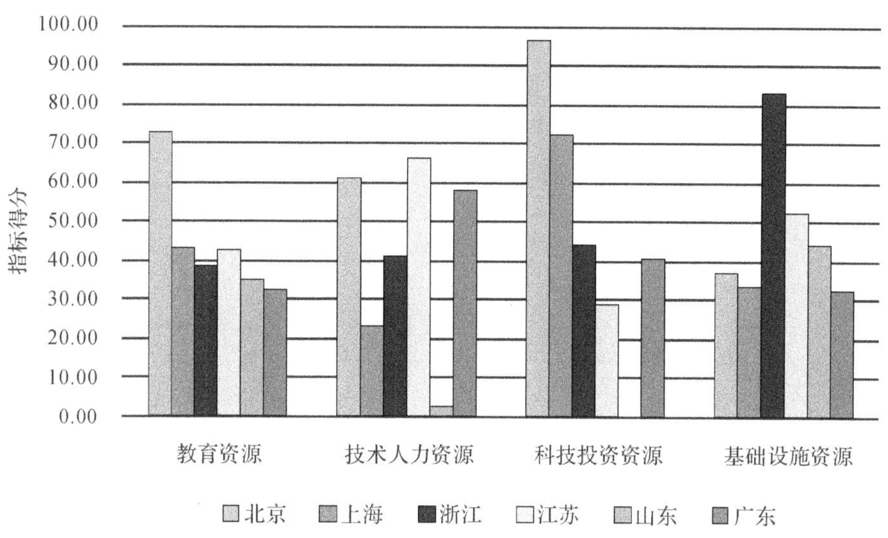

注:科技投资资源这项山东得分为零。

图 4-4　2014 年六省市资源类要素表现

综上所述,2014 年,浙江在资源类要素中综合排名第 2,其中教育资源和技术人力资源排名第 4,科技投资资源位于第 3 位,基础设施资源位于第 1 位。相比 2013 年,浙江虽然在资源类要素的综合排位中并没有发生变化,但科技投资资源排名上升了一位,并且基础设施资源这一项一直保持着较大的领先优势。

图 4-5 和图 4-6 分别表示了 2013 年和 2014 年六省市的过程类要素的四项二级指标——知识创新、技术商业化、创新开放性和技术独立性、创新组织与活力的情况。在 2013 年至 2014 年期间,浙江的知识创新指标仅次于北京位于六省市中第 2 的位置。而技术商业化一项是浙江省在过程类要素中一直的短板,2013 年浙江的技术商业化情况位于垫底的位置,而这一情况在 2014 年也没有任何的变化,技术商业化的缺失始终制约了浙江省创新型经济的发展。在创新开放性和独立性方面,浙江省仅次于山东。在创新组织与活力方面,浙江在 2013 年位于六省市中的第 4 位,2014 年成功超过广东,上升到了第 3 位。

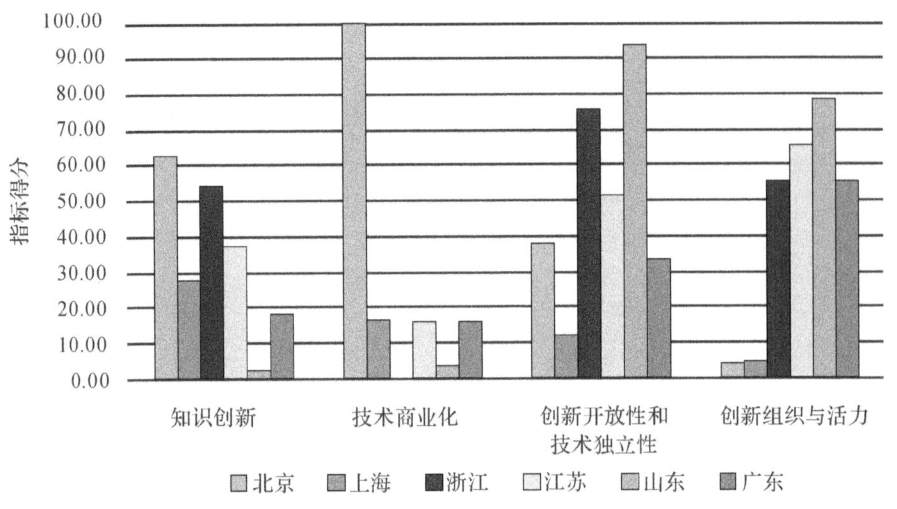

注：技术商业化这项浙江得分为零。

图 4-5　2013 年六省市过程类要素表现

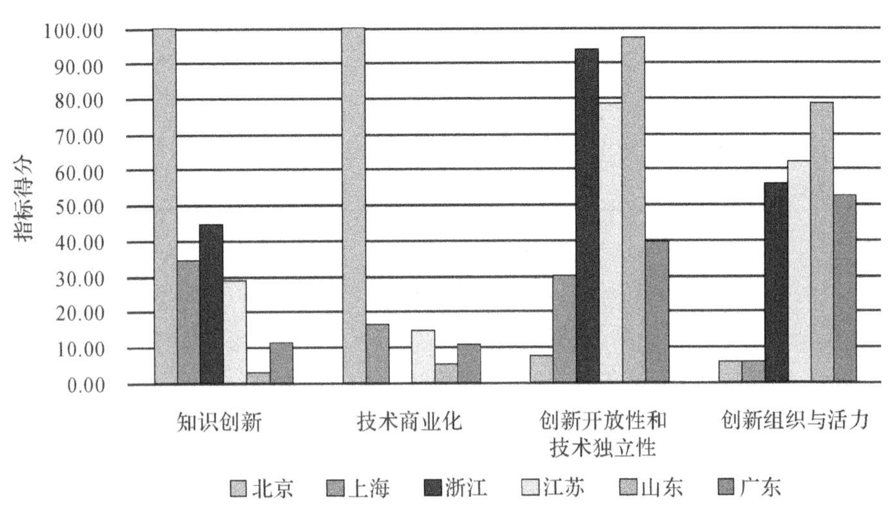

注：技术商业化这项浙江得分为零。

图 4-6　2014 年六省市过程类要素表现

综上所述，截至 2014 年，浙江省在过程类要素这一项中综合能力位于六省市中的第 2 名，其中知识创新、创新开放性和独立性两项二级指标稳居第 2 位，创新组织与活力这一项有了 1 位的提升，位于第 3 位，而表现最弱的技术商业化处于第 6 的位置，技术商业化是制约过程类指标提高的一个重要原因。

如图 4-7 和图 4-8 所示，浙江省创新产出类要素指标包含 5 项二级指标，包括产业发展、居民生活、经济效益、可持续发展和互联网发展。其中产业发展这一项浙江省在 2013 年和 2014 年都位于第 5 位，和排名第 1 的北京和排名第 2 的上海还有非常明显的差距。在居民生活这个指标上，浙江省位于第 3 位，和位于第 1 位的北京差距较大，和位于第 2 位的上海差距很小。在经济效益这一项中，浙江在 2013 年次于上海和江苏位于六省市中的第 3 位，但在 2014 年成功超越了江苏，排名上升到了第 2 位。在可持续发展指标中，浙江省也有了进步。2013 年浙江在这项指标上位于第 4 位但和位于第 5 位的江苏不相上下，而 2014 年，浙江在这一项中的名次超过了广东成为第 3 名。在互联网发展方面，浙江省在 2013 年位居第 3 位，但却在 2014 年被广东赶超，位于第 4 位。

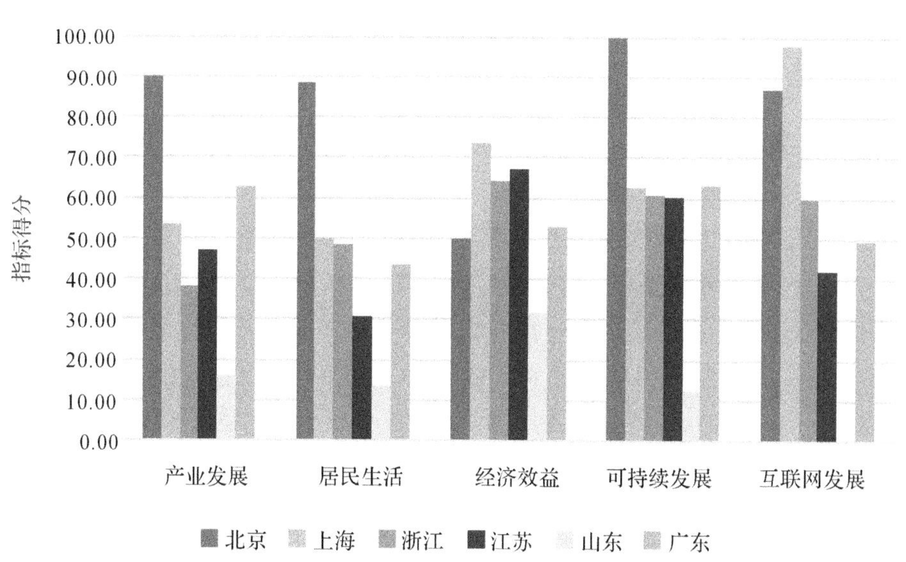

注：互联网发展这一项山东得分为零。

图 4-7 2013 年六省市产出类要素表现

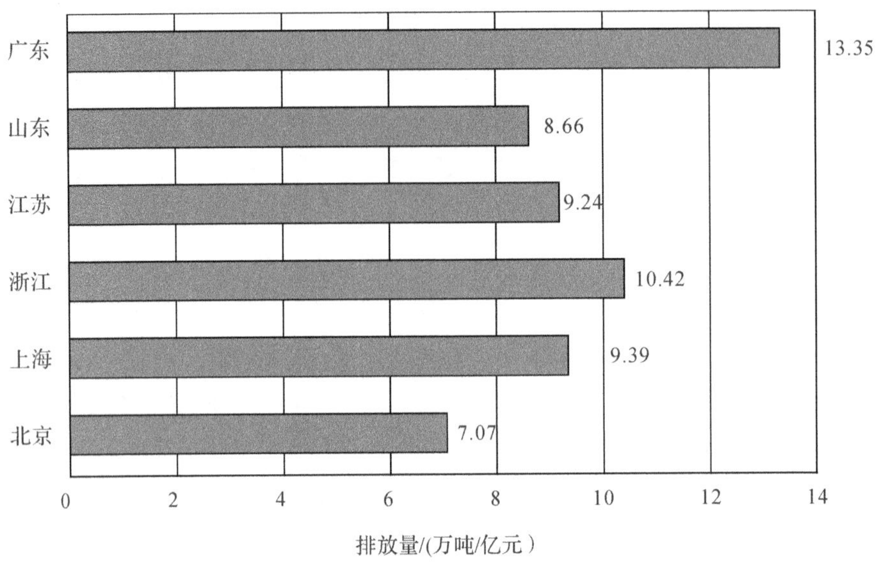

注:互联网发展这项山东得分为零。

图 4-8 2014 年六省市产出类要素表现

综上所述,浙江省在产出类要素的综合排名位于第 3,其中产业发展和互联网发展两项表现较差,居民生活一项有较大优势,而在经济效益和可持续发展两项指标上表现得中规中矩,位于第 3 位。

2014 年,浙江省表现较为突出(位列前 2 名)的基础指标有,资源类要素指标:职业高中师生比、城镇居民人均住房建筑面积(平方米)、每百人公共图书馆藏书(册);过程类要素指标:每十万人专利授权数、每亿元研究开发投入所取得的专利授权数、大中型工业企业技术引进经费占本地区 R&D 经费内部支出比重、大中型工业企业消化吸收经费与技术引进经费比例、各地区规上工业企业 R&D 项目数、国家级企业技术中心数(不含分中心);产出类要素指标:规上工业企业科技活动新产品产值占规上工业企业总产值比重(新产品产值率)、贸易顺差、单位 GDP 综合能耗。

同时,浙江省在以下经济指标中表现比较落后(位于后 2 名),拖累了浙江省创新型经济的发展,资源类要素指标:R&D 经费占 GDP 的比重(见图 4-9);过程类要素指标:技术市场成交额(见图 4-10);产出类要素指标:高技术产品出口额占商品出口额比重(见图 4-11)、单位 GDP 工业废水排放量(见图 4-12)。

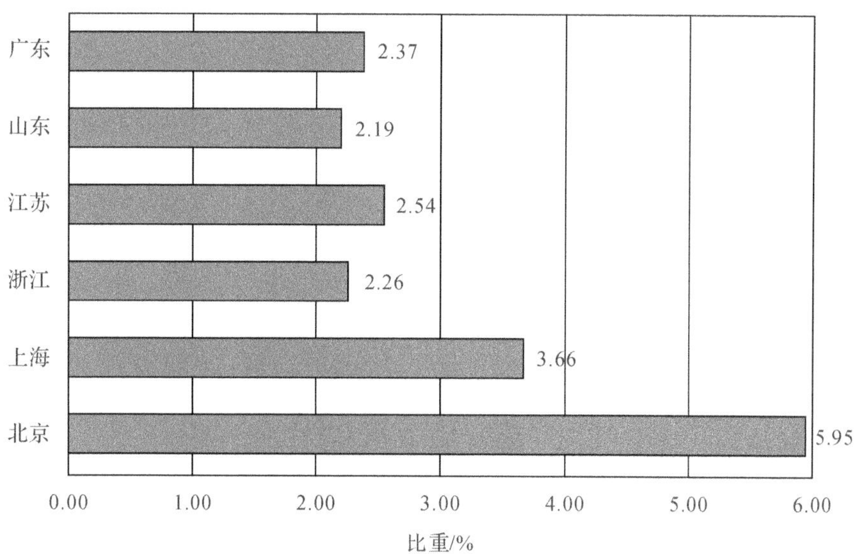

图 4-9　2014 年六省市 R&D 经费占 GDP 的比重

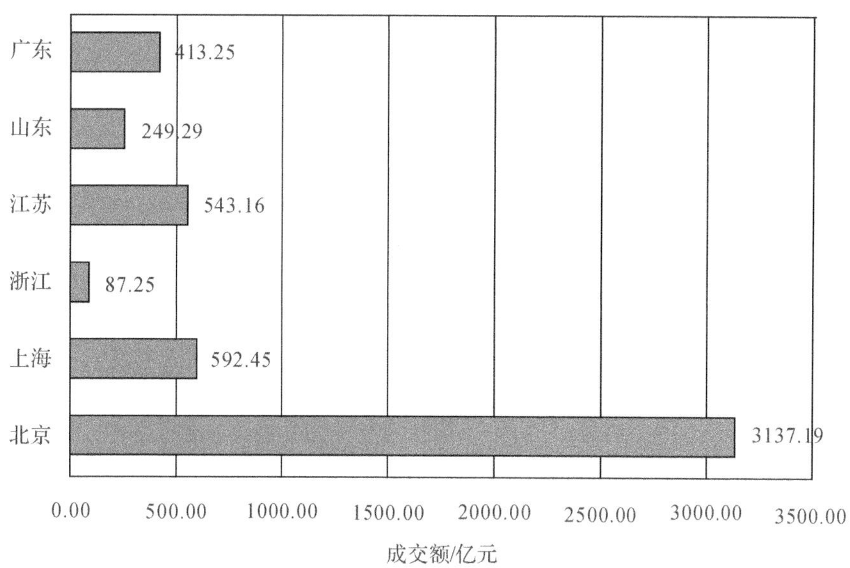

图 4-10　2014 年六省市技术市场成交额

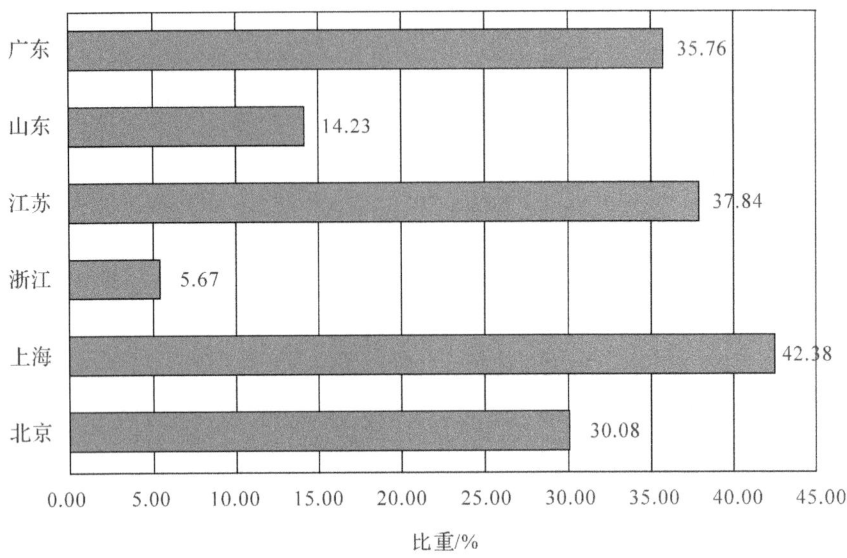

图 4-11　2014 年六省市高技术产品出口额占商品出口额比重

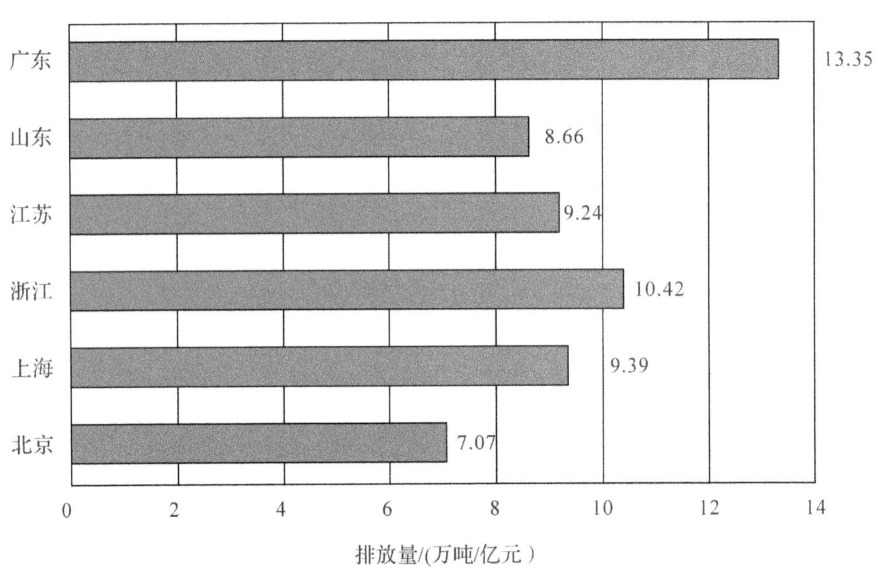

图 4-12　2014 年六省市单位 GDP 工业废水排放量

从以上分析可以看出，浙江省的创新型经济相比其他五个省市具有人才、住房和公共设施方面的优势，同时浙江省规模以上企业对于创新研发的重视日益提高，大中型工业企业的技术引进和自主创新行为逐渐成为推动浙江省创新型经济的重要力量。但总体来说，浙江省的技术市场发展仍然是一个阻碍浙江省创新型经济发展的主要瓶颈，主要表现在技术市场成交额远低于其他地区，甚至不到北京的百分之一。虽然浙江省在人均专利产出上具有明显的优势，但技术市场的落后使得这些技术创新无法有效地产生商业价值，制约了浙江省的经济发展。而且，技术市场的发展滞后同时也导致了中小企业在创新能力的培养上遭遇瓶颈，始终无法摆脱产品附加价值低、环境不友好的问题，具体表现在浙江省的贸易顺差虽然位于六省市中的前列，但出口产品中高新技术产品占比却非常低，同时产生的环境成本也较高。

4.2　六省市创新型经济的比较与趋势分析

4.2.1　三级指标

➢ 资源类指标

■　教育资源

指标 1　每万人口普通高校在校生数量

如图 4-13 所示，浙江 2014 年每万人口普通高校在校生数量为 189 人，相较 2013 年有所下降，位于北京、江苏、上海之后，名列第 4 位。浙江省总的普通高等学校在校学生数为 103.87 万人，较之 2013 年减少了 1.7%，是六省市中除了江苏之外数量下滑最多的。这说明浙江省目前的教育资源并不乐观，在大部分地区的学生数量增多的情况下，浙江省对普通高校学生欠缺吸引力，浙江省应当增加在高等院校方面的教育投入，提高办学质量，以提升对于各地人才的吸引力，为创新型经济的持续发展培养更多的人才。

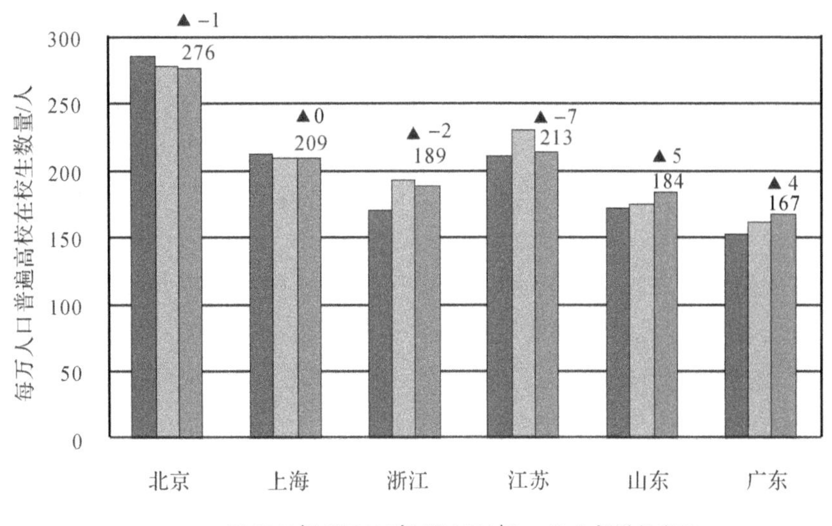

图 4-13 每万人口普通高等学校在校学生数量

数据来源:《中国统计年鉴 2013—2015》

指标 2 每万人口中等职业学校在校生数量

如图 4-14 所示,近年来各地区的每万人口中等职业学校在校学生数量都呈一个下降的态势,浙江省 2014 年每万人口里有 92 名在校的中等职业学校学生,相比起其他地区,下滑并不算严重。2014 年,浙江省中等职业学校在校学生约 50.6 万人,相较 2013 年减少了大约 7 万人。这和大环境下中职连年萎缩的招生规模相关。浙江省作为制造业大省,对于中等技术人才的需求量很大,逐年递减的学生规模有可能会造成未来用工难、用工成本增加。浙江省应该警惕日益萎缩的中职教育,加大对中等职业学校的投入,提升教学质量,增加职校对于学生的吸引力。

指标 3 普通高校和职业高中师生比

如图 4-15 所示,浙江省 2014 年的普通高校师生比位于第 3 位,和北京与江苏尚有差距。但同时可以观察到,浙江省的普通高校师生比正在逐渐增加,说明浙江省普通高等教育正在发展,保持着一定的进步速度。但也可以观察到,在这个指标上,北京一直遥遥领先,说明北京的教育产业在师资方面具有得天独厚的优势,高质量的教学将为北京输送大量的人才,使得北京在人才资源上具有优势。

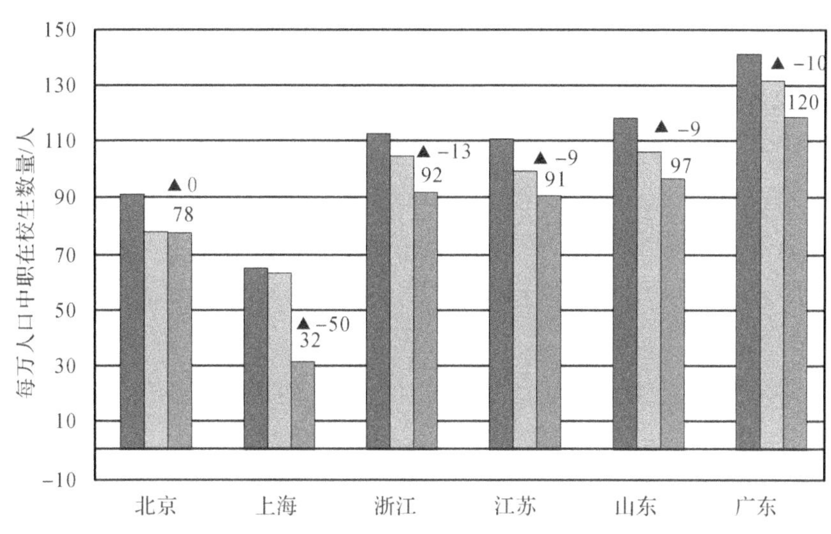

图 4-14　每万人口中等职业学校在校学生数量

数据来源:《中国统计年鉴 2013—2015》

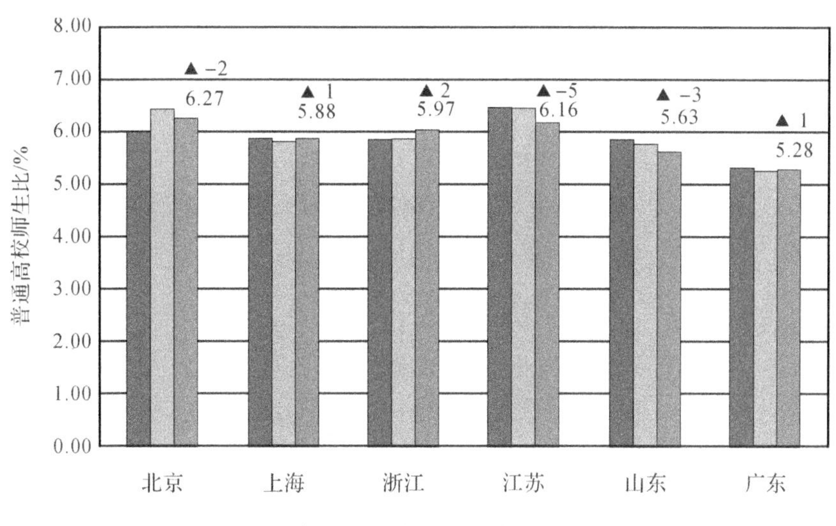

图 4-15　普通高校师生比

数据来源:2013—2015 年各省市统计年鉴

而职业高中的师生比逐年上升(见图 4-16),一方面是由于客观上的学生数量的减少,但同时也说明职业高中的教育质量正在缓步上升。浙江省职业高中师生比位于第 2 位,仅次于上海,说明浙江省在职业教育方面有着教师资源上的优势。作为一个制造业大省,浙江省对于职业人才的需求是紧迫的,因此保证职业高中的教学质量和对学生的吸引力是保证人才资源的一个重要途径。综上所述,浙江省要成为一个教育大省,应该既要关注到学生的数量,也要同时关注到教学的质量,增加相关的配套资源和设施,加强教师队伍的建设,这样才能为经济发展培育更多的后备人才。

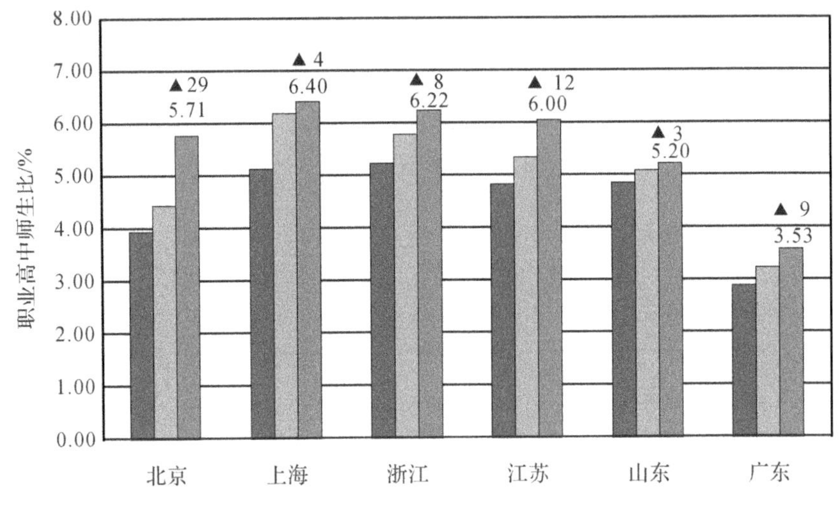

图 4-16　职业高中师生比

数据来源:2013—2015 年各省市统计年鉴

指标 4　教育经费总投入占 GDP 比重

如图 4-17 所示,浙江省的教育经费总投入占 GDP 比重较低,而北京市和上海市的这项指标遥遥领先。从绝对值上来说,浙江省 2014 年的教育经费总投入为 1031 亿元,相较 2013 年的 950 亿元增加了 8%,虽然浙江省在这一项中表现并不突出,但这一项指标的回升说明浙江省已经逐渐意识到了需要加大教育投入。

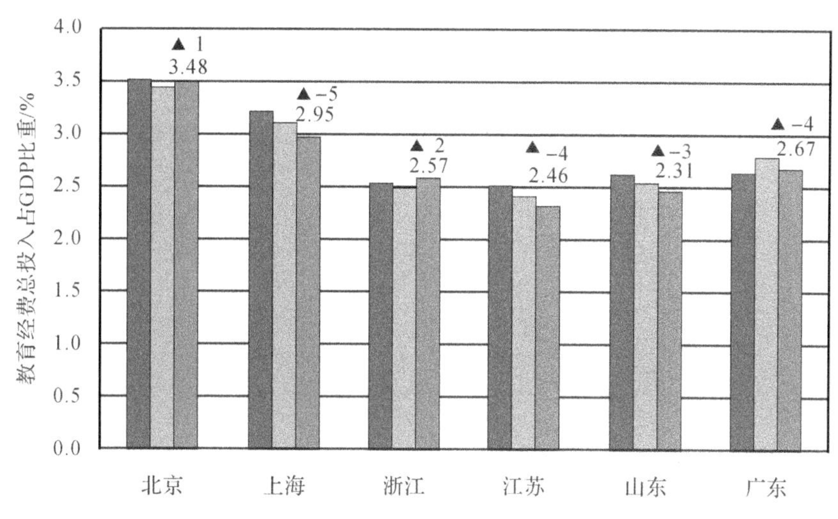

图 4-17　教育经费总投入占 GDP 比重

数据来源：《中国统计年鉴 2013—2015》

■　技术人力资源

指标 5　每万人中 R&D 人员数

在每万人中 R&D 人员数方面，北京的表现一枝独秀，这和北京独特的经济环境有关。从前述有关教育资源的指标分析中可以了解到，北京在教育方面投入了大量的资源，并且拥有非常良好的师资和基数庞大的学生。北京得天独厚的人才优势吸引了很多企业在北京设立研发中心，进一步增加了北京研发人员的比例。浙江、江苏和上海三地近年来科技活动人才比例都在稳步上升（见图4-18），2014 年浙江省内有超过 44 万名 R&D 人员，相较 2013 年增长 7%。这些技术性人力资源的储备能为浙江省进一步的创新发展和产业升级带来推动力。

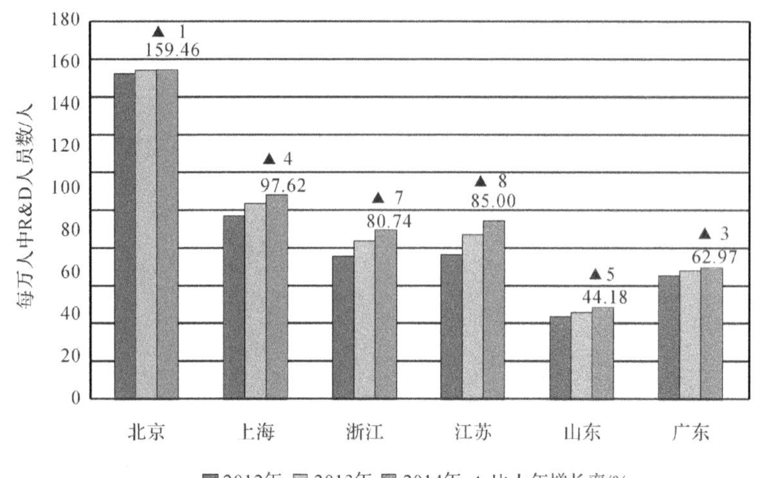

图 4-18 每万人中 R&D 人员数

数据来源:《中国统计年鉴 2013—2015》《中国科技统计年鉴 2013—2015》

指标 6 R&D 人员全时当量

如图 4-19 所示,浙江 2014 年的 R&D 人员全时当量位于第 3 位,次于江苏和广东,但相较于 2013 年,有约 9%的增长,增幅在六省市里是最大的。浙江省虽然 R&D 人员数量比较少,但科技活动强度的增长却十分明显,这说明浙江省的研发人员承担了相对较高的工作量。浙江省在未来应该继续加强科技队伍建设,提高科研人员待遇,更大程度地发挥自主创新能力。

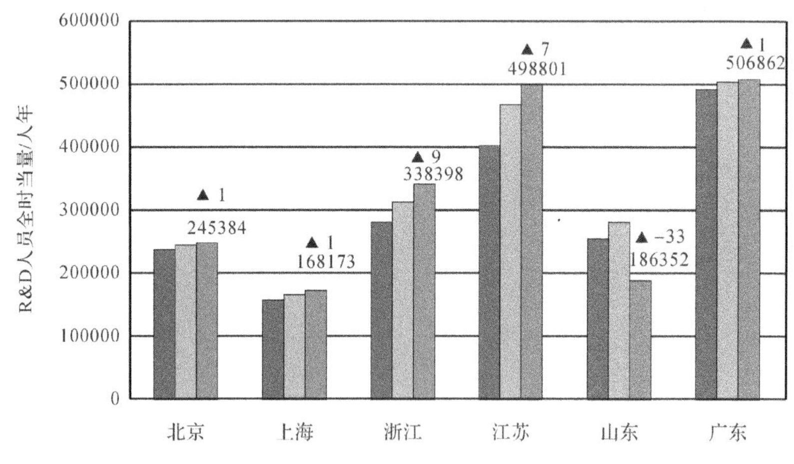

图 4-19 R&D 人员全时当量

数据来源:《中国科技统计年鉴 2013—2015》

■ 科技投资资源

指标7 R&D经费占GDP比重

无论是研发总投入还是研发经费占GDP的比重，浙江省与其他先进的省市之间仍然存在着较大的差距。目前浙江R&D经费仅占GDP的2.26%（见图4-20），总额也仅有4万亿元。相较北京接近6%的GDP占比和江苏、山东和广东三省超过6万亿元的投资规模来说，浙江省在研发投入方面显得有些不足。近几年各省市的研发政策趋于平稳，投资金额稳步上涨，但浙江省的研发投入相较GDP的增幅仍然过慢。浙江省在未来应该在这方面保持增长的态势，稳定地增加对产品研发的投入，致力于提高产品质量，增加产品附加价值，增强自主创新能力。综上所述，浙江省在研发投入方面仍然有较大的进步空间。

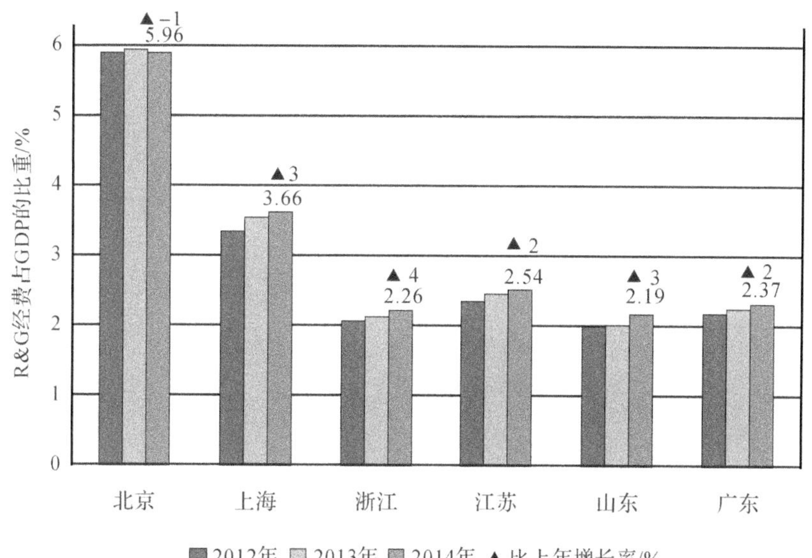

图4-20 R&D经费占GDP的比重

数据来源：《中国统计年鉴2013—2015》《中国科技统计年鉴2013—2015》

指标8 地方财政科技拨款占地方财政支出比重

如图4-21所示，2014年浙江省的科技拨款占地方财政支出的比重相较2013年有所下降，但实际上的科技拨款相较于2013年的192亿元有了8.3%的增长，而同时上海和广东地方财政科技拨款不增反降。从基数来说，浙江省的地方财政科技拨款仅仅高于山东省，位列六省市中的第五名。地方财政科技拨款帮助企业规避掉一些技术和市场不确定带来的风险，从而促进企业展开研发活动。浙江省应该利用地方财政政策对于企业的引导作用，用合理的手段鼓励自主创新，实现产业的转型升级。

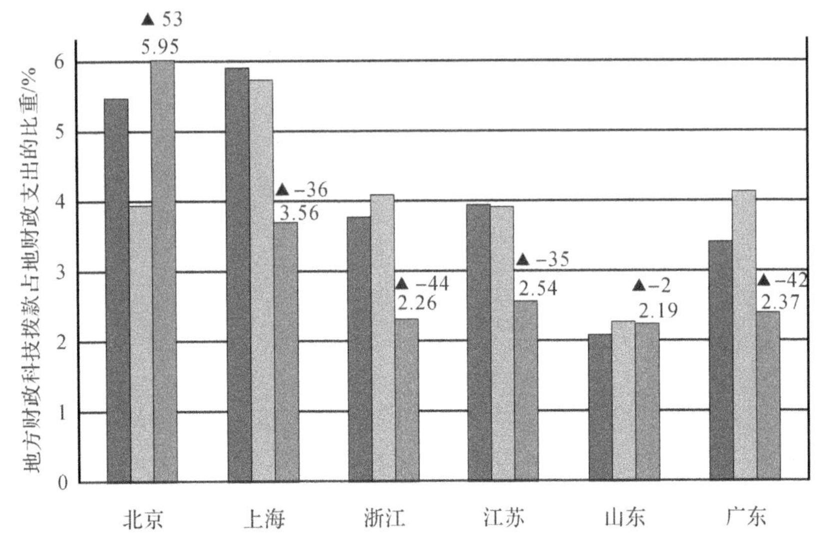

图 4-21　地方财政科技拨款占地方财政支出的比重

数据来源：《中国城市统计年鉴 2013—2015》

指标 9　企业 R&D 经费支出占主营业务收入比重

浙江省 2014 年企业 R&D 经费支出占主营业务收入为 1.12%（见图 4-22），低于北京、上海和广东。这说明，目前浙江的企业普遍对于研发的态度较为保守，更多地选择风险较低的技术引进和技术改造方式进行创新。但可喜的是浙江在这一项中一直保持着增长，增长率位于六省市第一。这也说明浙江企业已经意识到了研发投入的必要性，正在逐年稳步地提升研发的预算。

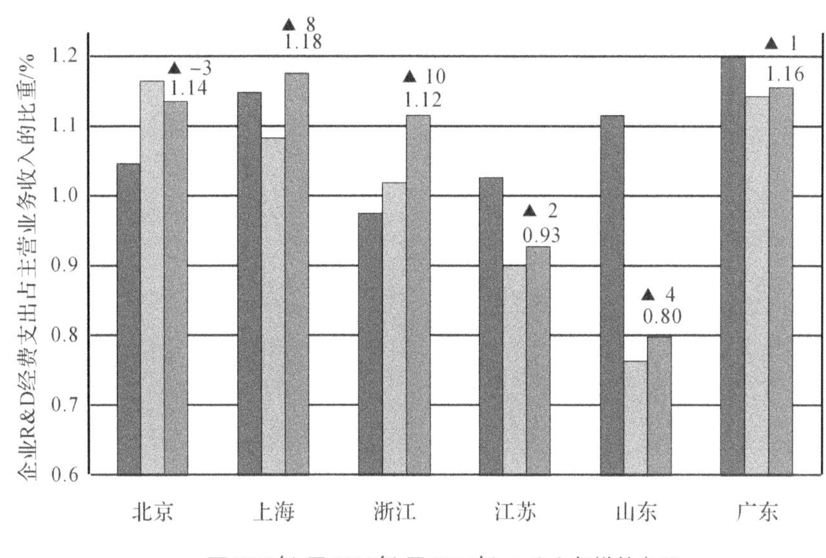

图 4-22　企业 R&D 经费支出占主营业务收入的比重

数据来源:《中国科技统计资料汇编 2013—2015》

■　基础设施资源

指标 10　电信基础设施(电话、移动电话、互联网)普及率

图 4-23 至图 4-25 分别展示了六省市的电话普及率、移动电话普及率和互联网普及率。这些指标可以展现一个地区的城市化水平和基础设施的建设情况。北京由于城市化水平较高,城市建设较为完善,因此在三项指标中都稳居第 1 位。而浙江在此三项指标中都位于第 4 的位置,次于北京、上海和广东,这说明浙江省在电信基础设施的普及上仍有发挥的空间。另外从增长速度来看,浙江省年均 7%的增长在六省市中也已处于领先水平,这说明浙江省近年来在基础建设上的投入已逐渐收到了成效。

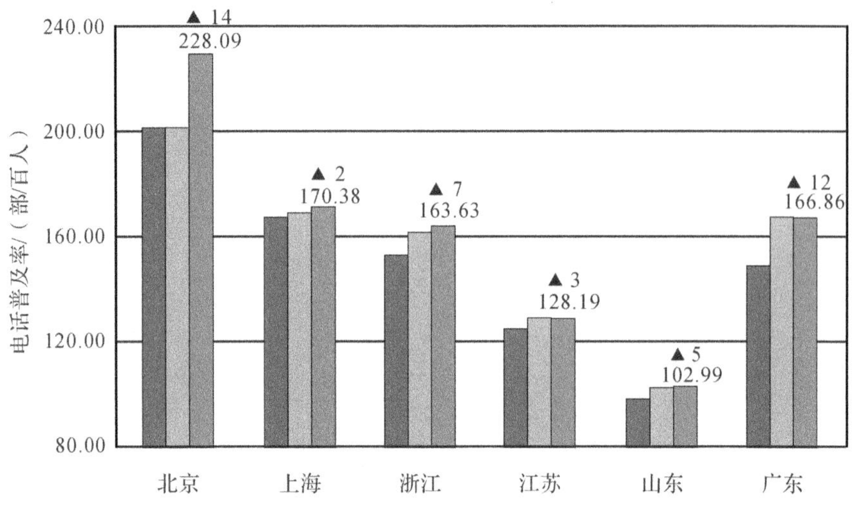

图 4-23　电话普及率(包括移动电话)

数据来源:《中国统计年鉴 2013—2015》

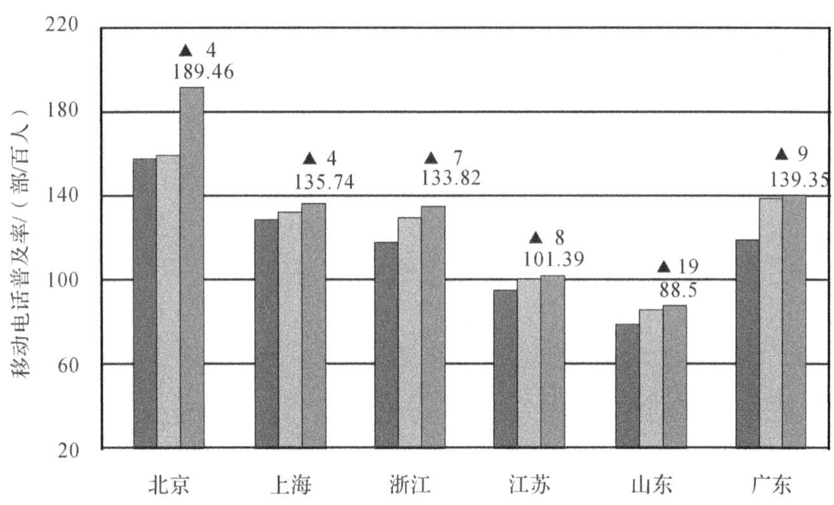

图 4-24　移动电话普及率

数据来源:《中国统计年鉴 2013—2015》

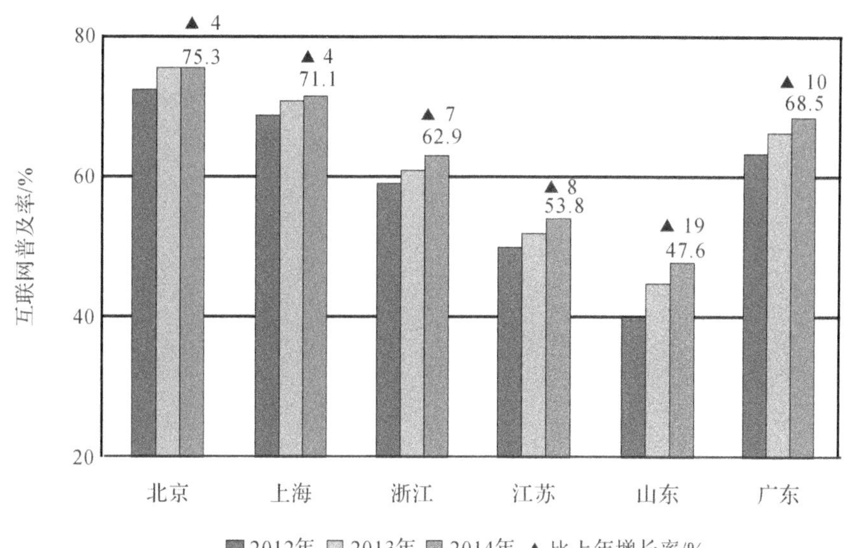

图 4-25　互联网普及率

数据来源:《中国统计年鉴 2013—2015》

指标 11　城镇居民人均住房建筑面积

浙江省 2014 年城镇居民人均住房建筑面积达到 40.9 平方米(见图 4-26),位于六省市之首。而从增长率来看,浙江省 7%的增长率位列第 4 位。从数据上来看,浙江人民的生活环境比较好,但近年来增长率放缓。近年来杭州市区的住房价格一路上升,政府部门应当对此有所关注。房价的持续上涨将不利于城市对人才的保留和吸引,而人才的流失必然会影响到创业和就业的环境,因此应该通过住房保障政策来保证浙江省对于人才的吸引力。

指标 12　每万人拥有公共图书馆数量

从图 4-27 来看,浙江省的每万人拥有公共图书馆数量名列第 1。浙江省在建设文化大省的过程中,其公共图书馆在整体规模、业务发展、读者服务和数字化建设方面都有了非常快速的发展。图书馆这一公共基础设施的建设为人民提供了更多的文化活动。从增长速度来看,浙江省的公共图书馆发展亦处于领先水平。

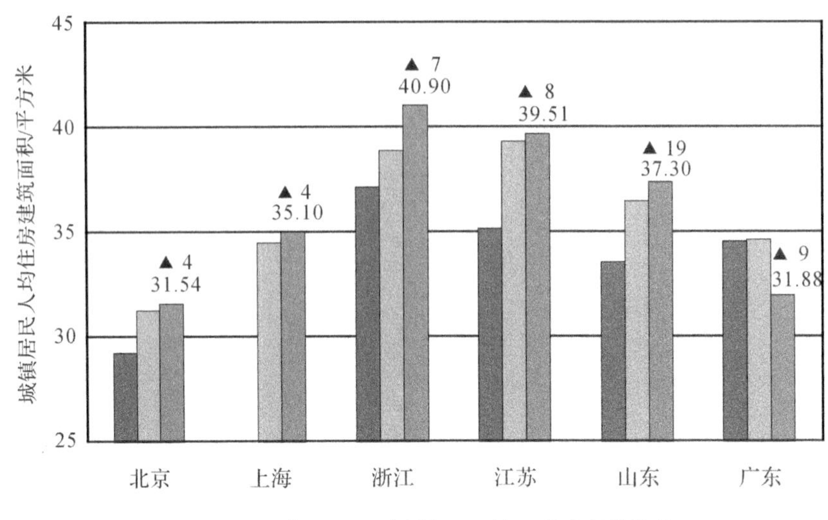

图 4-26　城镇居民人均住房建筑面积

数据来源:2013—2015 年各省市统计年鉴

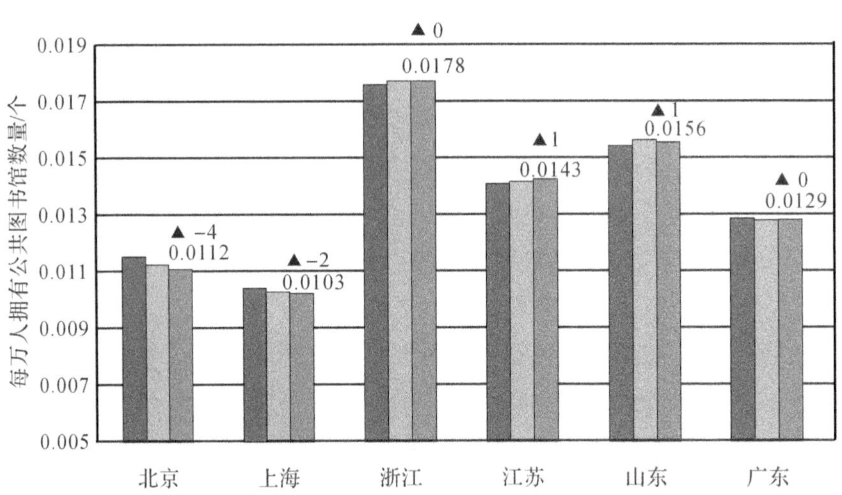

图 4-27　每万人拥有公共图书馆数量

数据来源:《中国统计年鉴 2013—2015》

➢ 过程类指标

■　知识创新

指标 13　每十万人专利、发明专利授权数

图 4-28 和图 4-29 分别表示了各省市每十万人专利申请授权量和每十万人发明专利申请授权量。从图中可见，北京在这两项上表现得十分突出，不仅拥有非常巨大的基数，还能在近年内一直保持持续的强劲增长。而浙江省 2014 年每十万人专利申请授权量为 342 件，与北京不相上下，但在发明专利方面，浙江省的申请量和北京、上海两个城市就有明显的差距了。在增长率方面，浙江省虽然在每十万人专利申请授权量上处于停滞的状态，不过其中发明专利的比例有所提高。

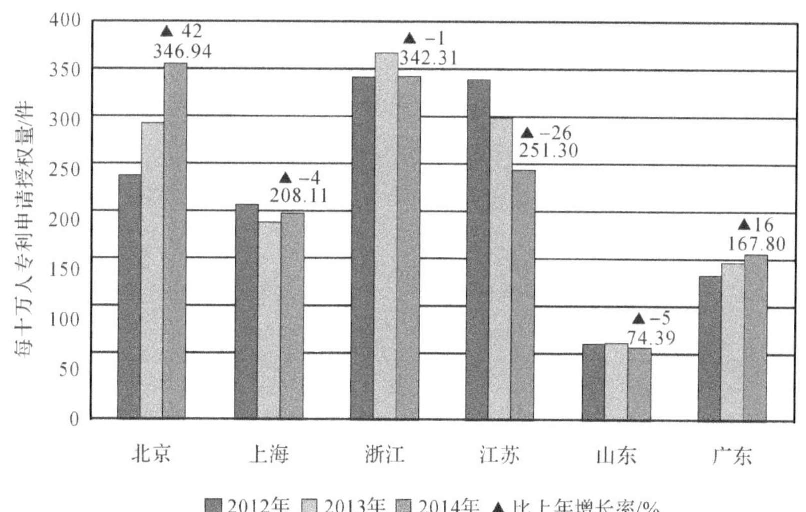

图 4-28　每十万人专利申请授权量

数据来源：《中国统计年鉴 2013—2015》；2013—2015 年各省市统计年鉴

指标 14　每亿元研究开发投入所取得的专利授权数

浙江省在专利经费投入效率上一直具有领先的优势（见图 4-30），已经连续多年在该项指标上取得第 1。浙江省正在逐步完善以专利制度保障的产学研紧密结合的技术创新体系，开发和利用互相促进，完善专利技术产业化的体系。在相关政策的指导和推动下，浙江省的专利数量一直能持续增加，而研发经费的利用效率亦保持在一个非常高的水平上。浙江省应该利用自身高效的专利产出，在此基础上加强对专利的利用和商业化，以技术推动经济的健康发展，完成转型升级。

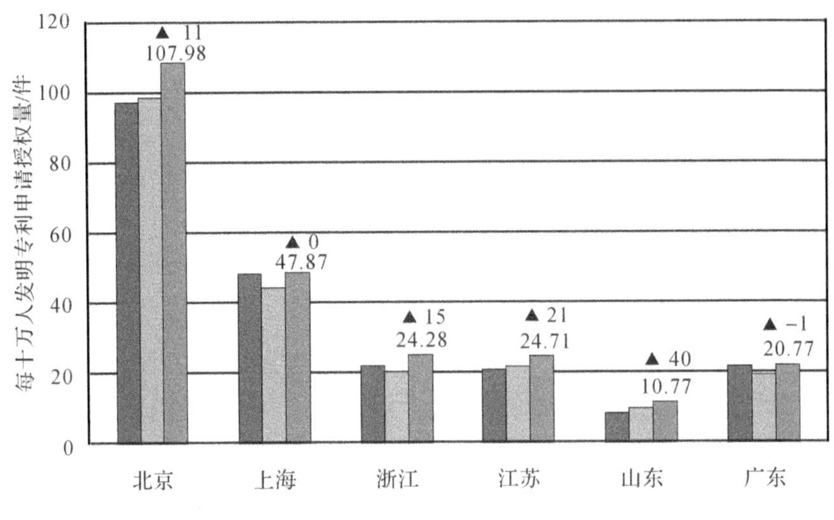

图 4-29 每十万人发明专利申请授权量

数据来源:《中国统计年鉴 2013—2015》;2013—2015 年各省市统计年鉴

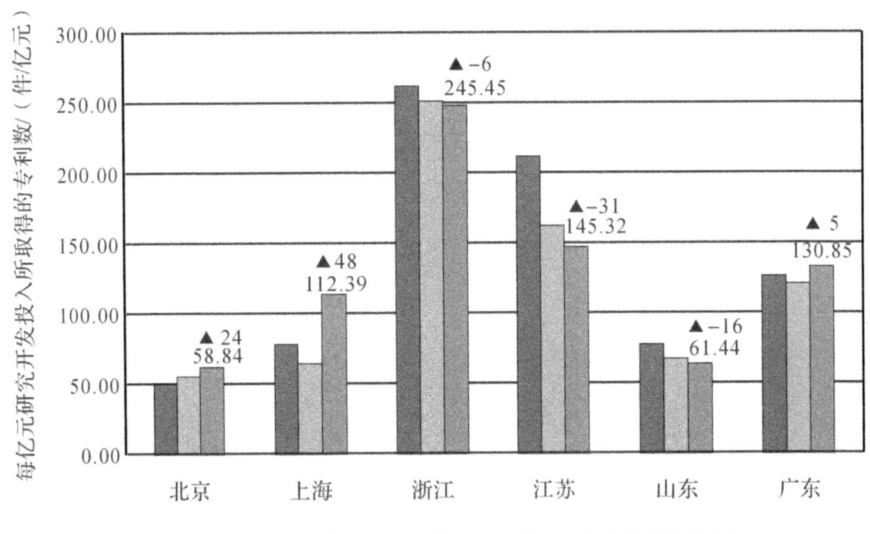

图 4-30 每亿元研究开发投入所取得的专利数

数据来源:《中国统计年鉴 2013—2015》;2013—2015 年各省市统计年鉴

指标 15　每万名 R&D 活动人员科技论文数

近年来各省市在每万名 R&D 活动人员科技论文数这一指标上都有比较明显的下降(见图 4-31),江苏和山东相较 2013 年单位研发人员的论文产出量下降了三分之一,而降幅最低的北京在这一项指标上也降低了 17%,这说明近年来 R&D 活动人员更关注于新兴技术的应用而非基础理论的研究。另外一个重要的原因是,近年来对于研发人员的考核机制趋于多元化,与过去看重科技论文数量不同,近年来各单位开始以专利数量、项目的数量和质量以及产品的市场效益来评估研发人员的工作绩效。在这样的大背景下,研发人员的人均论文数有所减少并不能说明我国科研人员的能力水平和工作效率有明显的降低。但对于浙江省来说,人均论文数量仅列六省市中的第 5 位,且长期以来都处于一个较为落后的名次,这说明浙江省的 R&D 活动人员在理论的研究和开发方面尚有进步的空间。虽然目前应用科学更加热门,但从长远来看,理论科学作为应用科学的基础也必须得到重视。

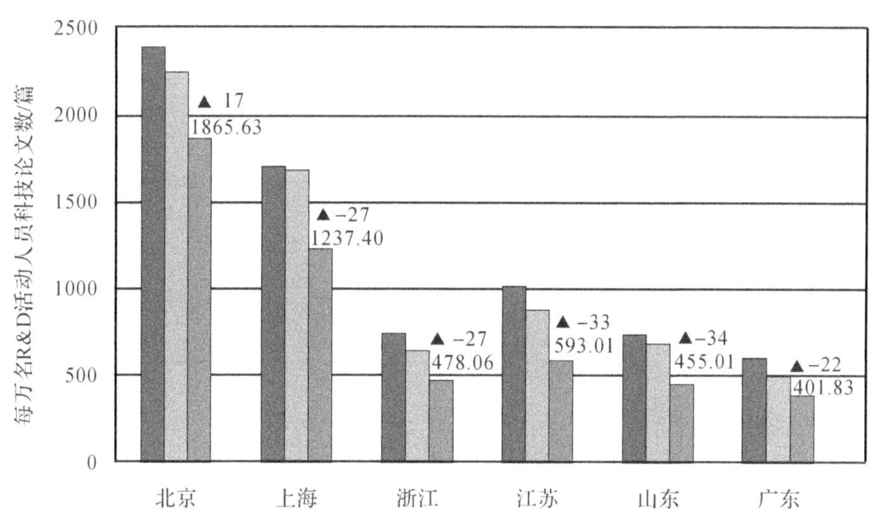

图 4-31　每万名 R&D 活动人员科技论文数

数据来源:《科技统计资料汇编 2013—2015》

■ 技术商业化

指标 16 技术市场成交额

浙江省 2014 年技术市场成交额为 87.25 亿元(见图 4-32),在六省市中位于垫底的位置,从数值上来看浙江省和其他省市之间的差距不可忽视,名列第 5 位的山东省 2014 年的技术市场成交额都接近浙江省的 3 倍。从增长率来看,2014 年浙江省的技术市场成交额仅增长了 7%,增长速度较低。造成该现象的原因主要是,浙江省所获专利的质量不高,拥有的重大自主知识产权较少,具有较大商业价值的专利比例不高,同时,浙江省的技术市场发展比较落后,技术交易相关法律法规并不完善,技术商品的拥有者和需求者之间信息不对称,最终导致了技术商品的交易成功率低、利润率低的情况。综上所述,浙江省必须重视其技术市场发展缓慢的现实。虽然浙江省在专利产出方面具有优势,研发投入效率颇高,但浙江省技术市场的落后导致专利转换率低,不利于将专利进行商业化,这将影响浙江省最终的创新产出。浙江省应当早日规范技术市场相关交易的法律法规,做好技术市场的配套服务,建立技术信息共享平台,鼓励产学研合作,以提升浙江省技术的流动性,提高技术向市场的转换效率。

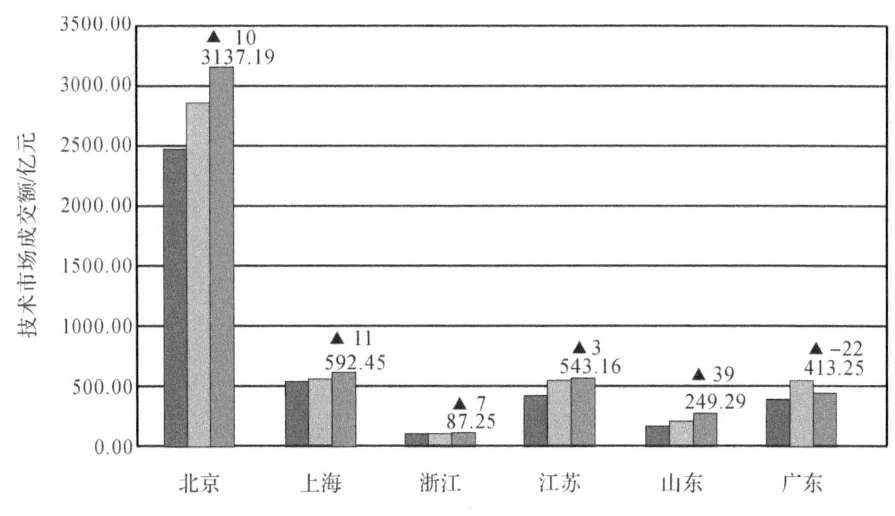

图 4-32 技术市场成交额

数据来源:《中国统计年鉴 2013—2015》

■　技术独立性

指标 17　大中型工业企业技术引进经费占本地区 R&D 经费内部支出比重

浙江省 2014 年大中型工业企业技术引进经费占 R&D 经费内部支出的 0.8%(见图 4-33),是六省市中最低的,说明浙江省将大部分的研发经费用于自主创新而非成熟技术的引进,浙江省对于外部技术依存度较低。从纵向时间轴来看,自 2012 年以来浙江省的技术引进花费占研发经费比例逐年下降,这说明浙江省的大中型工业企业已经基本完成了从成熟技术的引进消化再吸收到自主创新的转化,学习能力和吸收能力已经逐渐提升,这种现象说明浙江省大中型工业企业的创新能力已经有了一定的提升。大中型企业的创新能力将进一步推动浙江省创新型经济的发展。

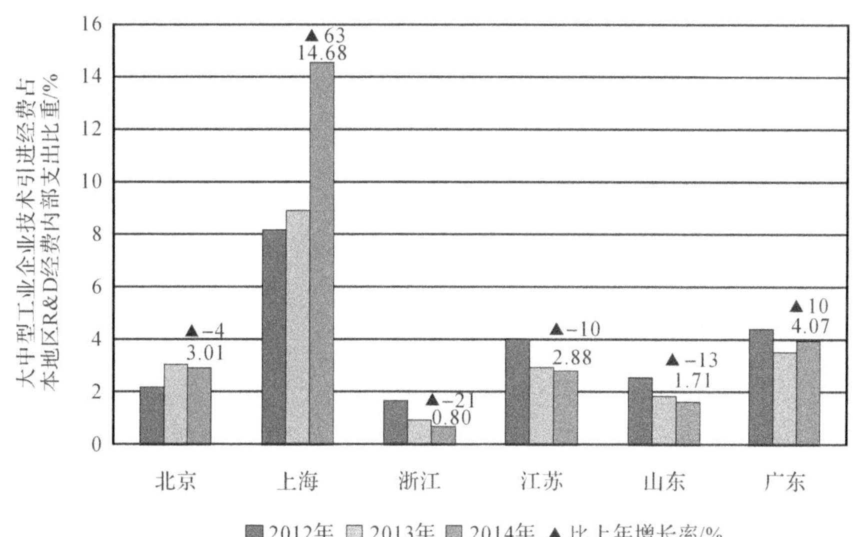

图 4-33　大中型工业企业技术引进经费占本地区 R&D 经费内部支出比重

数据来源:《工业企业科技活动年鉴 2013—2015》《中国科技统计年鉴 2013—2015》

指标 18　大中型工业企业消化吸收经费占技术引进经费比例

2014 年浙江省大中型工业企业消化吸收所支付的费用约占技术引进费用的 64%(见图 4-34),相较 2013 年这个比例上升了 24%,在六省市中这个比例仅次于山东省,说明浙江省的大中型企业在引进海外技术时非常重视企业对于外部知识的消化吸收,这有助于企业自身研发能力的提升和学习能力的培养。从长远的发展来看，这有利于企业在未来创新能力和自主研发能力的建立，是中国企业成长为世界级企业的必经之路。而过去，中国企业在自身技术能力构建时经常会陷入“引进—落后—再引进—再落后”的怪圈，这正是因为企业在引进成熟技术时仅仅学习了技术本身，而忽略了学习能力的建立，因此浙江省较高的消化吸收占比说明浙江省的大中型工业企业正在逐步建立自身的研发能力和吸收能力，这将有利于浙江省的创新独立性的提升。

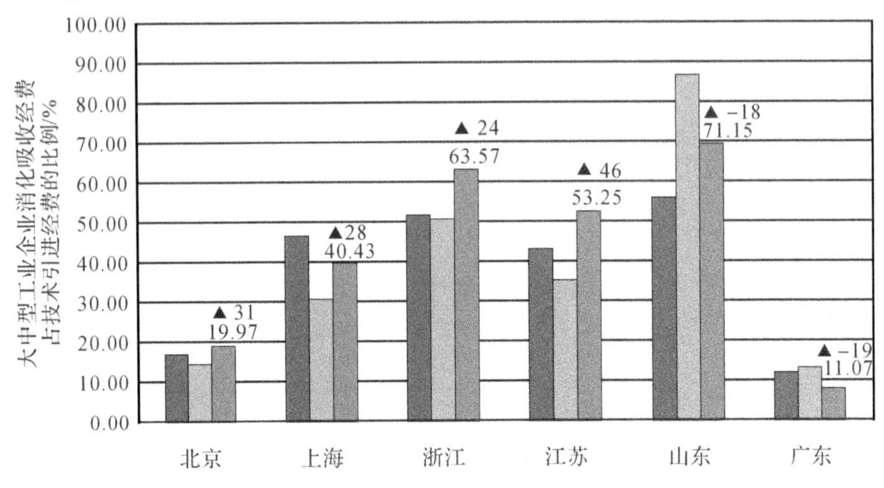

图 4-34 大中型工业企业消化吸收经费占技术引进经费的比例

数据来源：《工业企业科技活动年鉴 2013—2015》

■ 创新组织与活力

指标 19 规模以上工业企业 R&D 项目数

如图 4-35 所示，浙江省 2014 年规模以上工业企业研发项目为 45679 件，仅次于江苏，相较 2013 年增长了 8%，这说明浙江省的规模以上工业企业已经有了自主创新的意识，通过开展 R&D 项目，企业能培养起自身的创新能力，完成从劳动密集到技术密集的转型。

指标 20 国家级企业技术中心数

如图 4-36 所示，截至 2014 年年底浙江省拥有国家级企业技术中心 80 个(不含分中心)，在六省市中仅次于山东省，相较 2013 年增长 14%，增长幅度在六省市中也处于较为领先的地位。这说明浙江省拥有一批创新能力和竞争力都较强的企业，这些企业能对相关行业内的企业起到示范和标杆的作用，拉动行业的健康发展。

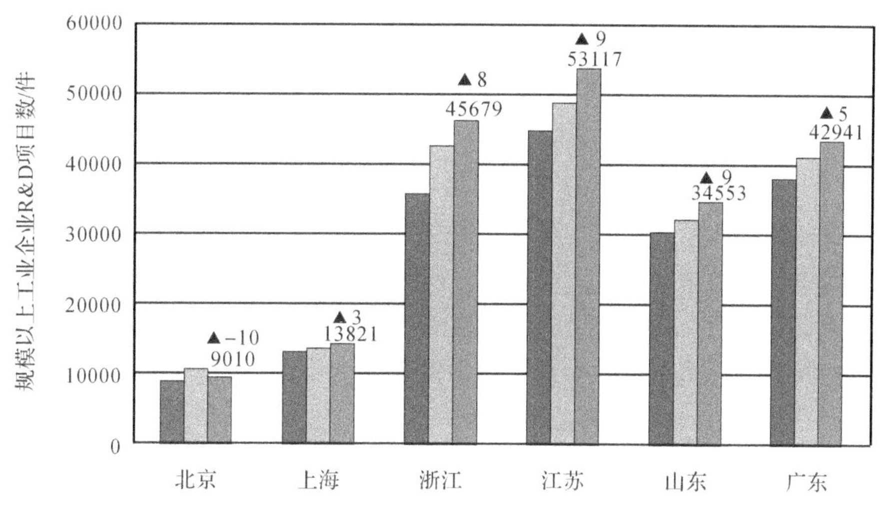

图 4-35　规模以上工业企业 R&D 项目数

数据来源:《中国统计年鉴 2013—2015》

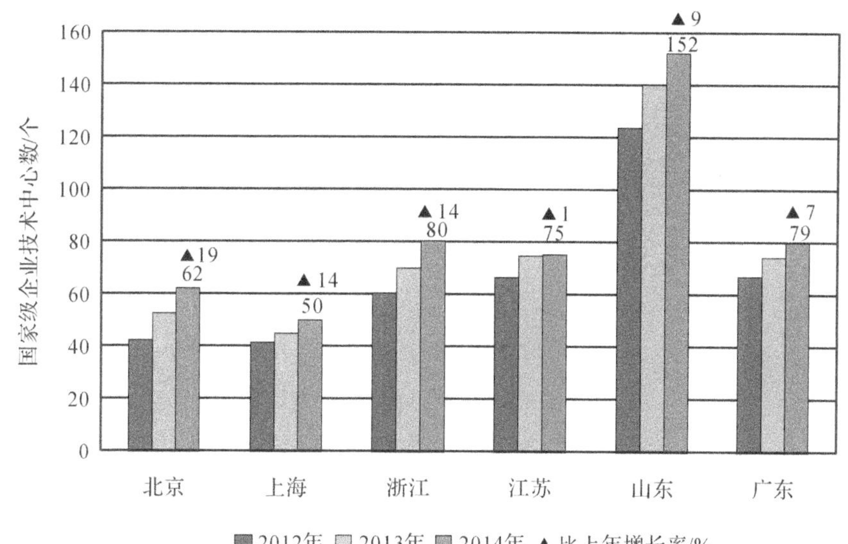

图 4-36　国家级企业技术中心数(不含分中心)

➢产出类指标

■ 产业发展

指标 21 高新技术产品出口额占商品出口额比重

2014 年浙江省高技术产品出口额仅占全部商品出口额的 5.67%(见图 4-37),在六省市中排列在最末位,相对 2013 年也有略微的下降。从绝对值上来看,154.9 亿美元的高技术产品出口额也远低于其他五个省市,这说明浙江省目前的产业结构仍然是以低附加值的产品为主,高新技术产业发展滞后。这个现象值得警惕。当前由于日益上涨的人力成本,相较人力成本更低的东南亚国家,我国在人工密集型产业的竞争力正在逐步下降,若不加快产业结构调整的步伐,浙江省的经济将无法可持续发展。作为制造业大省,浙江省应当一方面通过创新增加产品附加值,以抵消日益增长的用工成本,另一方面通过科技推动制造业的自动化和智能化,以降低对于人力的依赖。

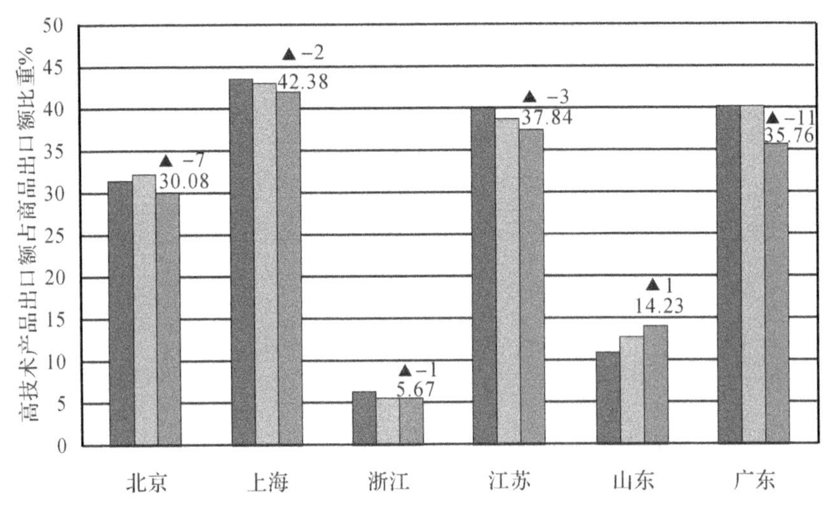

图 4-37 高技术产品出口额占商品出口额比重

数据来源:中国主要科技指标数据库;国家统计局

指标 22　规模以上工业企业科技活动新产品产值占规模以上工业企业总产值比重

2014 年浙江省规模以上工业企业新产品产值占规模以上工业企业总产值的 43.15%(见图 4-38),该比例连续两年都在逐步提升,无论是增长率还是绝对值都在六省市中处于领先的水平。这说明浙江省的规模以上企业非常重视新产品的开发,并且其新产品有较好的市场反应。将指标 21 和指标 22 综合起来看,浙江省规模以上企业在产业发展方面有较好的表现,但整体的产业发展却落后于其他省市,这说明浙江省大量的中小型企业面临着产业转型困难、技术能力较弱的问题。因此,浙江省在把握产业转型的大局时,不应只关注大型企业和规模以上企业,也应将资源向中小企业倾斜,指导并帮助中小企业进行产业转型升级。

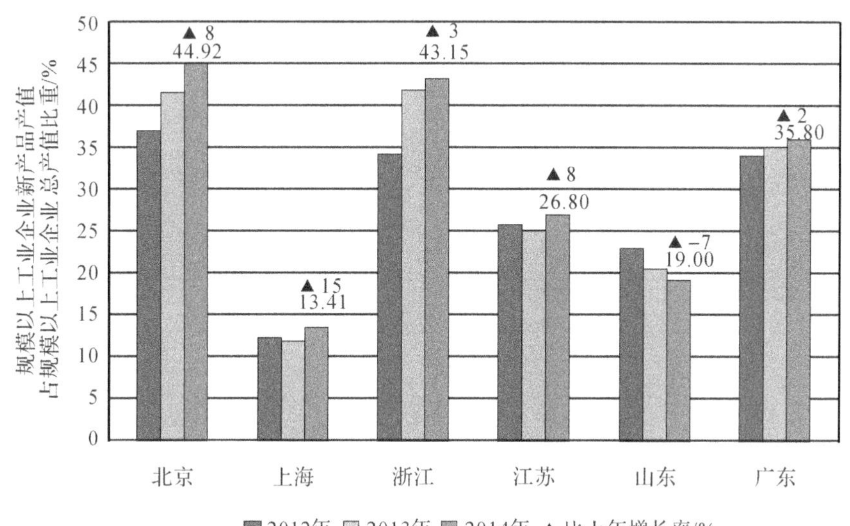

图 4-38　规模以上工业企业新产品产值占规模以上工业企业总产值比重

数据来源:《中国高技术产业统计年鉴 2013—2015》

指标 23 第三产业产值占 GDP 比重

如图 4-39 所示，2014 年浙江省第三产业产值占 GDP 总额的 47.90%，落后于北上广地区，而六省市中北京的第三产业产值占比遥遥领先，已经超过 70%达到发达国家的水平，上海的第三产业产值也在逐年上升，2014 年占比达到 64.80%。浙江省较低的第三产业占比与浙江省长期以来注重第二产业而轻视第三产业有关。近年来像阿里巴巴那样的第三产业企业发展势头不容小觑，浙江省政府的思路也在逐步改变，未来浙江省的第三产业占比将会继续提升。

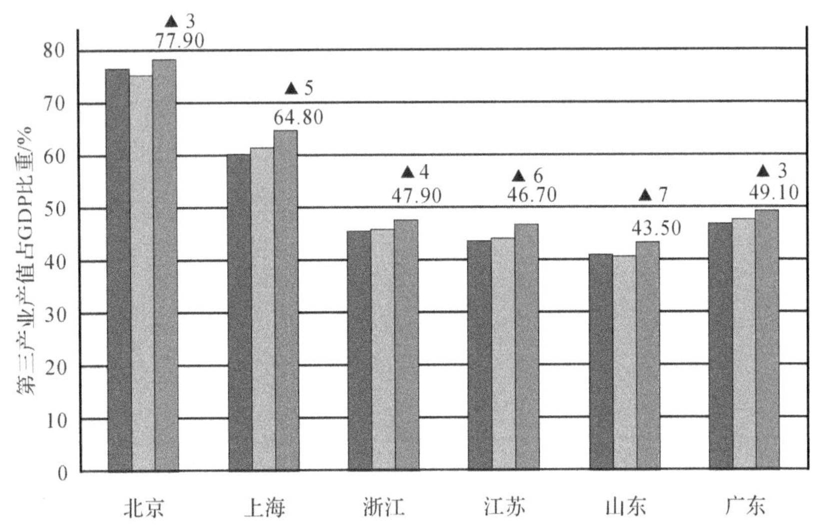

图 4-39 第三产业产值占 GDP 比重

数据来源：《中国统计年鉴 2013—2015》

■ 居民生活

指标 24 城镇居民登记失业率

近年来浙江省的城镇居民失业率稳定地保持在 3%左右(见图 4-40)，在这一项指标的表现上中规中矩。而六省市中，北京的失业率一直保持在 2%以下，处于一个较为领先的位置，而上海近年来失业率不断提升，2014 年已经突破了 4%。从失业率来看，浙江省近年来经济平稳发展，社会趋于稳定。

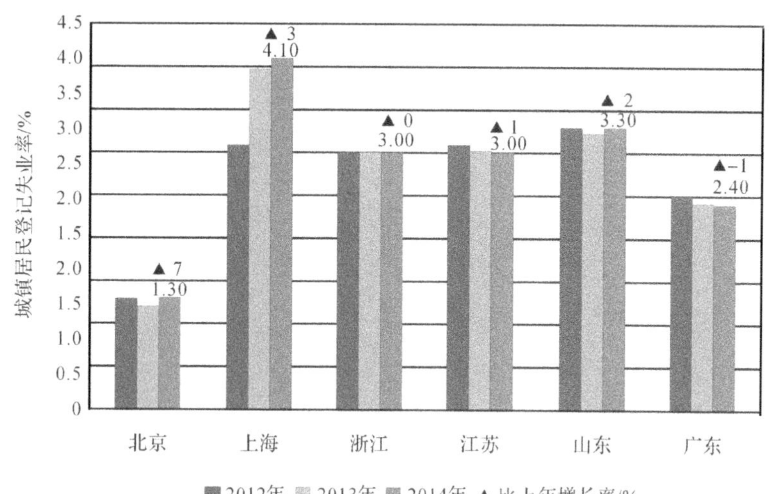

图 4-40　城镇居民登记失业率

数据来源:《中国统计年鉴 2013—2015》

指标 25　城镇居民人均可支配收入

如图 4-41 所示,2014 年浙江省人均可支配收入为 40393 元,相较 2013 年提高了 7%,在六省市中仅次于北京和上海。这说明浙江省近年来经济运行良好,城镇居民生活水平较高。而从近年来持续走低的增长率来看,我国经济增长已经逐步进入了新常态,在下一阶段的发展中,应该转变过去只关注经济总量的思维,转而关注产业结构的健康和发展的可持续性。

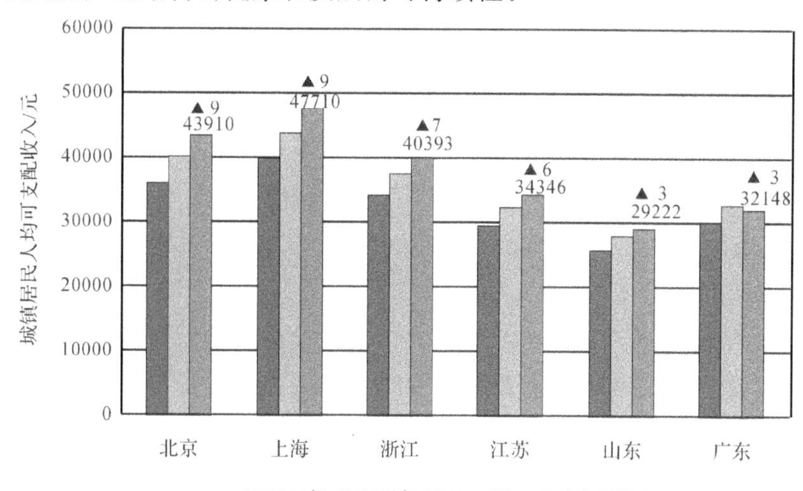

图 4-41　城镇居民人均可支配收入

数据来源:《中国统计年鉴 2013—2015》

■ 经济效益

指标 26 人均地区生产总值

2014 年浙江人均地区生产总值达到 72967 元，相较前一年上升 7%(见图 4-42)，在六省市中名列第 4 位，低于北京、上海和江苏。可以观察到，各地区的人均地区生产总值都呈现了一个平稳上升的态势，且除江苏外，增长率都稳定在 7%～8%。这说明我国的经济增长已经逐渐放缓，在这一时期各地区的 GDP 增长依赖于高质量的产业结构，应该找准经济增长点。

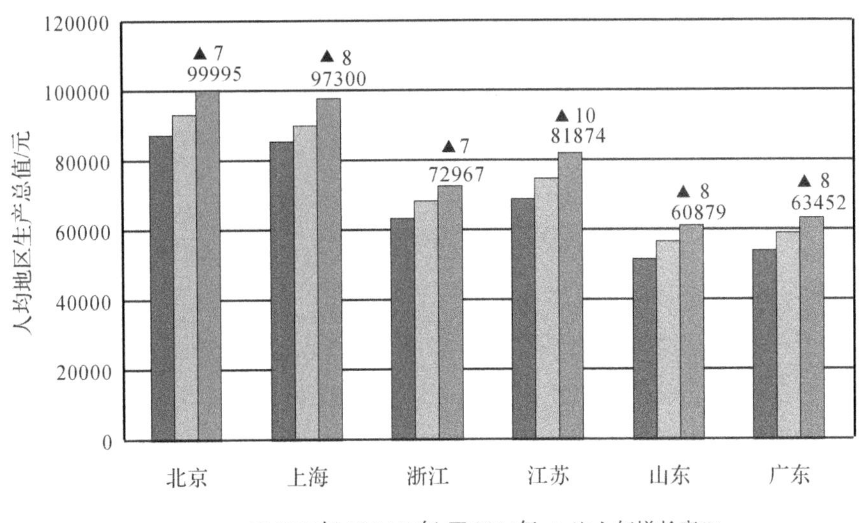

图 4-42 人均地区生产总值

数据来源:《中国统计年鉴 2013—2015》

指标 27 贸易顺差

由于各省市的产业结构不同，因此贸易顺差(或逆差)的情况也有较大的差别(见图 4-43)，北京和上海一直是贸易逆差，尤其北京贸易逆差的情况非常明显，而浙江省则一直以来都有比较可观的贸易顺差。2008 年世界金融危机之后贸易顺差逐年增加，2014 年达到 1916.14 亿美元，相较前一年上涨了 18%。这说明近年来越来越多的浙江企业的国际贸易规模正在逐步扩大，但并不意味着可以对浙江省的国际贸易形势过于乐观，在浙江省出口的产品中，高新技术产品占比较低，出口的大量产品依赖于浙江省在制造业上的优势，但随着中国人力成本的持续上升，这种优势正在慢慢消失。因此，浙江省应当逐步调整产业结构，促进高新技术产业的发展，以保持贸易顺差的健康增长。

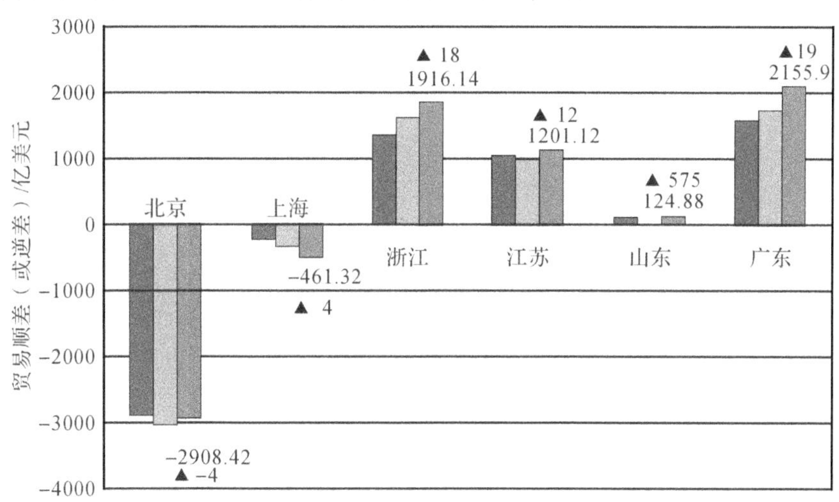

图 4-43　贸易顺差（或逆差）

数据来源：《中国统计年鉴 2013—2015》

■　可持续发展

指标 28　单位 GDP 工业废水、废气、废物排放（产生）量

2014 年浙江省单位 GDP 工业废水排放量为 10.41 万吨，相较前一年下降了 6%（见图 4-44），但相较其他省市，废水排放量仍然较大。而浙江省单位 GDP 废气和废物排放量都位于六省市中第 3 位（见图 4-45 和图 4-46），高于北京和上海，但近年来一直呈现一个下降的趋势。从六省市整体的发展趋势来看，单位 GDP 的废水、废气和废物的排放量都在逐年下降，这说明近年来随着环境保护法规的完善和环保意识的提升，各地区都在环境保护和可持续发展方面做出了努力。浙江省的单位 GDP 三废排放虽然低于全国平均水平，但下降的幅度并不快，和发达地区相比发展经济的环境代价仍然较高。虽然浙江省提出了很多环境保护和节能减排方面的对策，但已有的环境法规并没有得到很好的落实。浙江省有很多的民营中小企业，这些企业在发展过程中环保意识较薄弱，常以牺牲环境为代价换取效益的提升，这种粗放型经济已经给浙江省带来了许多发展问

题。在未来，浙江省应当坚定环境治理的大方针，加强对中小企业的引导和监管，发展绿色经济、生态经济，以保证发展的可持续性。

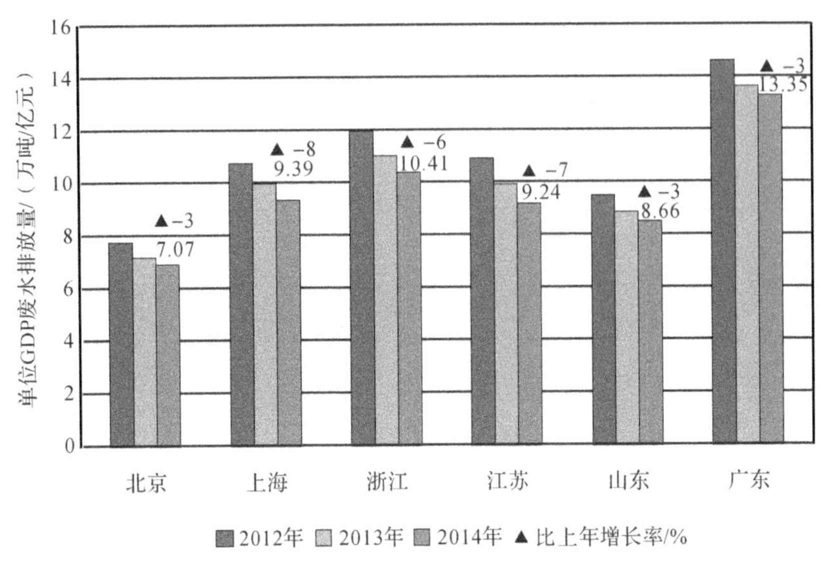

图 4-44　单位 GDP 工业废水排放量

数据来源：《中国统计年鉴 2013—2015》

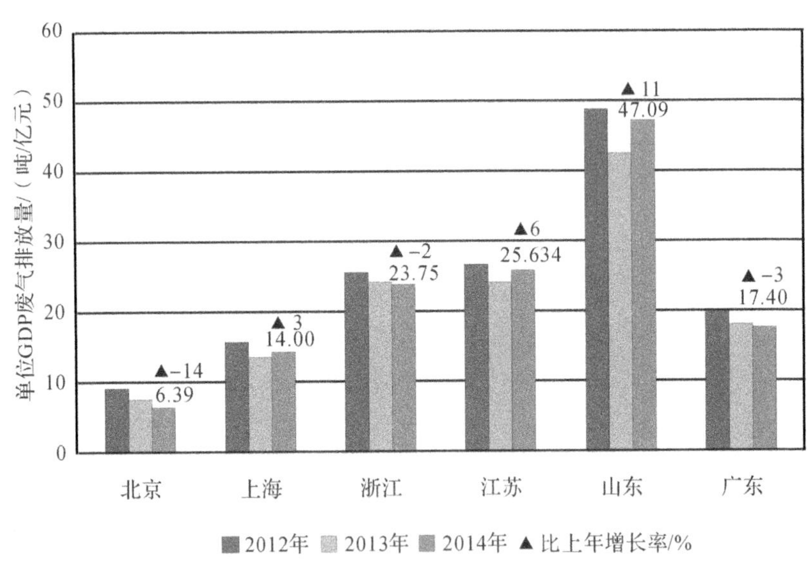

图 4-45　单位 GDP 工业废气排放量

数据来源：《中国统计年鉴 2013—2015》

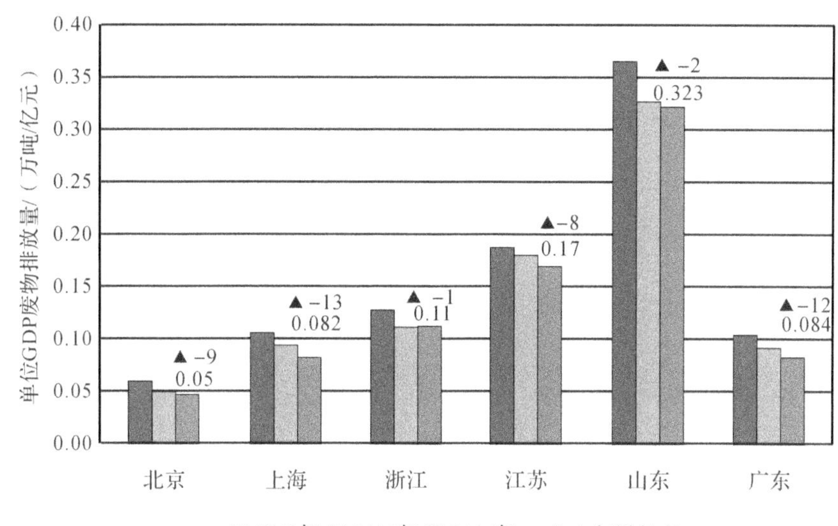

图 4-46　单位 GDP 工业废物排放量

数据来源:《中国统计年鉴 2013—2015》

指标 29　单位 GDP 综合能耗

2014 年浙江省的单位 GDP 综合能耗是 0.470 吨标准煤/万元(见图 4-47),相比 2013 年降低 5%,在六省市中位于第 3 位,并且下降幅度也比较可观。这说明近年来浙江企业已经在有意识地减少对能源的依赖,产业结构也从以第二产业为主逐步转向以第三产业为主。浙江省在未来也应当逐步降低工业企业的能耗,调整产业结构,以技术创新作为经济发展的主要推动力。

■　互联网发展

指标 30　电子商务发展指数

2013 年浙江省的电子商务发展指数位于全国第 3 位(见图 4-48),2014 年同样保持了六省市中第 3 的位置。浙江省作为中国最大的电商平台阿里巴巴的总部所在地,在电子商务思维的传播和资源的获取上都有较好的条件。浙江省应当合理利用这一资源。电子商务作为一种新的商业组织形式,具有低碳创新的特点。浙江省应当鼓励电子商务的发展,鼓励年轻人依托电商平台进行创新创业。

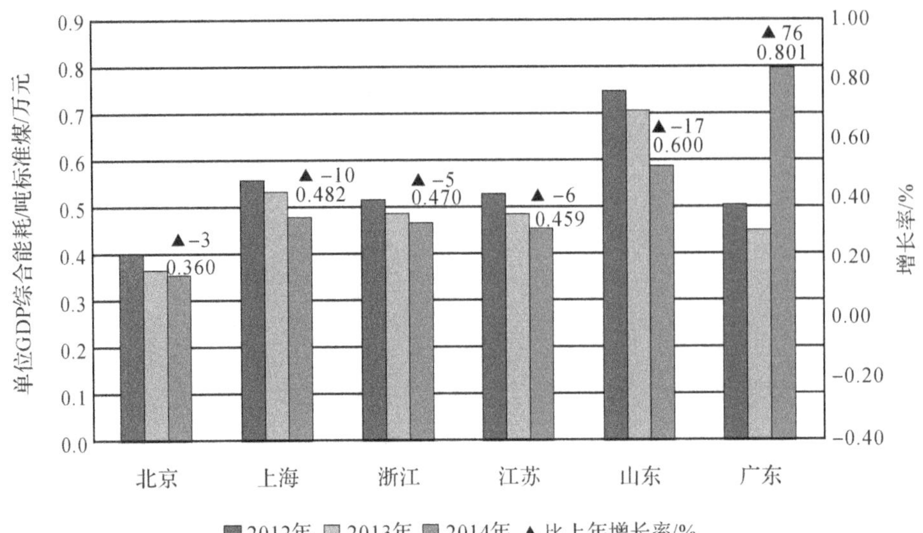

图 4-47 单位 GDP 综合能耗

数据来源:《中国统计年鉴 2013—2015》;各地区统计年鉴 2013—2015

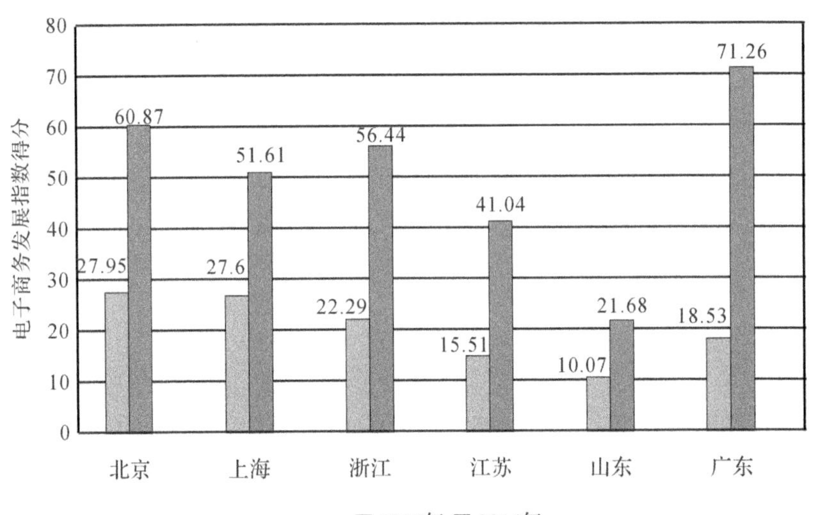

图 4-48 电子商务发展指数

数据来源:阿里研究院

指标31　信息化发展指数

如图4-49所示，2013年浙江省的信息化发展指数为76.73，仅为六省市中的第5名，到了2014年，浙江省信息化发展指数上升到84.40，在六省市中的排名也上升到了第3位，这说明浙江省近年来信息化建设已经取得了初步的成效。

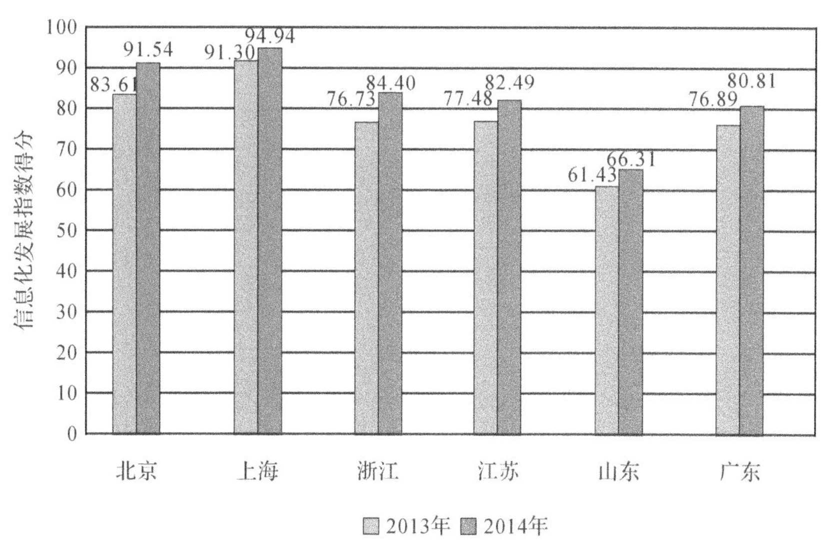

图4-49　信息化发展指数

数据来源：中国信息化发展水平评估报告

4.2.2　二级指标

➤资源类指标

■　教育资源

2014年浙江省的教育资源指标得分在六省市中位于第3位(见图4-50)，与第1名北京有着较大的差距。北京作为我国的首都，无论是在教师资源还是在学校的硬件基础设施上都有明显的优势，因此在教育资源的指标上远远领先于其他省市。浙江省与第2名江苏省的差距并不明显，尤其是在职业高中相关的指标上还具有一定的优势，这说明近年来浙江省建设教育大省的政策方针已经收到了一定的成效。

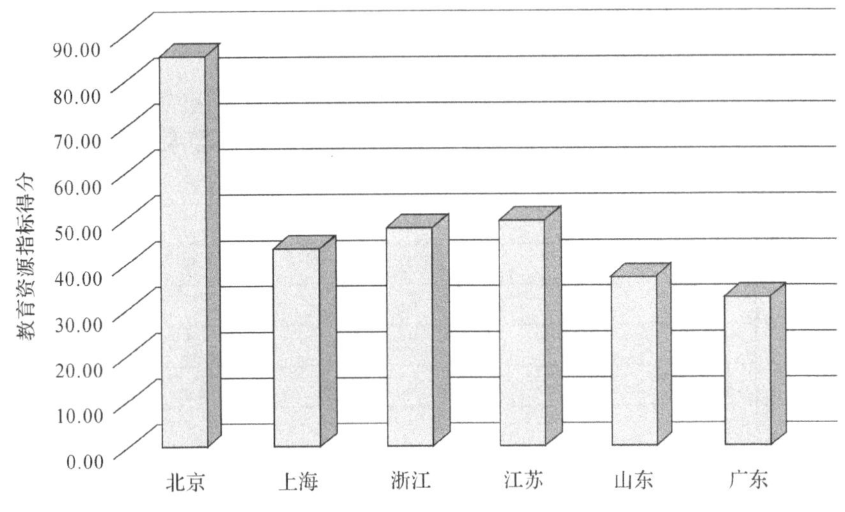

图 4-50　2014 年六省市教育资源指标得分

说明:根据 2014 年六省市在教育资源指标上的数据计算得出

■　技术人力资源

2014 年浙江在技术人力资源指标上得分为 40.99(见图 4-51),位于六省市中的第 4 位,和处于领先地位的北京、江苏和广东还有较明显的差距。浙江省在科研人员队伍建设上仍旧有很大的进步空间。研究和开发人员是创新的主要参与者。浙江省应当从制度上保证人才引进渠道的畅通,提高对于科研人员的吸引力,以保障浙江省创新型经济建设过程中持续的人才供应。

■　科技投资资源

2014 年浙江科技投资资源指标的得分为 44.43(见图 4-52),位于六省市中的第 3 位。在这一项指标中,R&D 研发经费情况是主要的影响因素。浙江省的 R&D 研发经费占 GDP 和企业销售额的比例都相对较低,并且从绝对值上来看,浙江省的研发经费也比较低。因此,浙江省在未来必须要扩大对研发活动的投资,并且保证这些投资的有效使用,以推动省内创新活动的开展。

■　基础设施资源

2014 年浙江省在基础设施资源指标上有较好的表现,明显领先于其他省市,说明浙江省在基础设施建设上卓有成效。良好的软硬件环境是创新型经济发展的重要基础,浙江省在这方面有着较大的领先优势。

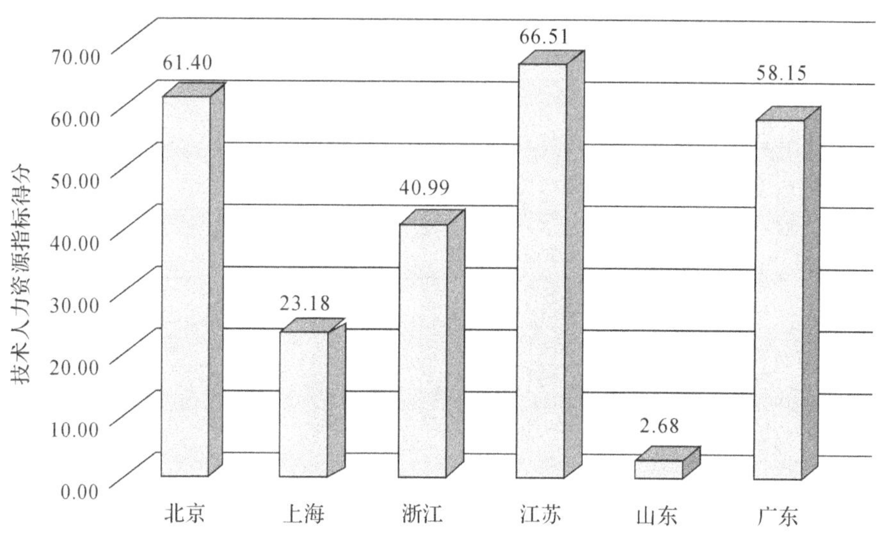

图 4-51　2014 年六省市技术人力资源指标得分

说明：根据 2014 年六省市在技术人力资源指标上的数据计算得出

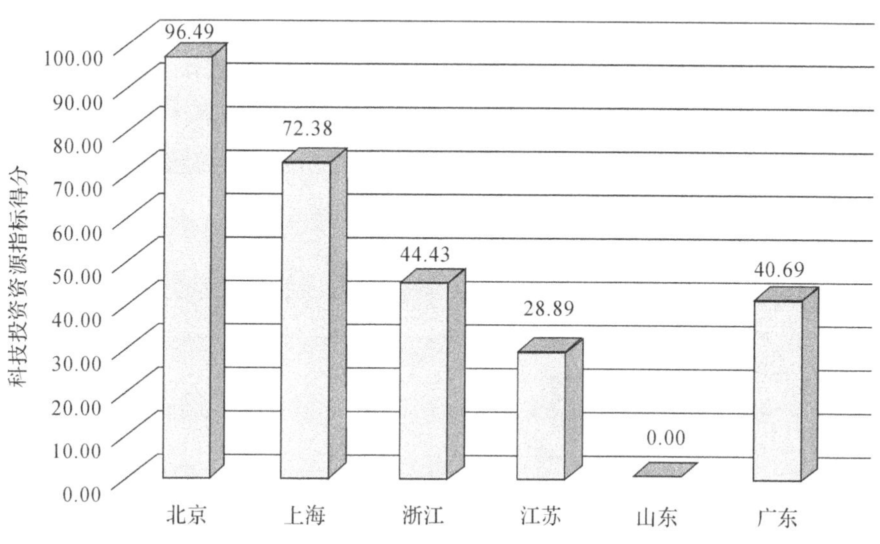

图 4-52　2014 年六省市科技投资资源指标得分

说明：根据 2014 年六省市在科技投资资源指标上的数据计算得出

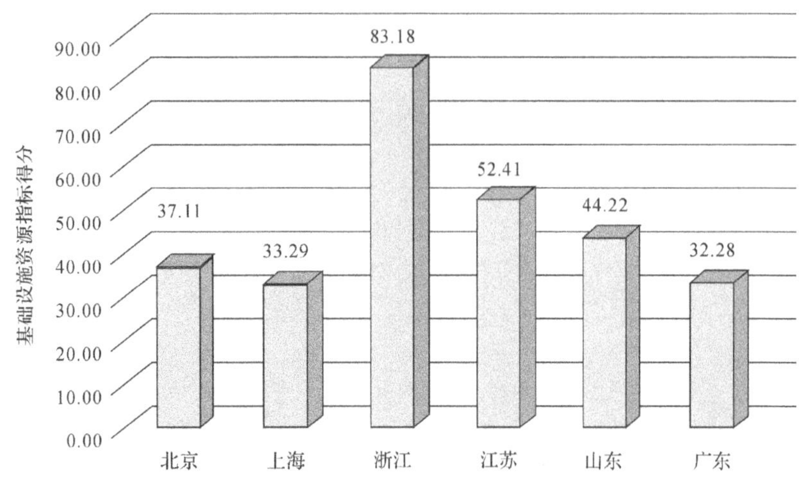

图 4-53　2014 年六省市基础设施资源指标得分

说明：根据 2014 年六省市在基础设施资源指标上的数据计算得出

➢ 过程类指标

■　知识创新

如图 4-54 所示，浙江省在知识创新上的表现仅次于北京市，位于六省市中的第 2 位。这说明浙江省在知识创新方面有较高的效率。具体表现在单位研发投入产生专利数量远超其他省市。浙江省应当利用自身研发效率高的特点，发展以研发优势为主导的高效的创新。

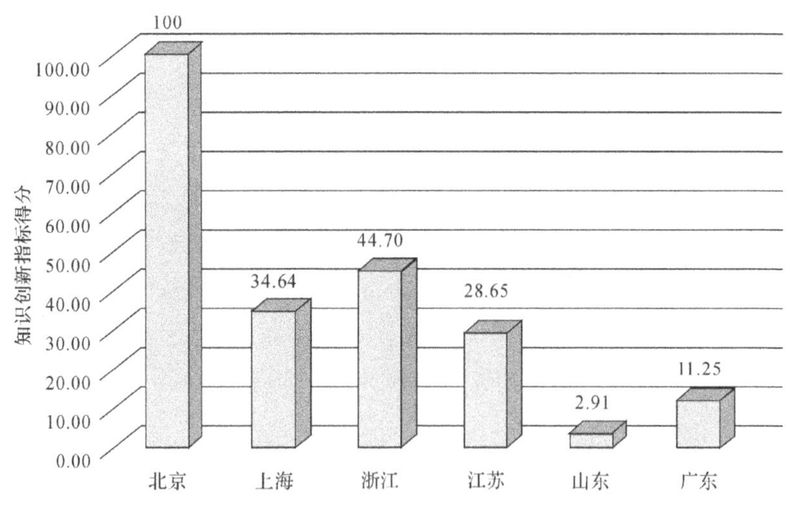

图 4-54　2014 年六省市知识创新指标得分

说明：根据 2014 年六省市在知识创新指标上的数据计算得出

■ 技术商业化

技术商业化指标仅对应一项三级指标——技术市场成交额，而浙江省在这一项指标上与其他地区仍然有着明显的差距(见图4-55)。浙江省长期以来在技术商业化方面的表现都不尽如人意。这一方面是因为技术交易市场建设并不完善，而另一方面也是因为浙江省目前产生的专利质量低，商业化价值不高。浙江省应该警惕低技术市场交易额对于研发行为积极性的打击，并且促进技术创新的商业化，实现技术的市场价值。这样一方面能促进知识的转化率，增加创新产出，另一方面也能鼓励研发人员继续投入技术创新。

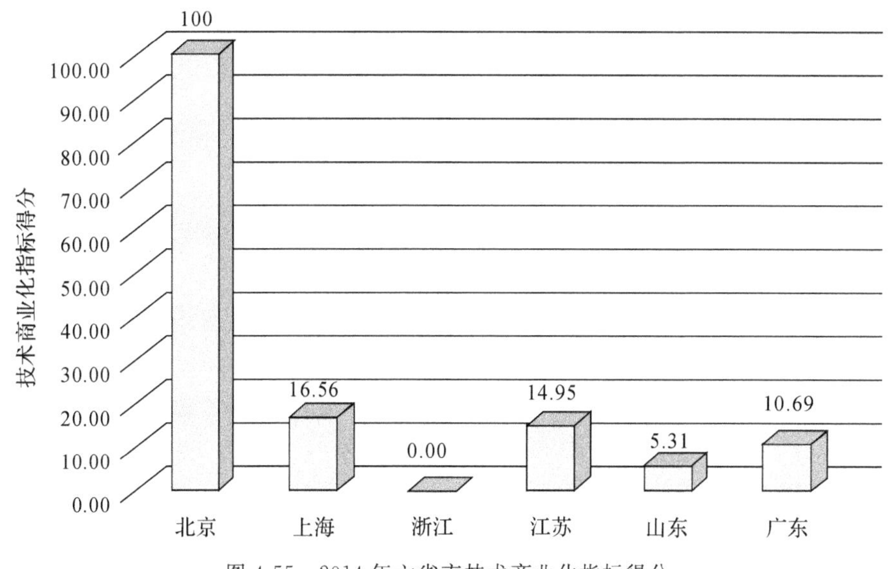

图4-55 2014年六省市技术商业化指标得分

说明：根据2014年六省市在技术商业化指标上的数据计算得出

■ 技术独立性

浙江省在技术独立性这项指标上位于六省市中的第2位(见图4-56)，具体表现在浙江省花费了较大比例的资金用于引进技术的消化吸收和自主研发。在这一项指标上的优秀表现说明，浙江省非常重视自身研发能力和吸收能力的培养，而不仅仅依赖于引进技术。这一特点在长期发展来看是有利于创新的，企业必须构建基于自身能力的核心竞争力才能获得持续的竞争优势，而过度依赖引进技术容易陷入“引进—落后—再引进—再落后”的恶性循环。

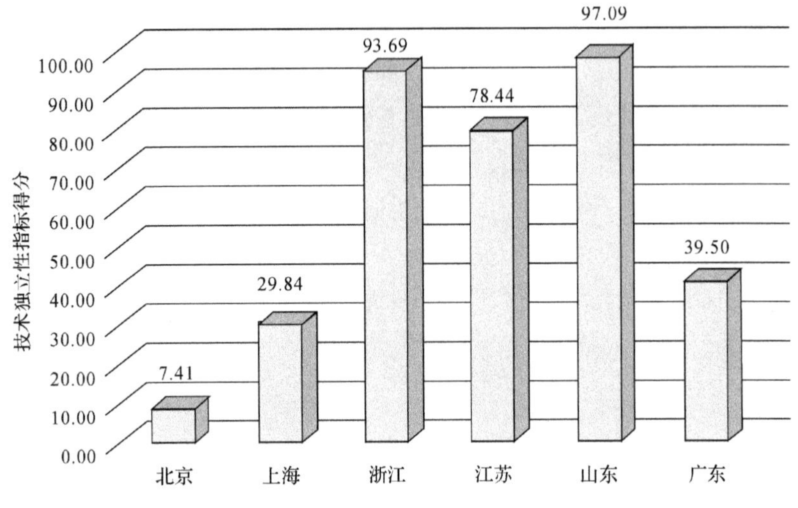

图 4-56　2014 年六省市技术独立性指标得分

说明：根据 2014 年六省市在技术独立性指标上的数据计算得出

■　创新组织与活力

如图 4-57 所示，2014 年浙江在创新组织与活力这项指标上得分位于六省市中的第 3 位，次于山东和江苏。浙江省拥有的国家技术中心数量和大型工业企业 R&D 项目数量近年来持续增加，这说明浙江省的大型企业有比较活跃的创新活动。这一方面是由于浙江省非公有制经济本身的活力，另一方面也是由于创新的理念已经被大中型企业普遍接受。

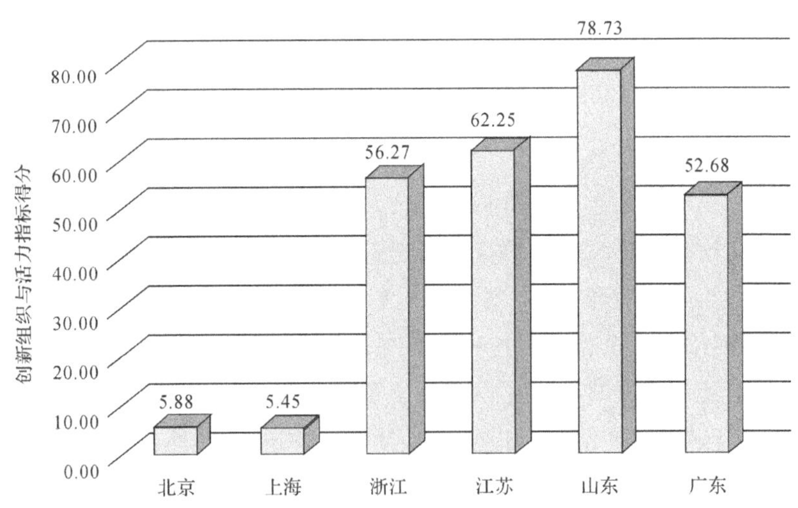

图 4-57　2014 年六省市创新组织与活力指标得分

说明：根据 2014 年六省市在创新组织与活力指标上的数据计算得出

➢ 产出类指标

■　产业发展

如图 4-58 所示，2014 年浙江省在产业发展方面的表现并不令人满意，仅位于六省市中的第 5 位，与先进省市仍有较大的差距。浙江省较为落后的高新技术产业发展和以低附加值产品为主的产业结构是浙江省创新型经济发展面临的瓶颈之一。在此指标上，北京和上海突出的表现源于其较为成熟的高新技术产业集群。浙江必须重视在产业结果上的落后，摆脱对于劳动密集型制造业的过度依赖，用先进技术和工艺提升生产率，用领先的设计和开发过程增加产品的附加值，调整产业结构，优化经济增长方式。

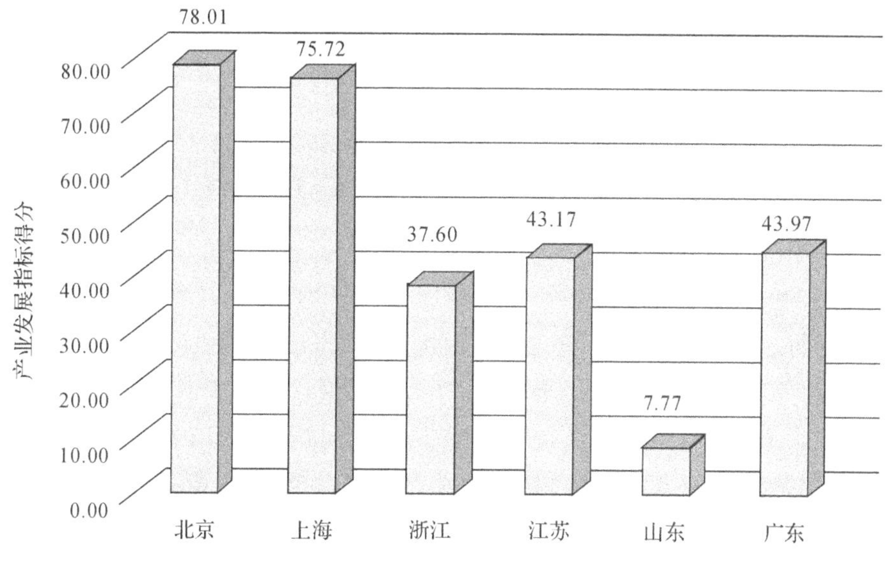

图 4-58　2014 年六省市产业发展指标得分

说明：根据 2014 年六省市在产业发展指标上的数据计算得出

■　居民生活

在居民生活方面北京一直有着比较大的优势(见图 4-59)，而上海虽然有较高的人均收入，但失业率依旧居高不下。浙江在居民生活指数上的表现和上海比较接近，相较江苏、山东、广东三个省市有较为明显的优势。各省市在居民生活一项的得分近年来有靠近的趋势，说明各省市都有较好的经济发展成果。

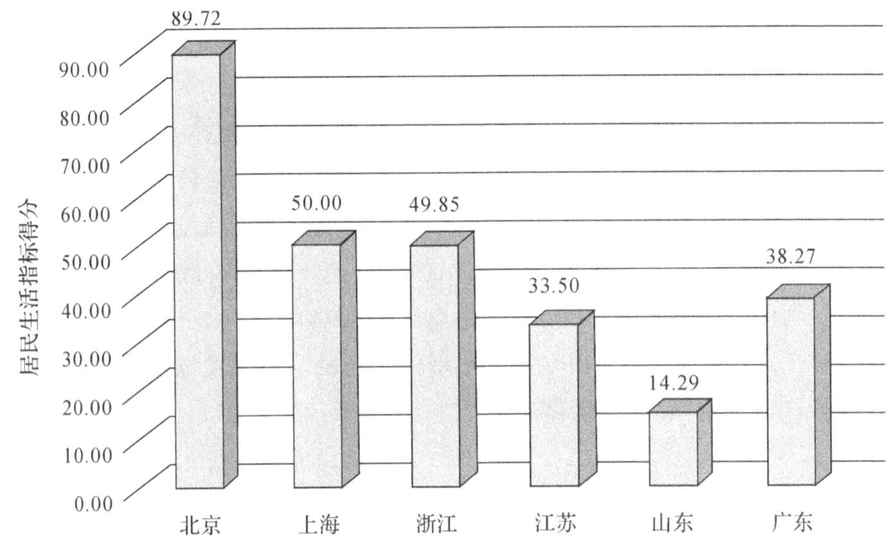

图 4-59　2014 年六省市居民生活指标得分

说明：根据 2014 年六省市在居民生活指标上的数据计算得出

■　经济效益

在经济效益指标上的表现，各省市都比较平均，差距正在逐年缩小，2014 年这个指标上浙江仅次于上海和江苏，处于第 3 位（见图 4-60）。高额的贸易顺差使得浙江省在经济效益上保持了领先的地位。但未来若全球范围内地区保护主义风潮再起，浙江省的对外贸易将面临更加不确定的外部环境，浙江企业，尤其是低附加值、低技术含量的企业将面临严峻的挑战，这些企业应该开始考虑转型升级，思考如何以产业升级、产品创新、开辟新的出口市场来实现出口转型。

■　可持续发展

在可持续发展方面，北京在控制废水、废气、固体废物排放以及提高能源利用效率方面遥遥领先于其他省市，近年来一直保持着领先（见图 4-61），而浙江近年来在环境治理方面也有了一定的成效，2014 年位于第 3 位，但与北京和上海比还有较为明显的差距，尤其是在单位 GDP 工业废水排放的指标上，浙江仍然比较落后。浙江省应当在可持续发展方面持续努力，发展绿色产业、环保产业，淘汰落后产能，加快转型升级，从根本上改变粗放型的经济发展方式。

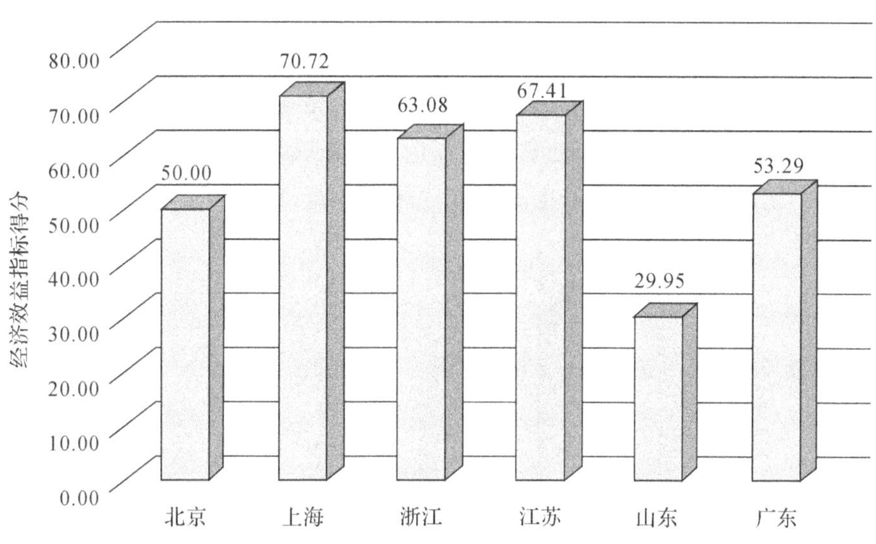

图 4-60　2014 年六省市经济效益指标得分

说明：根据 2014 年六省市在经济效益指标上的数据计算得出

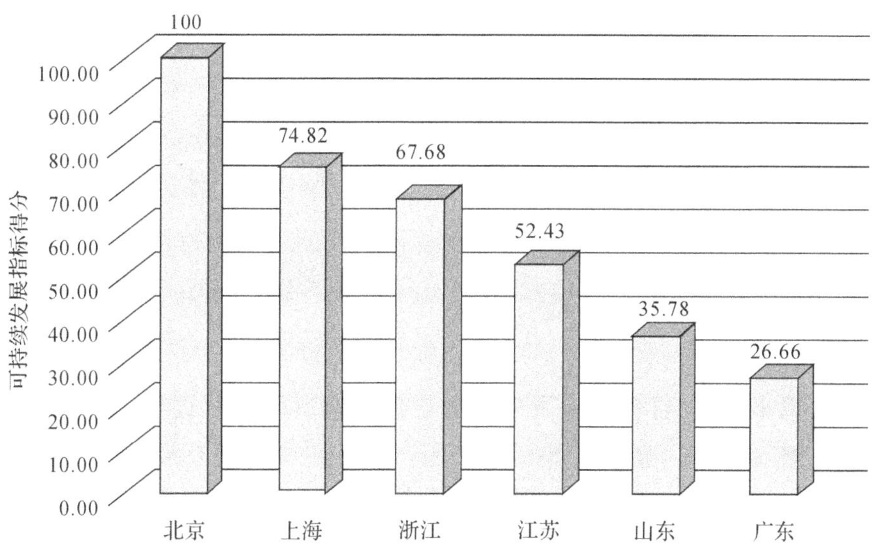

图 4-61　2014 年六省市可持续发展指标得分

说明：根据 2014 年六省市在可持续发展指标上的数据计算得出

■ 互联网发展

在互联网发展这项新的二级指标中，浙江的表现中规中矩，与发展较为领先的北京和上海相比还有较大的差距(见图 4-62)。如今互联网已经成为引导产业转型升级的一个重要推手，浙江省应该利用自身互联网发展起步早、人才充足的资源优势，借助互联网思维，帮助企业完成转型升级。

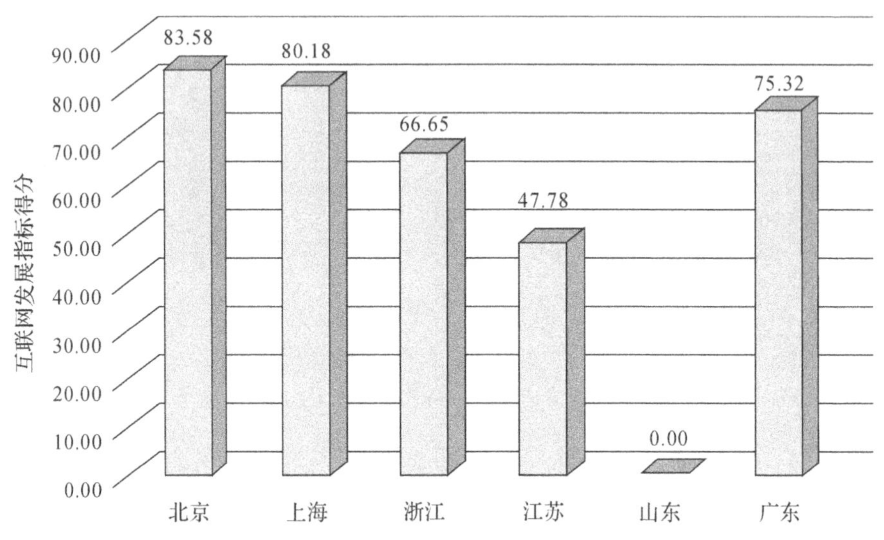

图 4-62 2014 年六省市互联网发展指标得分

说明：根据 2014 年六省市在互联网发展指标上的数据计算得出

4.2.3 一级指标

➤资源类指标

一直以来，浙江省在基础设施资源方面都具有明显的优势。近两年来浙江在基础设施方面一直领先于其他地区。但浙江在教育资源、技术人力资源和科技投资资源方面的落后，导致目前资源类指标仍落后于北京，位于第 2 的位置(见图4-63)。但位于第 3 的江苏在近年也一直保持着追赶的势头，在资源类指标上并不落后于浙江多少。而山东长久以来在资源类指标上的垫底和整体发展乏力的态势也说明，创新资源的缺乏是阻碍山东创新型经济发展的最主要原因。

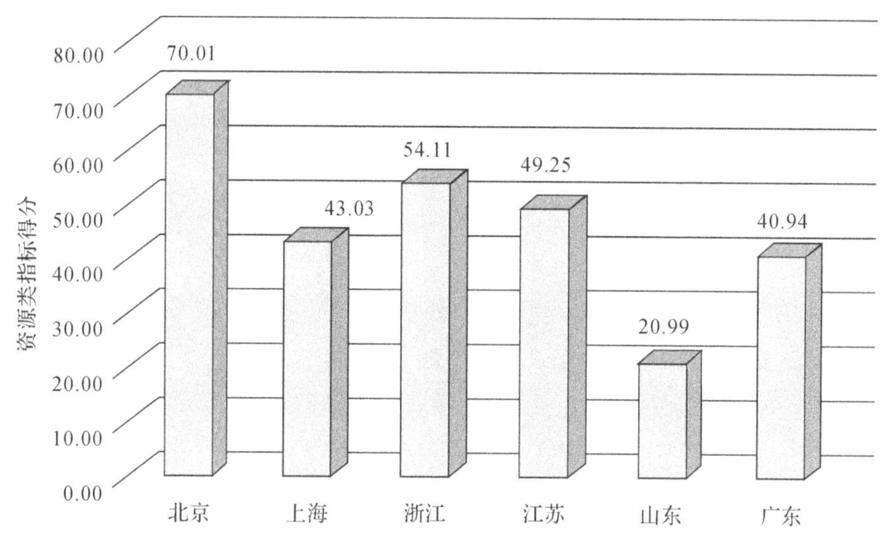

图 4-63　2014 年六省市资源类指标得分

说明：根据 2014 年六省市在资源类指标上的数据计算得出

➤ 过程类指标

2014 年，浙江在过程类指标上维持了上年的名次，落后于北京。但和位于第 3 和第 4 位的江苏和山东的差距并不大（见图 4-64）。浙江在知识创新和技术独立性与开放性方面一直有着较为突出的表现，但多年来在技术商业化方面的落后始终制约着浙江的创新发展进程。

浙江省的当务之急是提高技术和知识的商业转化能力，应建立并完善技术市场，健全相关政策法规，以保障技术交易的顺畅和便捷，建立有利于知识产权保护的公平的市场交易环境。另一方面，政府应当搭建产学研互动的平台，使得企业和高校之间能进行紧密的互动，促进并鼓励技术转移和商业化。同时，政府应该鼓励企业作为创新主体进行技术研究和开发，提高技术的利用效率，鼓励有能力进行技术创新的在校学生的创业行为，让技术市场和产品市场能更加有效地互动，发挥彼此相互促进的作用。

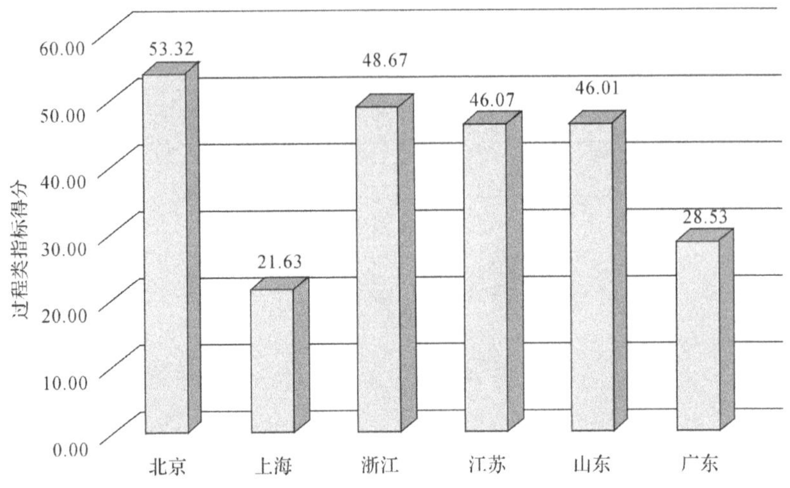

图 4-64　2014 年六省市过程类指标得分

说明：根据 2014 年六省市在过程类指标上的数据计算得出

➤ 产出类指标

2014 年浙江在产出类指标上位于第 3 位（见图 4-65），与之前两年保持在相同的水平。虽然在经济效益的排名上较 2013 年有了进步，但在产业发展方面始终在六省市中位于下游水平。这一点也限制了浙江在产出方面的表现，使其目前与北京和上海还有比较明显的差距。

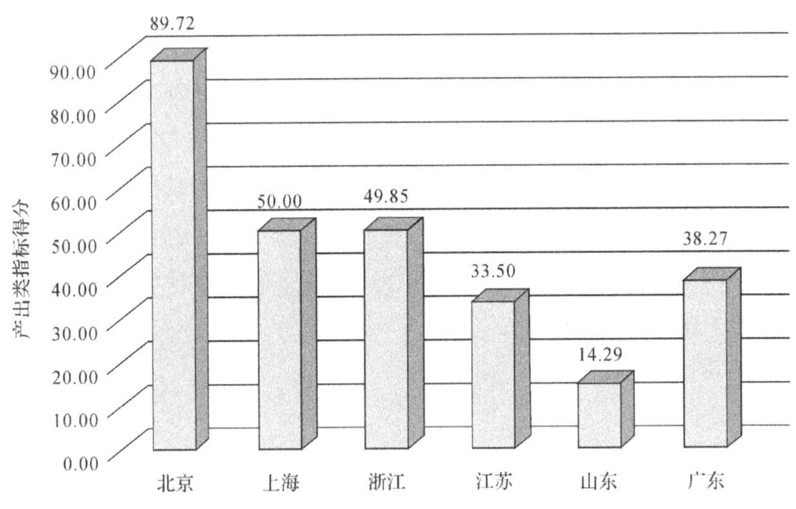

图 4-65　2014 年六省市产出类指标得分

说明：根据 2014 年六省市在产出类指标上的数据计算得出

浙江省高新技术产业的发展始终较为滞后，虽然浙江省拥有十分突出的贸易顺差，但出口的产品中高新技术产品的比例却非常低，也就是说产品的附加值较低，环境友好度较低，这显然不利于浙江省的经济转型和可持续发展。

为了加快浙江高新技术产业的发展，必须确立自主创新和优先发展高新技术产业的共识，大力发展创新型区域产业集群，加大对共性技术和关键支撑技术的研究开发力度，提升科技园区的辐射能力。在这一过程中，政府的作用至关重要。一方面，相关的引导、政策和资金的支持必不可少，要加大对企业研发投入的鼓励和引导力度，重视人才队伍建设，加强产学研合作创新，强化对高新技术企业投融资的支持。另一方面，落实创新高新技术研发及其产业化的体制与机制也很重要，要加强高新技术产业服务体系建设，加快发展以企业为主体、投资多元化、实行市场运作、政府扶持的科技创新孵化体系，促进公共创新服务平台建设。

4.3　浙江省创新型经济发展情况:10年创新型经济运行回顾

浙江省创新型经济蓝皮书课题组最早在2003年就开始关注浙江省的创新型经济发展，参照西方发达国家的研究和监测报告，构建了自成一体的创新型经济评价体系，在此基础上对浙江省的创新型经济进行了结构化的分析并选择了相关的省市进行对比分析，为政府部门和企事业单位提供了有价值的参考数据和建议。这一套评价指标体系包括创新资源、创新过程和创新产出三个重要的方面。这10年来，课题组一直使用这一套指标体系监测浙江省的创新型经济，虽然基础的概念框架和三个一级指标一直没有变化，但在二级指标和三级指标方面在10年之间也发生了一些变化，本节将会从二级指标层面上介绍10年来创新型指标评价体系的变迁。

如图4-66所示，从2003年到2014年浙江省的创新型经济对比六省市一直发生着一些变化，浙江省的排名从最初的第5位，到如今连续两年的第2位，取得了一些成果。尤其是后金融危机时代，浙江省通过加大对资源的投入在创新型经济发展中取得了非常有效的提升。本节也会从二级指标的层面上，纵向分析浙江省的创新型经济10年以来在各方面的发展和变迁。

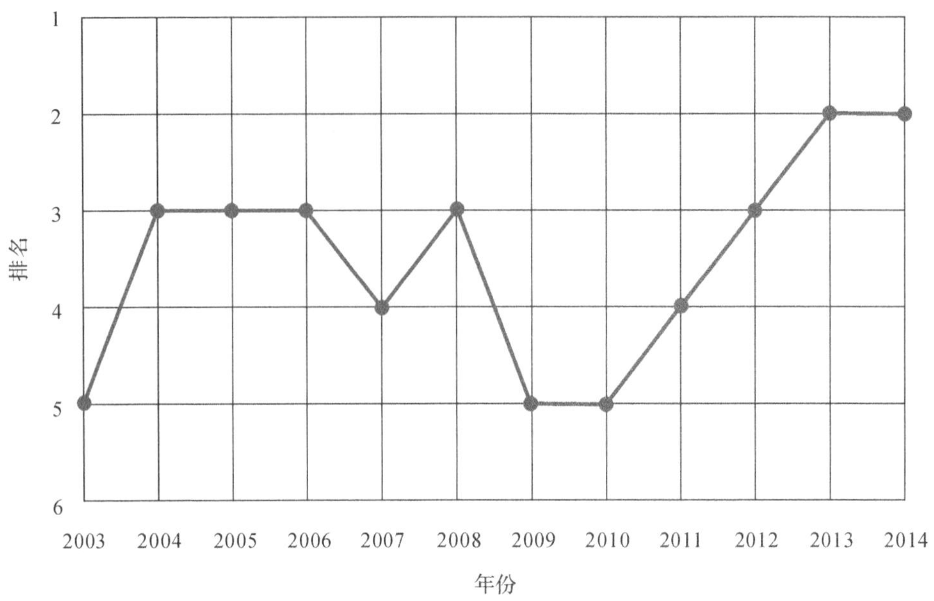

图 4-66　2003—2014 年浙江省创新型经济发展综合排名

➢资源类指标

■　教育资源

在最初的指标体系中，教育资源这一项二级指标还被称为人力资源，但其包含的三级指标实质上都和教育相关，比如高等学校在校本科生数量、高等学校在校研究生数量、政府对高等教育的投入等。在最早的一版蓝皮书中，并没有报告六省市二级指标的排名，但浙江在 2003 年总体的资源类指标中处于末位，在校本科生数量位于第 3 位，在校研究生数量位于第 6 位，在教育投入方面也处于下游水平。

在后来的一版蓝皮书的指标体系中，课题组开始采用教育资源这一项二级指标，其中包含的三级指标和前一版本的蓝皮书基本相同，而浙江 2004 年在教育资源指标中仅领先于上海，处于第 5 的位置。相比于其他省市，浙江省的在校学生绝对数量较低和教育经费投入较低两个原因导致浙江省在教育资源上仅位于下游水平。

在评判 2005 年的教育资源时，课题组意识到了使用在校人数和教育投入的绝对量可能会由于各省市的经济体量和人口数量基数的差异而产生偏颇，不能很好地反映出各地区教育资源的真实情况，因此选用了每万人中普通高等学校在校学生数量和每万人中中等职业学校在校学生数量代替原本的学生数量相关指标，同时选用了教育经费占 GDP 比重这一项数值来代替教育经费指标。在这一系列指标的调整之后，浙江教育指标的排名相较前一年有所提升，到了第 3 位，超过了江苏、山东和广东，而上海的教育资源指标也从第 6 位上升到了第 2 位，三级指标的变化使得教育资源这一项评分更能反映现实的情况。

2006 年的教育资源指标中加入了师生比这一项数值，将教学质量也纳入了教育资源的指标体系，浙江省教育资源排名第 3 位。之后关于教育资源的三级指标趋于完善，而浙江省的排名情况如图 4-67 所示，一直处于中下游水平，相比北京和上海一直作为一个跟随者。但最近连续三年里，浙江省的教育资源排名持续在上升，说明浙江省教育资源的投入正在加大。

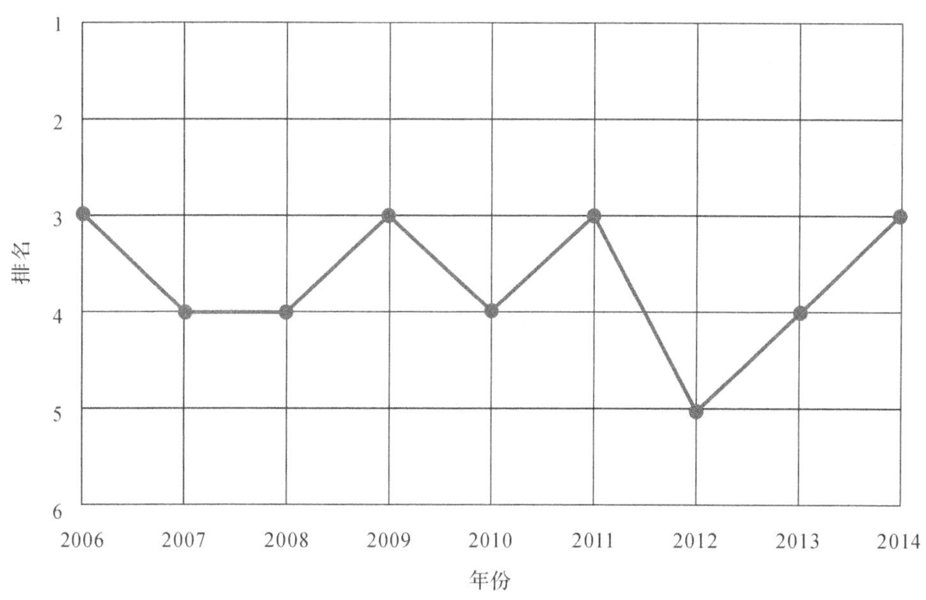

图 4-67　2006—2014 年浙江省教育资源指标排名

■　技术人力资源

在最初版本的指标体系中，并未考虑技术人力资源这一指标，而作为其前身的技术资源主要考虑了研发投入。2003 年浙江省大中型企业的科研活动经费和企业集团的研发费用都大大落后于其他省市，而在政府的研发投资方面浙江省也低于其他省市,位于末位。

在后一版本的蓝皮书中我们开始考虑研发人员等对于创新型经济的影响,在2004年的技术人力资源指标排名中,由于人才尤其是高级技术工人数量的差异,浙江省在此项指标中仅名列第5位。

而在评价2005年六省市的创新型指标时,课题组将科学家、工程师和高级工人数量指标替换为每万人中的科学家、工程师和高级工人数量,以消除各省市由于人口数量和经济体量上的差异而对技术人力资源评价的偏误。2005年,浙江在技术人力资源指标上位于第3位,和北京、上海尚有非常明显的差距。

2006年的技术人力资源指标评价中新增了R&D人员全时当量,以衡量研发人员的实际贡献,增加了技术人力资源指标和创新型经济的关联。并且由于统计年鉴的变化和数据可得性的问题,用每万人中科技活动人员数量代替高级技工数量,2006年浙江在这一项指标的表现仅高于山东,位于第5位,发展速度相较江苏和广东较慢。

2007年和2008年采用了和2006年一样的指标体系,而浙江的技术人力资源指标排名分别为第3和第4位。2009年到2011年由于指标可得性的问题,仅选用了R&D人员全时当量一个三级指标,而在这三年中,浙江省的技术人力资源都位于六省市中第3的位置。

2012年之后,将每万人中的研发人员数量重新加入指标体系,浙江连续三年位于第4的位置。如图4-68所示,浙江省在技术人力资源的指标中一直处于中下游的水平,近年来这一指标一直稳定在第3或第4名,说明浙江近年来在技术人力资源方面趋于稳定。技术人力资源是创新型经济发展的重要保障,浙江省应当提升对优秀人才的引进并保持对于技术人才的吸引力。

■ 科技投资资源

在最初的指标体系中,投资资源包含外商直接投资、固定资产投资和更新改造投资。2003年浙江在外商直接投资额上落后于其他省市,处于末尾,而在固定资产投资和更新改造投资上都位于第4位。而在2004年的评价中,采用了全社会研发投入占GDP比重、上市公司数量和外商直接投资三项,以增加科技投资资源和创新的相关性,而浙江省除了上市公司数量较多之外,其他两项都处于中下游水平,所以整体的科技投资资源指标仅位于第5的位置。2005年指标并没有很大的变化,浙江在这一项上超越了广东,上升到了第4的位置。2006年的

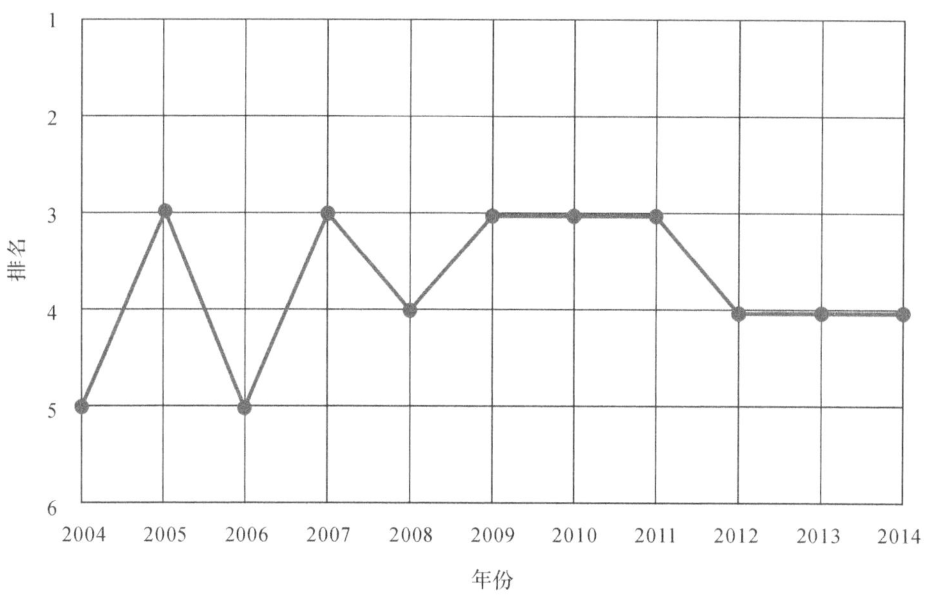

图 4-68　2004—2014 年浙江省技术人力资源指标排名

评价体系中删除了 FDI 占 GDP 比重和上市公司数量，新增了地方财政和企业研发经费相关指标，使得评价体系更具全面性、科学性和客观性。而之后的科技投资资源指标都保持了稳定。

从 2006 年到 2014 年浙江省在科技投资资源的排名情况来看，浙江省的研发投入一直落后于其他发达省市，直到 2013 年之后科技投资才开始上升(见图 4-69)。但值得关注的是，浙江省企业研发经费占主营业务收入的迅速提升是科技投资资源指标提升的主要原因。浙江经济以非国有经济体为主，企业研发经费比例的上升对于浙江的意义更加重大。

■　基础设施资源

在分析 2003 年浙江省的创新型经济发展时，采用了电信资源、人均居住面积及房价和每百人拥有的民用轿车数量作为三级指标。2003 年浙江的电话普及率仅次于北京，排名第 2 位，但移动电话普及率较低。而在住房面积方面，浙江也是较为领先的，住房价格为每平方米 2100 元，在六省市中高于江苏和山东，而每百人拥有接近 1.5 辆民用汽车，在六省市中仅次于北京，表明浙江省的居民有了较好的生活条件。

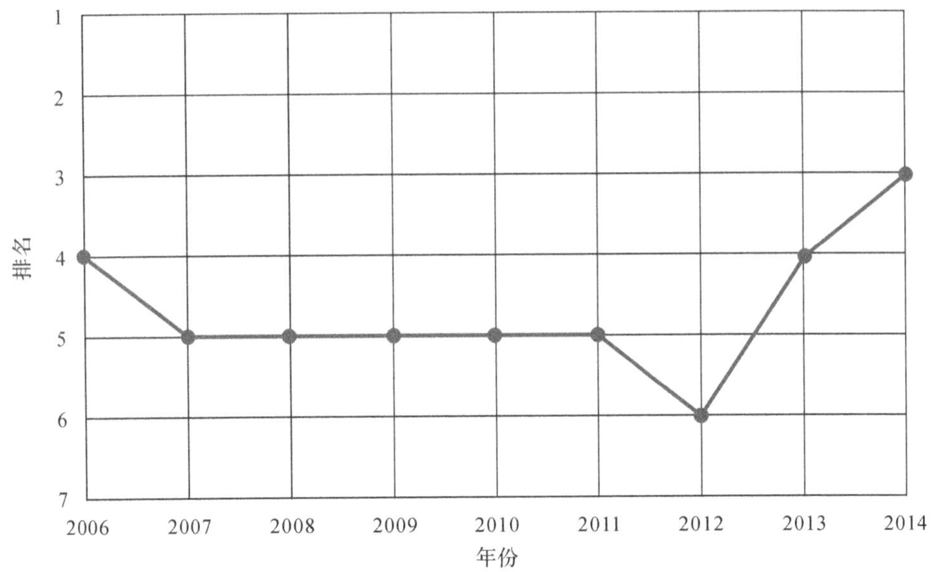

图 4-69　2006—2014 年浙江省科技投资资源指标排名

在 2004 年的指标评价过程中，课题组根据和创新的相关性，放弃了房价和汽车数量，增加了每万人拥有公共图书馆数量这一指标，自此之后，对于基础设施资源这一项的评价基本没有明显的改变。

如图 4-70 所示，浙江省在基础设施方面一直处于领先的水平，而其中最主要的原因是浙江省在人均住房面积上的领先。随着浙江省 10 年来电信设施普及率的持续提升，浙江省在基础设施指标上面的领先地位也愈发稳固，这为浙江省创新经济的发展打下了良好的基础。

➤过程类指标

■　知识创新

知识创新这一指标是在《2005 浙江省创新型经济蓝皮书》中最早采用的，其包含专利数量和论文数量两大三级指标。2004 年浙江省在专利和论文的绝对数量方面并没有优势，仅高于山东省，位于第 5 位。而在后一本蓝皮书中，课题组对知识创新的三级指标进行了调整，使用每十万人专利数量和每万名 R&D 活动人员科技论文数量来取代原先的专利和论文的绝对值，并且新增每亿元研发投入所取得的专利数这一指标，以衡量各省市的创新效率。在之后的蓝皮书

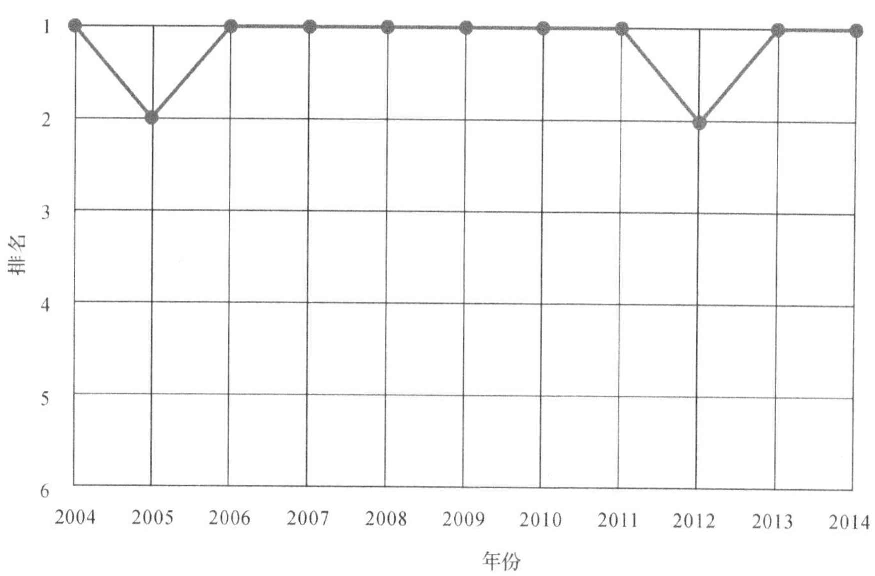

图4-70 2004—2014年浙江省基础设施资源指标排名

中，该项指标的评价保持稳定。

浙江省从2005年知识创新的第3位到近年来一直稳定在第2位（见图4-71），仅次于北京，其中浙江省一直稳居第一的指标——每亿元研发投入所取得的专利数起到了非常关键的作用。浙江省在知识创新方面展现出了较高的效率，这是浙江省发展创新型经济一向的优势。

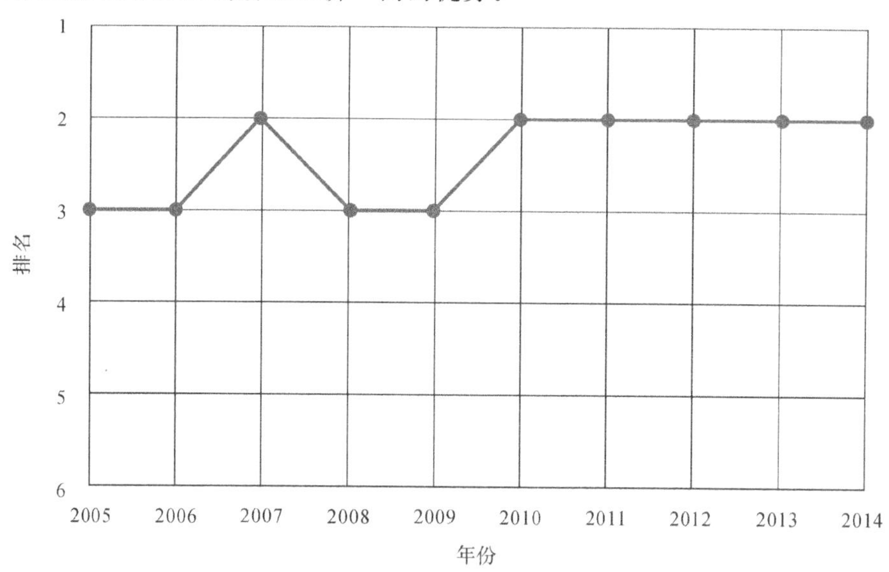

图4-71 2005—2014年浙江省知识创新指标排名

■ 技术商业化

在技术商业化指标方面，一贯以来比较统一，采用单一的三级指标——技术市场成交额来表示。2002年浙江省技术市场交易额为38.94亿元，稍高于山东省。到了2004年浙江省技术交易额为58.15亿元，略高于广东省，名列第5位，但此时已经和北京等发达地区有了非常明显的差距。而到了2014年浙江省的技术交易额仅为87.25亿元，已经被其他省市落下。而在这段时间里，北京的技术市场发展非常快，较之10年前增长了10倍有余(见图4-72)，而浙江省的技术市场成交额始终没有非常明显的增长。技术市场发展的滞后制约了科技成果的转化和知识技术的流通，技术商业化程度较低是制约浙江省创新型经济发展的一个重要瓶颈。

■ 创新开放性与技术独立性

技术独立性指标最早在《2005浙江省创新型经济蓝皮书》中采用，当时是以单一的三级指标——技术引进经费占R&D经费比重来评价地区的技术独立情况。在后一本蓝皮书中，课题组加入了企业消化吸收经费与技术引进经费的比例，而浙江省在技术独立性指标上的排名上升到了第2位。2008年，浙江省在技术独立性方面的排名上升到了第1位。此后这项二级指标的评价并没有明显的改动，而浙江省在技术独立性方面也一直名列第1和第2位(见图4-73)。这说明浙江企业的自主创新能力是比较高的，并不过多地依赖引进的技术，并且在引进技术的消化吸收方面也是有较大的提高。

■ 组织创新与活力

组织创新与活力这一项指标最早是考虑制度的灵活性对于创新的影响，因此在2005年的蓝皮书中包含成长型中小企业数量、大企业集团数量和非公有制经济增加值占总增加值比重。浙江由于高比例的非公有制经济，在2004年的组织创新与活力指标中名列第1位。而在后一本蓝皮书中，课题组用大中型工业企业研发项目数、国家级企业技术中心数来取代成长型中小企业数量和大企业集团数量两项指标，新的指标体系更能反映出创新活动的过程。2005年浙江在此项指标上落后于江苏和山东，名列第3位。在2006年的创新型经济评价工作中，课题组删除了非公有制经济增加值占总增加值比重这项指标，浙江在此项指标中不再具有优势，名次跌落至第6名。2008年，由于拥有的国家技术中心和大型工业企业R&D项目数量大幅增加，其中大型工业企业R&D项目数的增长更是超过200%，使得浙江的排名上升到了第3位(见图4-74)。

从 2009 年起，浙江省的组织创新与活力指标一直稳定在第 4 位，直至 2014 年上升到了第 3 位，这项指标的变化得益于近年来一直稳步上涨的 R&D 项目数和国家级企业技术中心数，但同时也能发现，浙江省在组织创新与活力方面始终与先进省市有较大的差距。

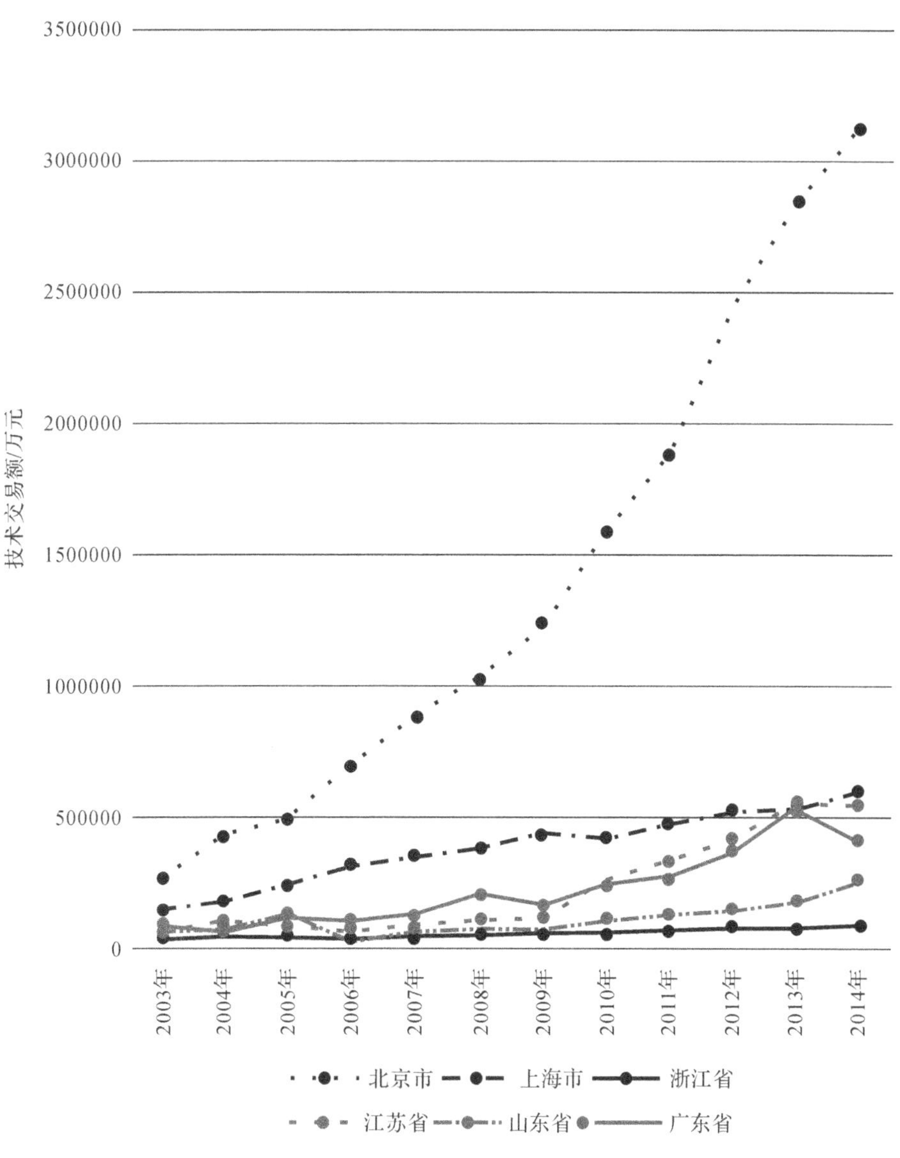

图 4-72　2003—2014 年六省市技术交易额

数据来源：《中国统计年鉴 2005—2015》

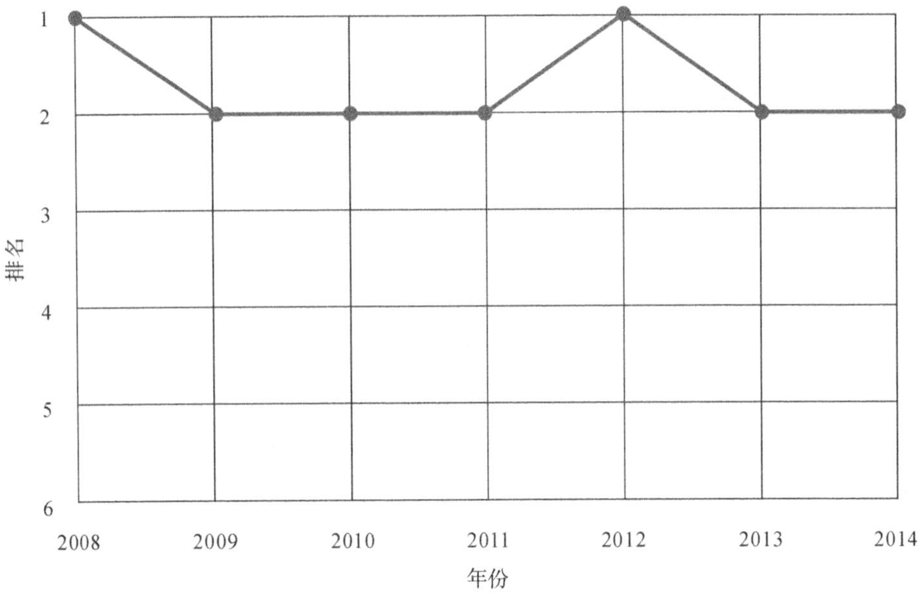

图 4-73　2008—2014 年浙江省技术独立性指标排名

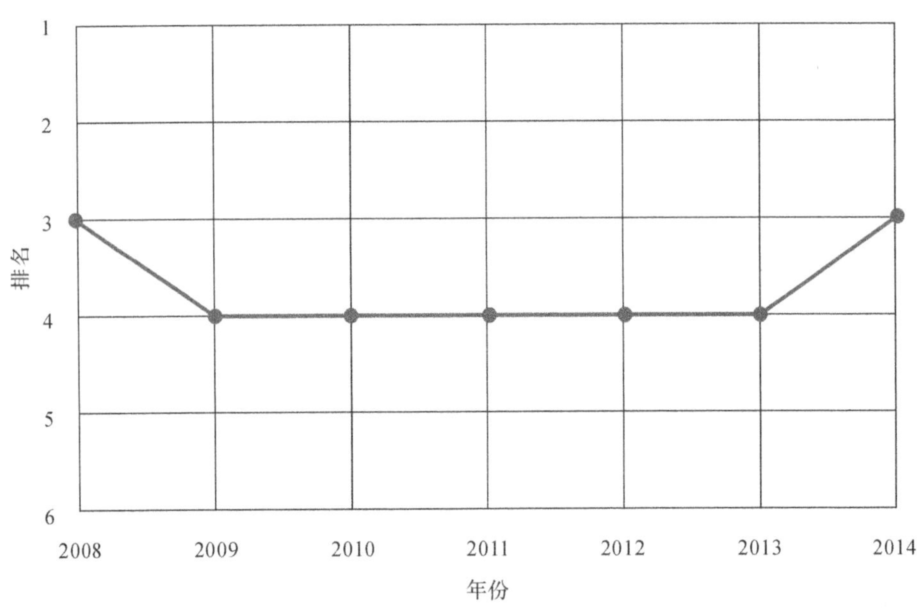

图 4-74　2008—2014 年浙江省组织创新与活力指标排名

➢ 产出类指标

■ 产业发展

最早关注到产业发展这一创新产出指标的是《2005 浙江省创新型经济蓝皮书》，在此书中课题组采用高技术产业产值和第三产业产值占 GDP 比重作为基础指标，而浙江省 2004 年的产业发展表现仅排在第五的位置，那时浙江省高技术产业规模偏小，而第三产业产值也较低。在后一本蓝皮书中，新增了高新技术产品出口额占商品出口额比重这一基础指标。2005 年浙江省高新技术产品出口额仅占商品出口额的 7.47%，在六省市中排在最末，而在整体的产业发展中，浙江省也只处于第 5 位。在评价 2006 年的创新型经济发展中，引入了高技术产业产值中新产品产值所占比重，而浙江的产业发展在六省市中排名第 5。此后直至 2012 年指标体系都未有变动，2012 年以后，删除了高技术产业产值这一项指标。

从图 4-75 可见浙江省的产业发展一直并不健康，具体表现在高技术产业规模始终较小，出口产品附加值普遍较低等。浙江省在未来应该加快产业结构调整的步伐，优化经济增长方式，以创新驱动增长。

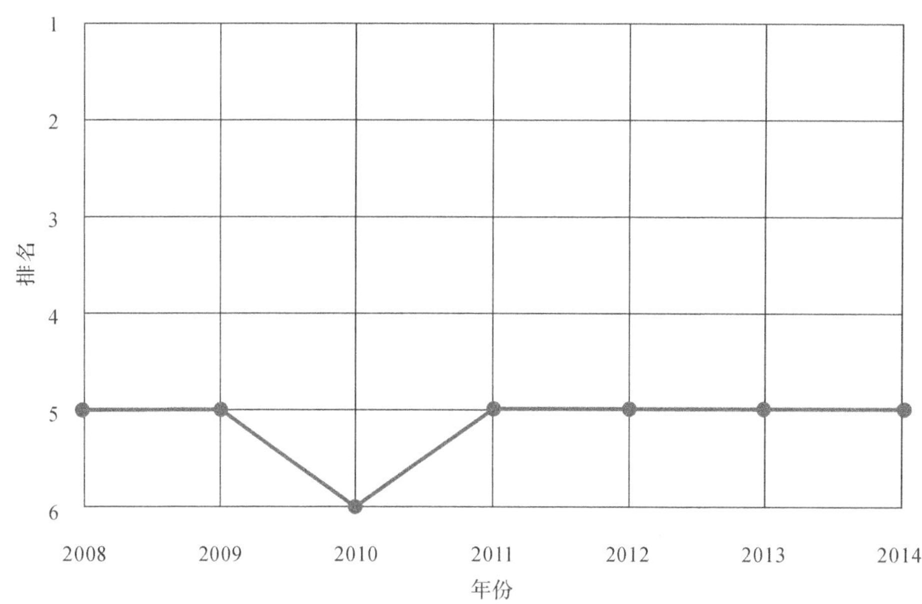

图 4-75 2008—2014 年浙江省产业发展指标排名

■ 居民生活

居民生活在第一本蓝皮书中就被纳入了指标体系。在2003年的创新型经济评价工作中，课题组重点分析了城镇居民人均可支配收入和城镇就业人口的平均工资水平。在这两个基础指标中，浙江省都排在第3位，落后于北京和上海，并且表现出了较大的增长幅度。在2004年的数据分析中重构了居民生活的三级指标，将失业率纳入了指标体系，并且删除了城镇就业人口的平均工资水平。由于失业率较低的优势，2004年浙江省在居民生活方面超过了上海，位于第2位。此后的评价体系中，一直采用城镇居民失业率和城镇居民人均可支配收入来衡量居民生活水平的高低。

在这10年之中，浙江的居民生活水平一直稳定在第2和第3的位置上（见图4-76）。由于人均可支配收入上与北京和上海尚有一段距离，因此浙江在这一项指标上的排名近年来一直落后于北京和上海两地，但浙江省近几年来失业率一直保持在较低的水平，也能体现浙江省的居民生活水平较高。

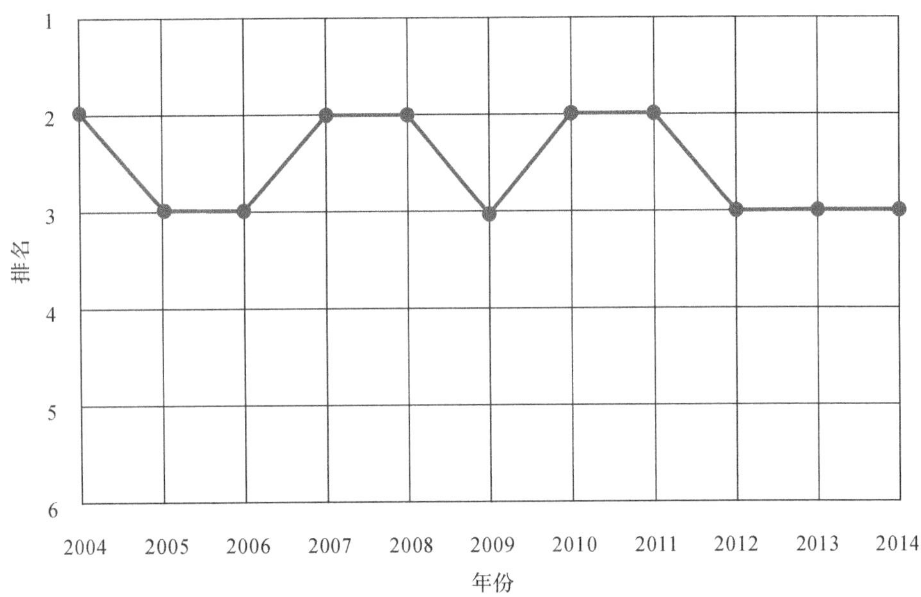

图4-76　2004—2014年浙江省居民生活指标排名

■ 经济效益

在最早版本的蓝皮书中就选用了地区GDP、人均GDP、出口总额和劳动生产率来衡量地区的经济效益。2003年浙江省的GDP位于六省市中第4位，人均GDP位于第3位，进出口额达2210亿美元，存在158.3亿美元的贸易逆差，具有一定的出口优势。在后一年的蓝皮书中，课题组将经济效益的三级指标削减到人均GDP和贸易顺差(逆差)两项，此后评价体系中关于经济效益的评估指标一直维持不变。

浙江在经济效益指标中凭借贸易逆差上的优势一直有较为靠前的排名，但近年来各省市发展都非常迅速，浙江连续三年在人均GDP上只位于第4位，而在贸易逆差上一直未能追赶广东，因此已经连续三年在经济效益指标上位于第3位(见图4-77)。

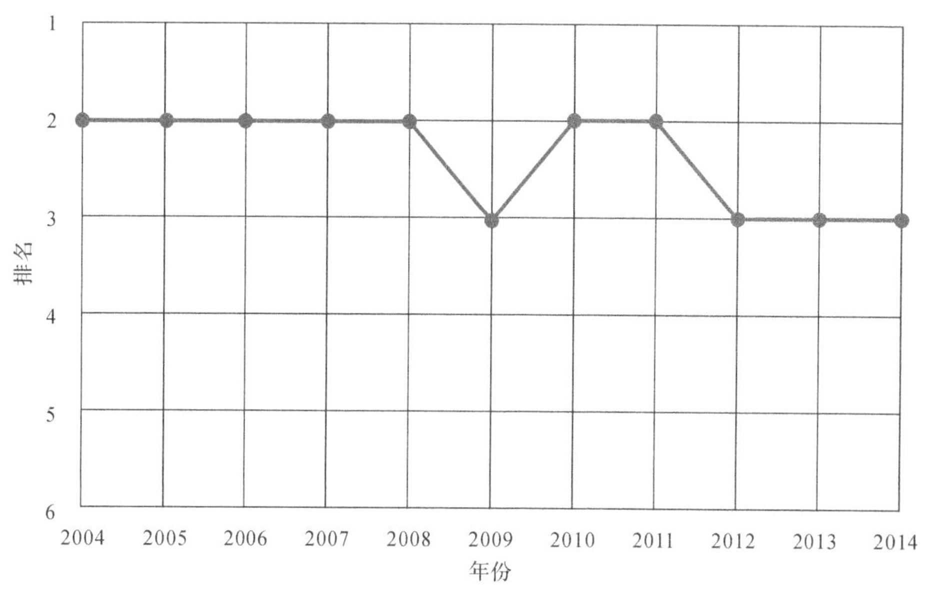

图4-77 2004—2014年浙江省经济效益指标排名

■ 可持续发展

在《2005浙江省创新型经济蓝皮书》中，发展成本就已经作为产出类中的一个重要的二级指标，包含单位GDP工业废水、废气、废物排放量和单位GDP综合能耗。在本书中该项指标更名为可持续发展，但所包含的三级指标一直保持统一，因此浙江省的排名有一定的参考意义。浙江省在过去10年中很长一段时间里，可持续发展指标位于六省市中的第 4 位，但近年来，随着环保意识的兴起和政府对于环境保护、节能减排方面的政策的落实，浙江省在可持续发展方面的排名有所波动（见图 4-78）。虽然名次上并不能看出浙江省在环保方面的进步，但从绝对的数值方面可以看出各省市在过去 10 年中的单位 GDP 工业废水、废气、废物排放量和单位 GDP 综合能耗都在不断地降低，可持续发展的战略已经深入人心。

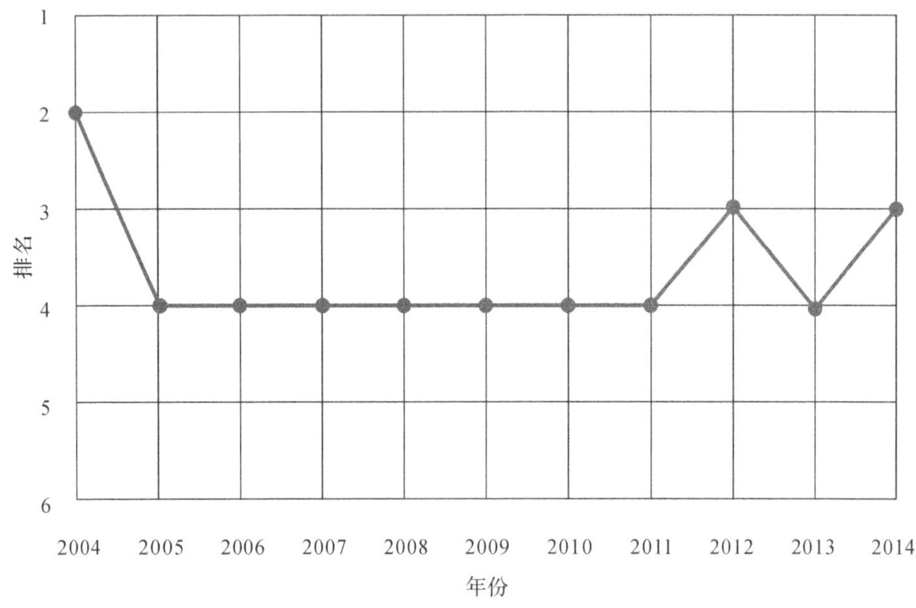

图 4-78　2004—2014 年浙江省可持续发展指标排名

■　互联网发展

本次的蓝皮书首次加入了互联网发展一项二级指标，用于衡量各省市互联网发展的情况，互联网已经成为促进产业转型和创新产出的一个重要因素，而由于采用的两个三级指标——信息化发展指数和电商指数，都是近年来才开始发布的，因此不便对于过去几年的互联网发展进行测算。2013 年浙江省互联网发展位于六省市中的第 3 位，而 2014 年下降了 1 位。浙江省应当关注互联网的发展，并且利用互联网促进行业的转型和升级，借助互联网平台进行创新活动，拥抱第四次产业革命。

第三篇　创新实践：理论+案例

第5章 “互联网+”背景下的创新型经济价值创造模式

“互联网+”中的“互联网”是指以互联网、移动互联网、物联网、大数据、云计算等为代表的新一代信息技术，是第三次工业革命的产物。如同前两次工业革命一样，技术范式的转变是最根本的力量，最终会带动产业、企业层面运行机制的范式转变。不同的是，“互联网+”以更短的周期、更快的频率和更广泛的影响力，给社会经济带来前所未有的机遇和挑战，使得价值创造模式发生深刻的改变。本章将从创新机会、创新内容（价值主张）、创新过程（价值网络）和创新能力四个方面，对“互联网+”环境下的创新型经济价值创造模式进行详细阐述。

5.1 “互联网+”催生新型创新机会

5.1.1 新兴产业崛起缔造创新机会

互联网、移动互联网、物联网降低了人们进行信息搜寻、交流的成本，让每个人、每辆车甚至每个建筑都成为信息感知和接受的终端，成为数据的贡献者、拥有者和使用者；云计算解决了海量数据的存取、加工、处理难题，并使得信息和计算资源成为如同水电一样便宜、随时随地可以按需获取的公共基础设施。无处不在的网络、无所不在的数据和大规模分布式的存储和运算能力标志着一个可感知、反馈、分析和预判的“大数据时代”的到来。

全新的与大数据的生产、分享和使用相关的新兴产业的资源投入、资源转换过程及最后的产出都是具有革命性的创新。大数据使得专业化的数据采集、分析、应用环节的分拆成为可能，并降低了远距离搜索的成本，使得拥有供需双方的互动数据、实时采集和分析个性化的产品和服务成为可能。更重要的是，“互联网＋”环境下新兴产业的这种创新性具有渗透性和颠覆性，因为其背后所依赖的技术不仅能支撑其自身行业迅速崛起，而且还能运用到传统行业，帮助各行各业识别以往无法识别或容易忽视的创新机会。

5.1.2 产业融合催生创新机会

重大技术创新在不同产业之间的扩散导致了技术融合，不同产业逐渐具备了共同的技术基础，使产业的边界趋于模糊，最终导致产业融合(Kim 等，2015)。典型地，网络通信技术通过与能源系统和制造业系统的紧密融合推动传统产业的转型升级，孕育了一大批产业融合的产物，如制造业服务化、先进制造业、现代服务业，而这些新的业态急需创新的人才、技术和解决方案。

技术融合和产业融合为企业家和创业者创造了大量前所未有的创新创业机会，产业间碰撞而生的各种创新活动对已有行业的潜力进行再次挖掘，带给传统行业新的转型升级机遇，加快了产业生命周期的更迭，带来传统产业生产方式的根本转变，催生了许多新产品和新服务，满足了人们收入和生活水平提高后对更高层次消费品的需求。

5.2 “互联网＋”立足价值主张创新

尽管价值主张早就以不同形式在企业中存在，然而直到“互联网＋”时代到来，价值主张的核心作用才真正得到各行各业、各种性质和规模的企业的重视和实现，这表现为企业对价值的认识更加深刻，价值主张对象的多元化和个性化特征得到强化。信息技术大大提升了企业运行效率和顾客偏好转变的速度，价值不再是既定的、稳定的，新颖、效率、互补和锁定都可能成为价值的应有之义。企业不能仅仅通过使原有的附加价值更有效而获得持续的竞争优势，不能继续喊着“客户至上”的口号却以企业自身的产品、服务为出发点将顾客作为价值的被动接受者，也不能继续把上下游企业看作简单的供应链竞争关系而相互防备和压榨。相反地，鼓励顾客双向反馈互动、发掘顾客更深层次的需求开始真正成为企业战略定位和构建价值网络的出发点。

5.2.1 顾客价值真正成为创新的起点和终点

长久以来,技术推动和市场拉动作为技术创新的两大动力备受理论界关注和争议。但无论技术推动还是市场拉动所带来的技术创新,评判其成功与否的最终标准始终只有一个,即技术的成功商业化,而新技术市场价值的实现过程则一方面取决于新技术能否为顾客创造价值,另一方面受到市场结构和供求关系等因素的影响。

第一次和第二次工业革命时期,尽管生产力稳步提升,但仍然处于生产率低下的卖方市场。市场竞争尽管有时很激烈,但由于产品供不应求,有卖就有买,有买就有钱赚,因此生产者只需要考虑如何通过技术创新,进一步提高生产效率,扩大生产规模以满足相对稳定的市场需求(Teece,2010),缺乏对顾客需求深入挖掘的原始动力。并且,受限于技术,此时企业对市场需求变化和个性化需求的识别和满足能力也相当有限。

"互联网+"时代来临后,科学技术革命使得生产率得到更大提高,同时出现了大量双边或多边市场,企业之间、企业和顾客之间的交互越来越密切,过去隐藏在稳定市场结构和供需关系背后瞬息万变且个性多样的消费者需求开始在新技术的辅助下变得可以被感知。信息的不对称性降低,购物变得简单,顾客权利进一步增强,本质上改变了产品和服务的供求关系——市场进入买方主导阶段,甚至形成了新的注意力经济。

在"互联网+"时代,消费者主权凸显,创业企业凭借新兴的科学技术更准确地识别和满足顾客需求,赢得利基市场并逐渐颠覆在位企业的主流市场。越来越多的企业,包括曾经叱咤风云的大企业面临前所未有的创新压力。企业要想持续成功实现技术的商业化,不能再将既得市场看作囊中之物而怠慢,而必须要利用"互联网+"下的新技术补好"顾客价值第一"这门课。因此,顾客价值主张真正成为面向终端市场的企业进行技术创新的原始动力,成为基于互联网的创业企业以及传统行业在位企业进行价值创造、实现企业价值的起点和终点。

5.2.2 破坏性创新和包容性创新层出不穷

经过第一次工业革命和第二次工业革命的长期发展,传统行业大多步入了成熟阶段。成熟行业的标志之一是产品生命周期进入后期,由于技术进步轨道的斜率比市场需求轨道的斜率更大，行业里存在足够多的企业能够提供满足主流市场顾客需求的产品功能、可靠性、便利性、价格等，甚至会提供超出顾客实际需要的性能，从而出现主流市场性能供应的供过于求。

但由于企业的技术创新和进步总是向上满足最有利可图的高端消费市场，在位企业在应对性能供应的供过于求的局面时，往往会倾向于去寻找愿意为高性能付费的更高端市场。结果，存在越来越多被忽视的低端市场用户和甚至消费不起主流创新产品的非消费市场用户不能享受技术创新和进步的福利。

“互联网＋”正是在主流市场供过于求、非主流市场需求得不到重视和满足的市场演化背景下诞生的新技术革命，而新一代“互联网＋”技术也正在并将继续挑战传统经济理论和管理理论中对创新所做出的假设和边界限制，以更好地适应其时代背景下市场需求的变化。

例如，传统经济理论和管理理论以资源的稀缺性和有限性为基本假设前提，任何经济活动包括技术创新活动都无一例外地受限于边际成本递增的规律。但这些假设和限制在虚拟经济和买方市场的环境下却受到了挑战。2004年，“长尾理论”正是在供过于求的买方市场和互联网等信息技术突飞猛进的新商业环境下被提出的（Anderson，2004）。

信息技术大大降低了供给和需求之间的连接成本和交易成本，降低了企业间以及企业和顾客间的信息不对称，其中，基于互联网的商业模式以信息、数据为生产要素，数据最重要的经济学特征即在于它天然具有溢出价值。物质的使用往往具有排他性，但数据使用的边际成本几乎为零，而且，数据的每一次使用实际上是一次价值创造的过程。因此“互联网＋”能够实现要素的边际投入成本递减趋零，从而突破了供给的瓶颈，进而实现了从新古典经济学以稀缺为常态、遵循“80/20法则”、追逐大规模生产的“短头”，转变为长尾经济学以丰饶为常态、追求多品种生产的“长尾”。

从此，受限于实体资源有限、边际成本递增等原因而不能被大规模、同质化的传统行业供给很好满足、长期被忽视的细分市场的多样化个性需求因为互联网技术和大数据技术能够得到彰显和低成本的满足。这些数目惊人的长尾市场也反过来为“互联网＋”时代的创新创业企业提供了巨大的生存和发展空间。越来越多的包容性创新应运而生。

举个例子，传统金融遵循“80/20法则”，认为少量的大企业、优质客户能创造出主要的利润构成，处于末端“长尾”的大部分客户不创造或只创造很少的利润。这种观念受到成本效率的强化而根深蒂固。互联网金融则独辟蹊径，反其道行之，其遵循的是完全相反的“长尾理论”，即认为尽管每个普通客户贡献的利润很少，但当客户数量足够庞大时，集腋成裘，可以积累出足够大的利润空间。

更值得注意的是，基于满足长尾市场和非主流市场需求而创业成功的企业，往往能够乘胜追击，最终通过比在位企业更好的方式满足主流市场需求，实现破坏性创新。

这是因为，虽然破坏性技术创新在技术的核心设计概念上并没有实质的创新，甚至在技术的关键性能指标上一般劣于持续性创新，但当破坏性技术进步的轨道增速超过主流市场平缓的需求轨道增速时，两者便有机会发生交叉，这意味着破坏性技术具备了满足主流市场需求的能力，同时，由于破坏性技术“与生俱来”的便利、可靠和便宜等属性，一旦破坏性技术能够满足主流市场的功能性要求，往往会给主流市场带去兼具新颖和效率的吸引力，从而对拥有更高技术水平的在位企业带去破坏性的打击（Christensen，1997）。

5.3 “互联网+”强调价值网络创新

价值网络是由利益相关者之间相互影响而形成的价值生成、分配、转移和使用的关系及其结构。在“互联网+”的背景下，企业价值创造和传递通过价值网络来实现，中小企业和平台企业互补共赢，跨界企业通过与在位企业合作竞争，促进了各行各业的转型升级。

5.3.1 中小企业和平台企业共舞

“互联网+”时代缔造了以BAT（指百度、阿里巴巴、腾讯）为代表的互联网企业巨头短时间发展成为中国甚至世界财富领军企业的神话。“互联网思维”和“生态战略”成为这些成功企业不同于以往传统大型企业的典型标志。得益于互联网等新兴技术与生自来的共享、包容、普惠等特性，“互联网+”时代做大做强的企业无不在有意无意地践行着“平台”理念。它们特别擅长“借力打力”“刚柔兼济”“互补共赢”，通过自营平台和跨界投资，以较小的成本、较低的风险、较快的速度布局出创新生态帝国（Adner和Kapoor，2010）（见图5.1至图5.4）。

百度的互联网帝国 2015版本

广告营销(流量)

自营业务:
百度搜索、百度手机助手、直达号

投资布局:
91无线、猎豹移动、卓大师、捷通华声、悠悠村、苹果园、随视传媒、华扬联众、叶萌广告

本地生活

自营业务:
百度外卖、百度地图、度秘

投资布局:
糯米网、美味不用等、e袋洗、齐家网、百姓网、客如云、河南沸点网络、重庆融度科技、趣活美食送、京探网、

泛娱乐

自营业务:
百度视频、百度音乐、百度小说

投资布局:
爱奇艺、乐彩网、纵横中文网、YOKA时尚网、星美控股、乐彩网、新浩艺、联合网视

电子商务

自营业务:
百度Mall、百度微购

投资布局:
蜜芽宝贝、我买网、波罗蜜全球购、万达电商飞凡网、oTMS.cn百川快线、知我药妆

企业服务

自营业务:
百度直达号、百度云计算

投资布局:
知道创宇、安全宝、兴容通信、16WiFi、华视互联、捷通华声、乌云漏洞

硬件

自营业务:
百度未来商店、小度3件套、Dulight、百度酷耳、Dubike、BaiduEye智能眼镜

投资布局:
上海汉枫、原点手机、百分之百数码

金融

自营业务:
百度钱包、百度理财、百付宝

投资布局:
百信银行、百安保险、宜人贷、爱贝云计费

旅游

自营业务:
百度旅游、知心搜索

投资布局:
携程、去哪儿

游戏

自营业务:
百度爱玩、多酷游戏中心

投资布局:
蓝港在线、07073游戏网

汽车交通

自营业务:
Carlife车联网解决方案、智能自行车、无人驾驶汽车

投资布局:
Uber、51用车、天天用车、优信二手车、道道通

房产

自营业务:
百度二手房、百度乐居

投资布局:
安居客

国外版图

自营业务:
企业服务/技术 - CloudFlare、TrustGo、Pixellot
汽车交通 - Uber
广告营销 - Indoor Atlas、popIn
电子商务 - Peixe Urbano
泛文娱 - Taboola、Tonara

教育

自营业务:
百度教育、百度文库、百度知道、作业帮、百度百科、好大学在线

投资布局:
沪江网、传课网、万学教育、智课网

医疗健康

自营业务:
百度医生、药直达

投资布局:
趣医院、健康之路

图 5-1 百度的互联网帝国:自营业务与投资布局 2015 版本(来源于网络)

阿里巴巴 帝国版图

Alibaba Group
阿里巴巴集团

国外版图

电子商务——Snapdeal、新加坡邮政、Zulily、Jet.com、1stdibs、ShopRunner、Fanatics
金融——V-Key、Paytm、hetaRay
硬件——Peel、Ouya、SBRH
企业服务——ThetaRay、Visualead、One97 Communications、Quixey
汽车交通——Lyft、
游戏——Kabam、
房产服务——Nestpick
杜交——Snapchat、Tango

O2O

自有业务：
口碑外卖、淘点点、喵街

投资布局：
银泰商业、苏宁、美团网、丁丁优惠、饿了么、点我吧、生活半径、雅座、迈外迪、树熊WiFi、爱抢购、云纵信息、又一城、高德、滴滴快的、接我云班车、车来了、58到家、遛遛宠物、墨迹天气

电子商务

自有业务：
天猫、淘宝、聚划算、1688、全球速卖通、阿里妈妈、一淘、阿里巴巴B2B、11main.com、菜鸟网络、闲鱼、天猫国际、淘宝全球购、

投资布局：
苏宁、银泰商业、五矿电商、阿卡Artka、魅力惠、丽人丽妆、妈妈值得买、易果生鲜网、浙江网上技术市场、又一城、杭州淘巧科技、堆糖、圆通速递、冠庭国际物流、心怡物流、晟邦物流、万象物流、星晨急便、百世物流、爱抢购、卡行天下、美团网、一达通、茵曼、淘淘搜、360Shop、Shopex、宝尊电商、日日顺物流、全峰快递

房产酒店

自有业务：
极有家、天猫家装馆

投资布局：
中长石基、Nestpick

硬件

自有业务：
阿里智能、天猫魔盒

投资布局：
魅族、微鲸科技

SNS社交

自有业务：
点点虫(来往)

投资布局：
新浪微博、陌陌、超级课程表

金融

自有业务：
蚂蚁金服(包括支付宝、支付宝钱包、余额宝、招财宝、蚂蚁微贷、芝麻信用、蚂蚁小贷、蚂蚁花呗、蚂蚁聚宝、娱乐宝、蚂蚁达客、蚂蚁金融云)、网商银行

投资布局：
邮政储蓄银行、德邦证券、国泰产险、趣分期、数米基金、天弘基金、恒生电子、众安保险、36氪、天津金融资产交易所、网金社、

游戏

自有业务：
阿里游戏

投资布局：
UC9游网、KTplay盟游网络、1771网游交易平台

旅游

自有业务：
阿里旅行、去啊

投资布局：
穷游网、百程旅行、在路上丸子地球、游友移动、石基信息、阿斯兰、酷飞在线

汽车交通

自有业务：
汽车生活APP、天猫汽车、

投资布局：
高德、滴滴快的、接我云班车车来了、Lyft

泛文娱体育

自有业务：
阿里影业、阿里音乐、阿里文学、阿里体育

投资布局：
华谊兄弟、优酷土豆、光线传媒、博纳影业、V电影、芭乐、向上影业、粤科软件、虾米网、天天动听新浪微博、21世纪传媒、第一财经、芒果TV、无界新闻、封面传媒虎嗅、36氪、商业评论、博雅天下猎云网、今日头条(微博投资)、AcfunA站(优酷投资)、书旗小说、恒大足球、体育疯、浙报传媒华数传媒、魔漫相机、壹平台、陌陌、趣拍、正和岛、南华早报

教育

自有业务：
淘宝教育、淘宝大学、湖畔大学

投资布局：
VIPABC、MySIMAX、365翻译

医疗健康

自有业务：
阿里健康、医蝶谷、药品管家

投资布局：
华康全景网、中信21世纪

企业服务/技术

自有业务：
阿里云、钉钉、菜鸟网络、千牛、阿里大鱼、阿里通信

投资布局：
树熊网络、酷盘、友盟、LBE安全大师、杭州安恒信息、数梦工场、千寻位置、泛亚信通、翰海源信息

图 5-2 阿里巴巴的互联网帝国：自营业务与投资布局 2015 版本(来源于网络)

京东的互联网帝国 2015版本

金融

自有业务：
京东保险、网商贷、京保贝、京小贷、白条、白条+、众筹、京东钱包、京东支付、钢镚、产品众筹、股权众筹、轻众筹

投资布局：
金融1号店、分期乐、ChinaScope数库、

硬件

自有业务：
京东众筹、JD+、京东微联、京东来点、DingDong智能音箱

投资布局：
Kisslink吻路由、雷神科技、南京快轮智能科技、趣睡科技、HWtrek-Hardware Trek、Jide北京技德科技、小蛋智能空气净化器、Broadlink古北电子

电子商务

自有业务：
京东商城、京东全球购

投资布局：
沙米、爱回收网、买卖宝、友好速搭、天天果园、请出价达喀电商、迷你挑、

海外版图

投资布局：
Zestfinance、Misfit Wearables

本地生活O2O

自有业务：
京东到家

投资布局：
来客iPOS收银系统、好狗狗、智趣生活爱助家、无忧保姆网、i烘焙-九十度生活、穿衣助手、永辉超市、下厨房、饿了么、夹克的虾-夹克厨房、到家美食会、到家美食会

文化娱乐

自有业务：
京东阅读（拇指阅读）

投资布局：
唐音无限、言几又、微头条

医疗健康

自有业务：
京东医药

投资布局：
上药云健康、有品PICOOC Sleepace舒派-迈迪加科技

汽车交通

投资布局：
车萝卜CarRobot、车悦宝、蔚来汽车、易鑫资本、易车商城

旅游

投资布局：
酷鸟旅行、途牛旅游网、途牛旅游网、今夜酒店特价

教育

投资布局：
HaFaLa汉娃乐园、第一摩码教育看孩子

企业服务

投资布局：
谛听科技、金蝶软件、3W咖啡、新科兰德-聚合数据

移动互联网/广告/渠道

投资布局：
星推网络

SNS社交

投资布局：
LesPark拉拉公园

图 5-3　京东的互联网帝国：自营业务与投资布局 2015 版本（来源于网络）

腾讯的互联网帝国 2015版本

SNS社交

自营业务:
QQ、微信

投资布局:
知乎、双面白领、Hi交友、南极圈、朋友印象、Same、Blink快看、落伍者

游戏

自营业务:
腾讯游戏、微信游戏

投资布局:
乐逗游戏、成都余香、斗鱼TV、天锋网络、互爱科技、赛亚人网络、华夏乐游、华益天信、龙珠直播、竞乐游戏、沃特碧们的Colg、黑鲸网络、零禾谷网络、擎天柱、乐我网络OOHHOO、魔格游戏、星创互联、像素游戏、长远互动、任玩堂、晶合思动、华清飞扬、苏摩科技、爱乐游5agame、义乐信息、热酷、进步思创、谷得游戏、饭后游戏、银汉科技、凯歌科技、哈酷那游戏、中清龙图、智明星通、义乐信息、热酷、进步思创、谷得游戏、饭后游戏、银汉科技、凯歌科技、哈酷那游戏、中清龙图、智明星通

泛文娱

自营业务:
腾讯影视、腾讯动漫、腾讯音乐、腾讯体育、阅文集团、QQ阅读、腾讯网

投资布局:
华谊兄弟、引力影视、耀客传媒、柠萌影业、爱拍原创、中国网络电视台、新丽传媒、原力动画、盛世光华动漫、优扬传媒、被窝音乐、喜马拉雅、创世中文网、起点中文网、云起书院、起点女生网、红袖添香、潇湘书院、小说阅读网、言情小说吧、华文天下、中智博文、聚石文华、榕树下、悦读网、天方听书、懒人听书、财新传媒、Zealer、创业邦、悦动圈、微影时代欢网科技、手游彩、呱呱视频、红点直播

本地生活O2O

自营业务:
微信公共号、服务号、微信支付

投资布局:
华南城、新美(美团点评)、京东、58同城、饿了么、e袋洗、e家洁、口袋购物、人人快递、WiWide、迈外迪、爱帮网、妈妈网、悠先点菜、城觅网、零号线

金融

自营业务:
微信支付、财付通、理财通、腾讯、征信、微众银行、腾讯操盘手

投资布局:
中国邮政储蓄银行、陆金所、众安在线、富途证券、人人贷、好买财富、乐刷、元宝铺

汽车交通

自营业务:
i车生活平台、路宝盒子、车联App

投资布局:
滴滴出行、四维图新、易车、优信拍、人人车、天天拍车、宽途汽车、修车易、车生活、蔚来汽车、和谐富腾

医疗健康

自营业务:
微信全流程就诊平台、“糖大夫”血糖仪

投资布局:
丁香园、挂号网、PICOOC、健康元、晶泰科技、妙手医生、卓健科技、第一反应急救、医联Medlinker腾

硬件

自营业务:
微信硬件服务接口、路宝盒子、小小Q、全民WiFi、糖大夫血糖仪

投资布局:
微鲸科技、科菱航睿空间、PICOOC、Magic Wifi、MemBlaze

电子商务

投资布局:
京东商城、买卖宝、物流QQ、汇通天下、人人快递、每日优鲜、刚泰控股、最美花开、好乐买、珂兰钻石网、美丽说

图 5-4 腾讯的互联网帝国:自营业务与投资布局 2015 版本(来源于网络)

2010 年阿里巴巴集团将一直以来耳熟能详的使命"让天下没有难做的生意"调整为"促进开放、透明、分享、责任的新商业文明",将 2007 年提出的战略定位"打造一个开放、协同、繁荣的电子商务生态圈"调整为"分享数据的第一平台",展现了其拥抱第三次工业革命,尤其是大数据时代到来的积极姿态。但是,尽管价值主张的具体内容在与时俱进,但始终不变的是阿里巴巴的价值主张对象,即小企业,以及价值主张的本质属性,即第三方平台。阿里巴巴始终围绕小企业做文章,代表小企业的生存、成长和发展,承担着代表小企业说话、融资、税收、创新等责任,而电子商务只是服务小企业的手段而已。且阿里巴巴相信专业化分工的比较优势,通过先后搭建各种开放平台培育了电子商务产业服务的新兴产业,这些新兴的专业化电商服务企业虽然大多为中小企业,但数目众多,涵盖软件开发、金融支付、物流快递、市场研究、管理咨询、营销推广等各个方面,帮助阿里一起完善基础设施,创建了一个生机勃勃、持续繁荣的电子商务生态圈。如今,当人类社会正在从工业文明走向信息文明,如同爱迪生当年提出的中央电厂加电网的"发电解决方案"成为工业文明的基础设施一样,"开放的数据平台"也将成为信息时代新商业文明的基础设施。为了让数据为消费者、小企业服务,阿里巴巴提出做全世界第一家真正意义上的数据公司,致力于打造一个全社会共同拥有、共同建设的信息化基础平台,其本质属性仍然是第三方平台。这一新的价值主张的实现需要两个核心环节。第一个是继续推进三年来努力以淘宝、支付宝、阿里巴巴 B2B 为核心构建的"电子商务生态圈";第二个是同步展开"以阿里云为代表的"、以数据标准为核心的电子商务的基础设施和互联网基础设施建设。这二者结合就是阿里巴巴新的商业模式,阿里巴巴集团参谋长曾鸣称之为"CBP 为核心的数据分享平台"。

实际上,平台企业并非新事物。在"互联网+"时代以前,劳动分工越来越细,企业往往倾向于从事具有比较优势的某一专业领域,尤其是为数众多的受限于资源、能力、体制的中小企业,民营企业更是难以自发进行社会化协作并享受其成果。于是,专门提供第三方中介服务甚至第四方整合服务价值主张的平台企业便应运而生。

实力较强的企业利用劳动分工的比较优势,致力于成为放大价值创造的社会属性的平台型企业,通过虚拟平台技术和投资联盟实现软横向一体化和软纵向一体化,营造新的商业生态系统(Moore,1993),实现更广泛意义上的价值主张的共赢,而平台服务的对象往往是无数深耕于某一个价值网络中细小环节的中小企业。通过做细、做专、做强，这些中小企业在为平台企业价值主张创新的实现贡献正能量的同时也打造出一个又一个“隐形冠军”。这对于后发追赶的中国，尤其是资源相对有限、中小企业发达的浙江有特别重大的启示。

中国制造2025提出了基于互联网、人工智能的智慧制造新境界，同时，“互联网+”加速了传统行业由纵向一体化到纵向解体进而市场外包的进程，直接创造了成千上万的企业服务领域的创新创业机会。以高素质、高技术、高互联的社会网络和高知识密集型企业为主力军，一大批技术含量高的“天生全球化”中小型企业正在涌现。此外，浙江省作为互联网经济和中小企业的天堂，近年来大力推进梦想小镇、云栖小镇等建设，将传统的块状经济转变为“互联网+”环境下的制造业/服务业+互联网创业平台，以新型多产业集聚的模式，吸引了大量创业人才。

可以预见，在中国制造业转型升级的过程中，大型平台企业和专业化的中小企业将合力打造更灵活紧密的价值网络，形成健康良性演化的商业生态系统。

5.3.2 跨界创新和合作创新涌现

经历了前几次工业革命和技术革命后，“互联网+”时代的人力资本积累、知识积累和信息和通信技术（ICT）基础设施积累都达到了一定的水平，创业和创新的疆域不断突破。

一方面，所有这些以往的积累起到了为创新赋能的作用，越来越多的创新者从经济社会实践中发现了未被发掘或未被充分满足的创新需求，大量以前看似不可能实现的创新机会因为新技术、新平台的出现而变得触手可及，创业壁垒大大降低，万众创新、大众创业得以实现。

另一方面，互联网时代日新月异的技术变革要求企业缩短创新周期、加速创新迭代、扩大创新搜索、不断创新进取，否则将面临被“野蛮人敲门”、被跨界者颠覆的危险。换言之，企业生存发展的环境更加动荡，变化成了唯一不变的事实。在此背景下，企业间展开了一轮轮规模空前的竞争与合作，进一步激发了更多的创新创业活动。除了传统的兼并收购、行业内联盟以外，跨界创新（Enkel和Heil，2014）成为“互联网+”时代最不可小觑的一股力量，互联网企业与传统行业企业间的颠覆与融合日益成为多样化创新模式的主流之一。

跨界创新是指创造性地模仿、借鉴其他行业中已存在的解决方案，以满足企业现有市场或产品的需要。其他行业中已存在的解决方案可以是技术、专利、特定知识、能力、业务流程、通用原则、一般逻辑甚至整个商业模式。跨行业的系统创新是一个开放式创新理论和实践上的新现象。

跨界是一种对企业边界的战略选择，通过对边界的调整，不仅可以更大限度地捕获现阶段创新的收益，而且会影响企业创新能力的发展轨迹，影响企业在未来进行创新的可能性和潜力，因此具有十分重要的战略意义。

我们既能看到很多具备较高创新能力的大型在位企业通过跨界开疆辟土，壮大其商业生态帝国，也能看到一些创业企业通过跨界迅速成长为令人瞩目的新业态领军企业。由此可见，基于价值网络的架构创新能力和基于跨组织边界的互补资产的整合能力而非企业内部资源本身是企业跨界成败的关键。在架构创新（Henderson 和 Clark，1990）和资源整合过程中，由于涉及跨组织和行业边界的利益相关者，焦点企业在跨界过程中往往有意或无意地对某一利益相关者所在行业带去价值创造或者价值打击效应。

这种非线性的外部性影响充分体现了行业融合背景下商业生态系统各组成要素间的相互依存性和复杂动态性，也构成"互联网＋"时代价值创造的核心机遇和挑战，客观上要求企业间进行更密切的合作，共担风险，共享利益。合作成为竞争的必要手段，竞争的焦点从单一企业变为商业生态系统。第三次工业革命下，以互联网为核心的信息通信技术的显著进步大大降低了交易成本，促进了信息传播速度和资源的有效利用，不论是资源、能力和知识的获取、积累和运用，承载信息流、物流、资金流的业务活动设计和开展，还是企业内部、外部以及内外部分工合作的契约关系，都将打破职能部门甚至企业之间的边界，企业边界变得模糊。越来越多的企业参与到价值创造过程中，每个企业为了最大化地实现价值主张寻找合作伙伴结成虚拟或实体的价值网络。

5.4 "互联网＋"塑造新型创新能力

5.4.1 新型技术创新能力

"互联网＋"是中国乃至世界新一代技术革命的产物，代表了新一代技术范式。"互联网＋"环境下的新技术具有规模递增、普惠性、共享性等新特性，提供了价值创造所需的新要素、新过程和新产品，并有潜力改变其间的关系，如从属关系、时空关系等。

因此，新的范式不是过去的线性延续，将会以技术创新族的涌现，打破产业边界、地域边界、资源边界，进而创造出更大的发展空间。其对企业能力的要求也有本质的不同。前两次工业革命下发展的企业能力提供了企业在工业化时期的竞争优势来源，却很可能使企业无法应对"互联网+"环境下的能力要求。传统行业面临前所未有的技术创新挑战。原有传统行业的有效资产将迅速衰变为无效资产，而新的有效资产的创新、创造将迅速接入替代；原有传统行业依赖资源、规模和廉价劳动力等所建立的竞争优势在新兴技术和知识组织面前变得不堪一击，沦为过剩的能力，亟待转型升级或被淘汰。

另一方面，云计算、大数据等基础设施平台为越来越多企业进行技术创新赋能。正是互联网相关技术的快速发展使得知识与技术创新的碎片得以瞬间整合，令研发工作不再仅仅集中于大型企业的研究院所，过去企业的集中式创新体系正在被分布式体系所取代。越来越多的企业，甚至中小企业能够按需获取"互联网+"的通用技术，并按使用付费，免去了高额的前期研发投入和巨大的失败风险。

总之，"互联网+"诞生并发展了一批全新技术，它们具有改变各行各业价值创造模式的潜力，未来的企业要想在激烈的竞争中生存和发展，就必须通过自有、租赁、合作研发等各种形式获取适合企业战略和生命周期的技术创新能力。特别是对于平台类企业而言，当生态版图足够大时，企业一方面要积极开展知识搜索，探索技术前沿，引领生态系统发展，另一方面要量力而行，把握技术创新的投入节奏，营造生态系统全员创新的浓厚氛围，从而稳健提高整个商业生态系统的技术创新能力，在此方面，阿里巴巴和小米两个公司是众所周知的成功的典型代表。

5.4.2 商业模式创新能力

纵观理论界商业模式的研究，各门派学者对商业模式的定义主要从三个不同的视角进行阐述：价值体系视角，强调经营什么业务，以及如何通过这些业务赚钱；整合方式视角，强调活动的设计安排（Amit 和 Zott，2001；Zott 和 Amit，2010），目的在于获得收入；竞争优势视角，强调企业为实现利益而开展的一系列活动。不管从哪一个视角开展商业模式研究，都离不开强调它的价值主张，并通过设计价值创造活动来实现价值。每一个商业模式都描述了存在于实际流程后面的一个商业系统创造价值的逻辑(Chesbrough,2010)。

工业时代的企业能力观远远滞后,基于价值链分析的传统竞争优势理论过分强调竞争能力而忽视合作能力,适用于生产有形产品的制造业企业而忽视了以知识和信息为关键资源的服务业企业。在长期稳定的市场结构和供需关系下,商业模式较为单一,对于大多数企业而言,商业模式创新能力对竞争优势的作用基本可以忽略不计。

在"互联网+"时代,一方面,信息技术降低了交易成本和行业壁垒,扩展了企业利用价值网络中各种资源进行价值创造的能力,价值链的拆分、重组以及由此带来的商业模式创新和行业架构演变成为新常态。另一方面,大数据、云计算、移动互联网、智慧物联网等新一代网络信息技术革命的展开,在工业的若干应用领域已取得一定成绩,但尚具有巨大的技术和商业潜力,需要创新企业价值创造逻辑才能成功实现新技术的商业化(Chesbrough 和 Rosenbloom,2002)。传统的企业创新能力日益不能满足如今动态复杂的商业生态系统中企业追求持续竞争优势的需要。因此,摆脱传统工业时代的企业能力观的束缚,发展基于价值网络的商业模式创新能力对企业、产业、区域经济转型非常关键。

在"互联网+"背景下,企业应重视培养商业模式创新能力,以价值主张创新为起点,将分散的社会资源和能力聚集成为结构化的价值创造网络,设计出要素间新的关系和结构,凭借其价值创造效率和效果的优越性,进一步挖掘新技术的潜力,在产业和社会的价值转移(Kim 和 Mauborgne,1997)浪潮中获取持续竞争优势。

5.4.3 小结:新型能力体系之凤凰模型

万众创新、大众创业为创新型经济提供源源不断的人力和智力支持,但只有将技术创新和商业模式创新紧密结合的企业(Baden-Fuller 和 Haefliger,2013)才能够真正具备"互联网+"时代创新和创业成功所需的不易被模仿、不易被替代的新型能力(见图 5-5)。

其中,技术创新是为顾客创造价值、参与市场竞争与合作的根基,包括新产品和服务的研发、生产效率和质量的提升、新技术平台的搭建等。

商业模式创新发挥杠杆和乘数作用。不同类型、不同行业、不同发展阶段的企业,应努力建设适合自身的商业模式设计能力、商业模式提升能力、商业模式变革能力。具体而言,大型在位企业应从领导力、学习和忘却学习等方面入手进

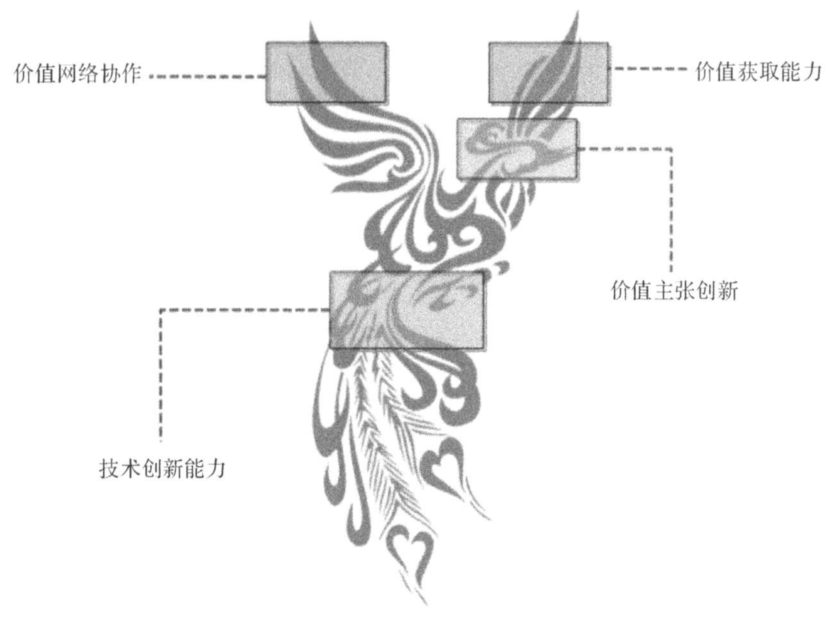

图 5-5 互联网+新型能力体系之凤凰模型

行商业模式变革，逐步培养平台能力，通过资本运作、跨界战略和 O2O 工具进行产业融合和线上线下整合，打造更加高效的新社会分工网络体系；中小创业企业则应着力打造某项专业能力，如服务个性化能力、制造服务化能力，通过虚实联动融入共享经济和平台经济，为商业生态系统创造价值并从中获取价值。

值得一提的是，尽管“互联网+”环境下的商业模式创新可以带来先发优势，但商业模式本身具有较强的可识别性和可模仿性（Teece，2010），而技术创新能力则提供了激烈市场竞争和模仿中的支柱和壁垒。比如，BAT 等前“互联网+”时代的巨头利用当时中国互联网技术匮乏的机会窗口，通过商业模式创新和技术创新，塑造了差异化的商业生态系统，建立了先发优势。BAT 在商业模式演化的过程中，不断通过人才引进、兼并收购、投资布局，更新提升其技术创新能力，才使得其一直稳坐我国“互联网+”时代的三把交椅，并引领中国走向后“互联网+”时代。

根据上述分析，本研究对基于价值网络模式的创新能力进行解构，以识别出商业模式创新能力的构成要素，为企业利用商业模式创新进行价值创造提供整合性框架（见表 5-1）。

表 5-1　基于价值网络的商业模式创新能力解构

一级	二级	三级	四级	内涵
基于价值网络的商业模式创新能力	商业模式设计能力	价值主张创新能力	产品平台化能力	公司的营收不再主要依赖产品的销售，而是依赖于更加开放的产品平台上的价值创造与分配，通过将自身服务体系甚至大量第三方服务商纳入自己主导的产品平台，在实现规模经济和范围经济的效率性的同时，提高新颖性、互补性和锁定性
			制造服务化能力	传统制造企业从产品导向向服务导向转变，从销售有形产品转变为提供服务包和解决方案，使顾客和企业的价值同时增加
			服务个性化能力	发现、满足个性化需求的程度、响应速度、顾客满意度
		价值网络协同能力	资源：全球本地化能力	有效整合本地(local)资源和全球(global)资源，通过全球本地化打破时空上的壁垒和资源上的限制，在全球范围内寻找闲散的资源和能力，使得全球的有利因素都能重新配置，为我所有
			结构：聚众与分众能力	聚众指将不同时间段的需求或者不同地域的微小需求聚合起来，从而做成世界第一的规模，成为细分产业的隐形冠军。在分众方面，一个复杂的产品通过产品内分工，可以分到非常细小的零部件，并交由具有较高专业化水平的个体进行众创
			流程：虚实联动能力	全价值链对接互联网，实现网络化。例如采取网上营销、网上生产、网上研发、网上融资等方式，通过标签将线下软硬件与线上数据业务紧密结合和协同，实现轻资产模式
			角色：跨界合作能力	合作伙伴多样性、互补性，合作方式和治理模式创新性，形成包含供应商、渠道商、客户以及竞争者的关系网络，从而实现差异化、整合化的用户价值，并最终获得群体竞争优势、网络结构优势和抗风险能力
		价值获取能力	变现能力	改变传统的价值链视角下更关心与生产销售等职能环节密切相关的数据的落后观念，在提供好用户价值、保障好用户数据的前提下，在网络中充分进行数据挖掘和应用，开发出数据业务的商业价值
			融资	合理利用广泛的融资渠道，如并购重组、互联网金融、第三方补贴、民间资本
	商业模式提升能力	学习	用户创新	利用互联网、移动互联网手段，建立互动渠道和平台，鼓励用户参与，获取用户反馈，协同创新
			员工创新	鼓励公司内创业，通过组织结构调整和人力资源政策发挥员工的主人翁意识和创新主动性
			试错和迭代	通过快速的微创新降低投资成本和失败风险，提高响应能力，获取未来发展机会
	商业模式变革	领导力	沟通	利用信息化技术，建立沟通机制，阐述愿景，强化激励
		忘却学习	认知	跳出行业既定竞争规则和长期以来的思维惯性，深入思考价值创造背后的基本逻辑及其可能性
			行为	摆脱不适合新商业模式要求的行为模式，如工作惯例、合作行为等

第6章 “互联网+工业”:培育工业新型创新能力

近年来以互联网为代表的新型信息通信技术飞速发展,其重要性体现在不同社会领域和行业,并且领导新一轮科技革命,重构全球产业体系。而我国也一直强调制造业与互联网结合的概念。

“互联网+工业”的本质在于使传统制造业企业采用互联网、移动互联网、云计算、大数据、物联网等信息通信技术,优化研发与设计、生产与制造、营销与服务的各个环节。

6.1 “互联网+工业”的国际趋势

工业化和信息化的深度融合不只是中国产业的趋势,同时也是未来全球制造业的发展趋势。2013年4月,德国政府就推出“工业4.0”战略,旨在提升制造业的智能化,利用物联网和网络实体系统将生产中的各个环节数据化、智能化、高效化(见图6-1)。

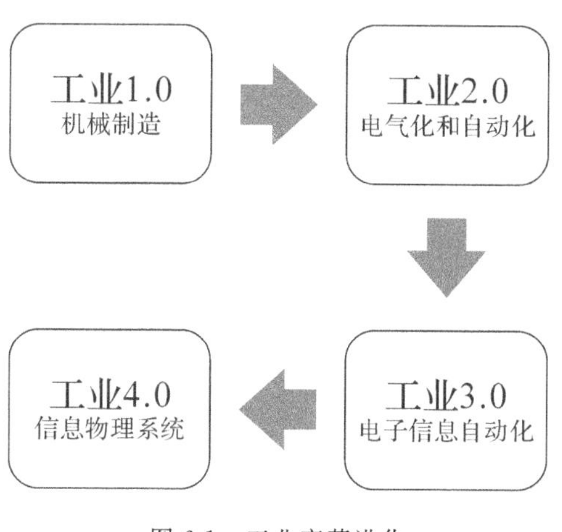

图6-1 工业变革进化

工业 4.0 包括现在的自动化、数据交换和制造技术，并利用物联网、信息物理系统以及互联网服务将技术和价值链紧密结合。其基本原则就是将机器、工作部件和系统结合在一起，并允许每个组成部分自主地控制其他部分，为商业市场创造一个贯穿价值链的智能网络。

同样，美国政府在 2008 年金融危机之后，也提出"再工业化"的新经济战略，即关注制造业的发展并推动其可持续性增长。"再工业化"的核心也是以高科技为依托，加快传统行业的转型，发展高附加值的制造业，进一步扩展价值链。

2014 年 10 月，李克强总理在访问德国期间，在第三轮中德政府磋商后发表的《中德合作行动纲要》中宣布，中德两国将开展"工业 4.0"合作。在该领域的合作有望成为中德未来产业合作的新方向，为未来工业转型奠定基础。

6.2 中国"互联网+工业"的历史进程

早在 2002 年，中国就已经提出"以信息化带动工业化、以工业化促进信息化，走新型工业化道路"的两化融合概念，其核心力量就是以信息为支撑，使中国工业走在可持续发展的道路上（见图 6-2）。

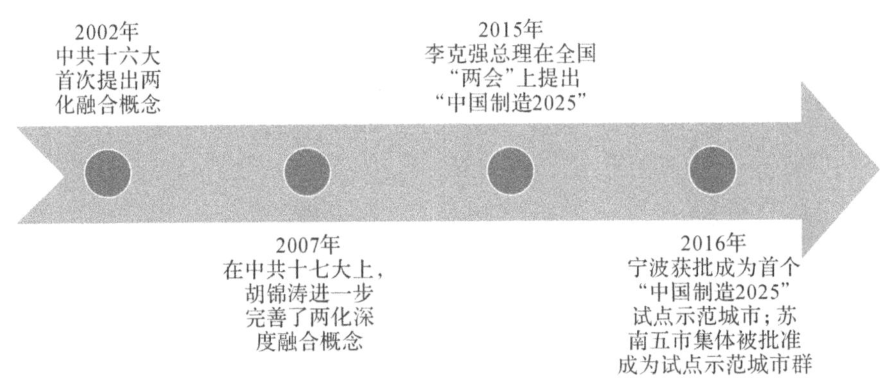

图 6-2　中国两化融合历史进程

而在 2007 年中国共产党第十七次全国代表大会上，胡锦涛进一步完善了两化深度融合这个概念，他提出要"发展现代产业体系，大力推进信息化与工业化融合"的新科学发展观。从此两化深度融合成为国内工业、制造业开展信息化和工业化融合的主要方针。其具体实施主要体现在技术、产品、业务、产业四个方面，努力做到“技术融合、产品融合、业务融合、产业衍生”。

尽管如此，和欧美国家相比，目前我国互联网应用发展中仍存在短板，即其应用主要停留在和消费领域的融合，例如各行业的电子商务等，缺乏和各行业价值链的深度融合。

2015 年 3 月 5 日，李克强在全国“两会”上首次提出“中国制造 2025”的宏大计划，其中一项重要任务就是推进信息化与工业化深度融合。中国制造 2025 提出通过“三步走”实现制造强国的战略目标：第一步，到 2025 年迈入制造强国行列；第二步，到 2035 年我国制造业整体达到世界制造强国阵营中等水平；第三步，到新中国成立一百周年时，制造业大国地位更加巩固，综合实力进入世界制造强国前列。

随后在乌镇召开的第二届世界互联网大会上，中国工业和信息化部副部长陈肇雄放出了明确的信号，要加强工业与互联网的结合。据他透露，目前正在支持相关单位加紧筹建中国工业互联网产业联盟，以汇聚产业链各方资源，依托联盟平台，联合开展技术攻关，加快成果应用推广，共同推进工业互联网发展。

图 6-3 所示为 2011—2014 年两化融合各类指数发展比较。

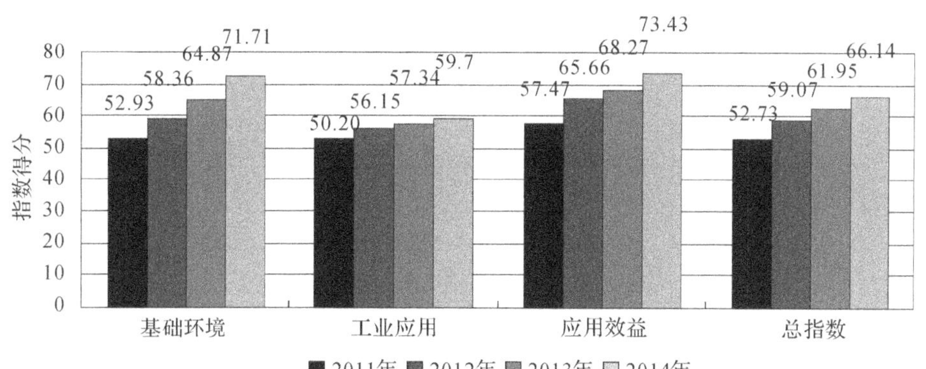

图 6-3　2011—2014 年两化融合各类指数发展比较

数据来源：中国电子信息产业发展研究院

6.3 浙江省"互联网+工业"的发展现状

随着近年来浙江省两化融合的程度不断提升，目前浙江省制造业与互联网融合已得到初步进展，主要体现在：一是互联网广泛融入研发设计的各个环节，新型研发组织不断涌现；二是互联网加速向制造业领域渗透融合，涌现出一批新规模、新业态，例如服装、家具行业的大规模个性化定制；三是生产性服务业引导制造业转型升级；四是基于互联网的创业创新载体和平台不断显现，打造出不同行业的新生态。

据中国电子信息产业发展研究院的数据，2014 年浙江省的两化融合发展总指数提升程度排在全国各省区市的前 5 位（见图 6-4）。

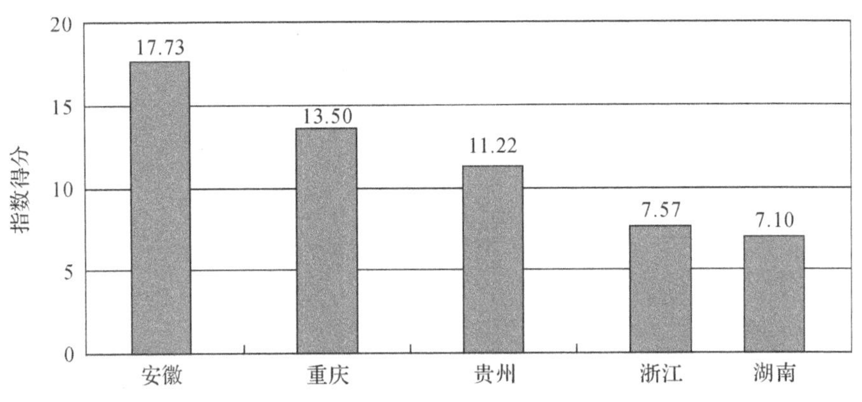

图 6-4 2014 年各省区市两化融合各类指数发展比较

数据来源：中国电子信息产业发展研究院

2015 年浙江省企业数字控制化率达到 40%以上的地区达到 55 个，比上年增加 24 个地区；从机器联网指标来看，2015 年浙江省机器联网率达到 27.79%，比上年增加 9.87 个百分点，智能制造模式不断得到深化应用。

随着我国东部沿海地区传统制造业加速向中西部地区转移，我国制造业发展的前景将更加广阔，为浙江省制造业转型升级注入了新动力，开辟了新空间。

6.4 浙江省"互联网+工业"的挑战

浙江省工业两化融合深度与国际先进水平相比还存在很大差距,企业重视程度不够、信息化投资不足、关键核心软件装备受制于人、复合型人才缺乏、公共服务平台缺失、政策标准建设滞后等问题仍比较突出。

6.4.1 产业结构有待完善

近年来,由于浙江省内部和外部环境的变化,例如劳动密集型产业的弱化、全球化下市场竞争加剧、产业进入门槛低、产品差异性不强,浙江省制造业一直处于产业链和价值链的低端。正如《中国制造2025浙江行动纲要》里面提到的:"浙江省制造业面临市场格局变化、国际竞争加剧、资源环境约束趋紧、低端产能严重过剩等挑战,又存在创新能力亟待增强、融合发展亟待深化、集群效应亟待提升、新兴产业支撑作用亟待加强、企业适应新常态步伐亟待加快等突出问题。"

6.4.2 企业对互联网认知不够深入

虽然目前浙江省多数工业企业已对互联网有了初步认识,并将互联网融入企业销售、生产、管理等环节,但大多数制造企业单靠企业内部管理信息化和销售网络化来推动创新,其深度和广度被大大局限。和欧美工业企业相比,浙江企业的互联网融合程度普遍较低,特别是基础设施的利用不到位,例如大数据、云计算、3D打印等。这和省内很多制造企业对互联网的认识不够深入息息相关。

6.4.3 从业人员和相关资质机构的素质有待提高

另外,在浙江省制造业转向互联网化的过程中,需要相关有资质的供应商和机构配套,为浙江企业提供专业、可靠的资源和扶持。但是,目前浙江省该类型的资源和机构较为匮乏。同时,尤其是操作工人、信息化开发人员和管理人员素质尚未达到相应的水平。

6.5 浙江省"互联网+工业"的机遇

值得庆幸的是，浙江作为中国经济大省，拥有良好的基础条件。浙江省制造业具有鲜明的产业结构特色、产业集群特色、民营经济特色和外向型经济特色，为转型升级提供了便利。浙江民营企业应该利用自身优势，在管理、技术、产品、标准等各方面推动互联网与传统行业的融合，全面拥抱"互联网+"时代。

数据显示，2014年浙江实现网络销售5642亿元，增长47.6%。浙江网络销售数据2012年首入省政府工作报告，2012年与2013年的销售额分别为2027亿元与3821亿元，2014年再创新高。2014年浙江电子商务交易额突破2万亿元，增长了25%。

目前，全国约有85%的网络零售、70%的跨境电子商务以及60%的企业间电商交易是依托浙江的电商平台完成的。浙江IT产业年均发展速度在25%以上，浙江省信息消费规模已经达到近1500亿元人民币，居全国前列。

这些浙江省优质的互联网平台必然能为浙江省工业转型升级提供便捷，增加新动能，加快浙江省信息化和工业化的深度融合。

浙江省政府积极响应国家号召，主动将自身产业特色和互联网结合，不断推进两化融合的战略部署与实施。

省经信委发布的《浙江省高端装备制造业发展规划(2014—2020)》提出，以"绿色化、智能化、超常化、融合化、服务化"为主攻方向，以工业化和信息化深度融合为手段，加快推进浙江省由"装备制造大省"向"装备制造强省"转变。并且先后推出"四换三名"、浙商回归、七大万亿产业培育等系列经济转型升级组合拳。

同时，根据《浙江省加快推进智能制造发展行动方案》，重点实施"四个50"工程，即"十三五"期间每年建设50个智能工厂(车间)、研发50项智能化产品和装备、培育和创建50家智能制造重点示范企业和50个智能制造工程服务公司，持续全面推动以机器换人和机器联网为代表的智能制造工程。

1.机器换人

对"机器换人"项目的大力扶持对浙江省工业转型升级起到了关键性的作

用,有着深远的意义。2013年11月,浙江省提出在未来五年年均实施“机器换人”项目5000项、完成技术改造投入5000亿元。

工业机器人是集机械、电子、控制、计算机、传感器、人工智能等多学科先进技术于一体的现代制造业重要的自动化装备。除了目前应用较多的汽车制造行业,未来它将广泛应用于毛坯制造、机械加工、焊接、装配、检测等作业中。目前美国新兴汽车巨头特斯拉(Tesla)就有着最智能的全机器人汽车工厂。在这个全球顶级的全自动化生产车间里,从原材料加工到成品的组装,全部生产过程除了少量零部件外,几乎所有生产工作都由机器人自给自足。

“机器换人”带给企业的不仅仅是更低的人力成本,而且能使企业的管理更规范化。很多企业在引进机器人后,快速提高了产量,并且生产效率也大大提高。甚至一些进口机器人的引进对产品工艺和性能也有大幅度的提升。

2. 数字浙江2.0

“十三五”期间,浙江将围绕“数字浙江2.0”建设,以专业市场、监管部门、龙头企业、行业协会等为主体,推进大数据、云计算生态体系建设,培育工业大数据应用示范企业,支持企业构建生产制造的信息物理系统,推动制造业向基于大数据分析与应用的智能化转型。加强工业互联网基础设施建设规划与布局,建设低时延、高可靠、广覆盖的工业互联网。着力突破信息技术和产业瓶颈,力争到2020年信息化发展指数达到0.94。

2015年浙江省政府工作报告也指出,要制订与“互联网+”相关的行动计划。其中包括“互联网+中小企业”行动计划,高标准建设一批小微企业创业园及基地。推动移动互联网、云计算、大数据、物联网等与现代制造业结合,促进电子商务、工业互联网和互联网金融健康发展,引导互联网企业拓展国际市场。

对于2015年的工作目标,政府工作报告指出,要加快培育消费增长点,全面推进“三网”融合,加快建设光纤网络,大幅提升宽带网络速率,发展物流快递,把以互联网为载体、线上线下互动的新兴消费搞得红红火火。

6.6 浙江省“互联网+工业”的成功案例

6.6.1 聚光科技

“物联网”是工业 4.0 的雏形，它指通过互联网实现物物相连。聚光科技（杭州）股份有限公司作为全国唯一一家环保物联网产业服务商代表参加了首届世界互联网大会，受到政府领导和新闻媒体广泛关注。

1. 公司简介

聚光科技（杭州）股份有限公司是浙江省知名高新技术企业，2002 年 1 月注册成立于浙江省杭州市国家高新技术产业开发区，2009 年完成股份制改造，2011 年 4 月上市，注册资金 4.45 亿元人民币，是环境与安全分析检测仪器生产商与系统解决方案供应商。公司拥有国际一流的研发、营销、应用服务和供应链团队，致力于业界最前沿的各种分析检测技术研究与应用开发，产品广泛应用于环保、冶金、石化、化工、能源、食品、农业、交通、水利、建筑、制药、酿造、航空及科学研究等众多行业，并出口到美、日、英、俄罗斯等 20 多个国家和地区。

聚光科技的主营业务是研发、生产和销售应用于环境监测、工业过程分析和安全监测领域的仪器仪表，以先进的检测、信息化软件技术和产品为核心，为环境保护、工业过程、公共安全和工业安全提供分析测量、信息化和运维服务的综合解决方案。

2. 当环保遇到互联网

聚光科技是国内环境监测行业中率先和互联网结合的企业，是环境监测物联网系统解决方案的先锋。2011 年，聚光科技斥资 5 亿元在杭州市滨江区购买土地 60.6 亩，用于建设物联网产业园，用来继续巩固在原有的环境监测、工业安全和公共安全等领域的行业领先地位。同年，聚光科技通过收购北京吉天，加快了其在实验室仪器领域的发展。2012 年聚光科技通过收购荷兰 Synspec，进一步巩固了其在环境监测领域的地位，为 PM 2.5 的治理提供监测设备。事实上，聚光科技对产品线的布局与完善，也是其从仪表设备供应商到环境管理解决方案提供商的转型。

聚光科技最早提出“智慧环保”综合解决方案：结合云计算、物联网、移动互联网等新一代信息技术，针对以大气环境、水环境为核心的多种环境保护监测对象进行控制。它提出了环境“测、管、治”的联动体系，着手打造环保相关大数据，明确环境风险管理从“被动应急”走向“主动防控”，并提供多样化的项目商业运作模式(见图 6-5)。

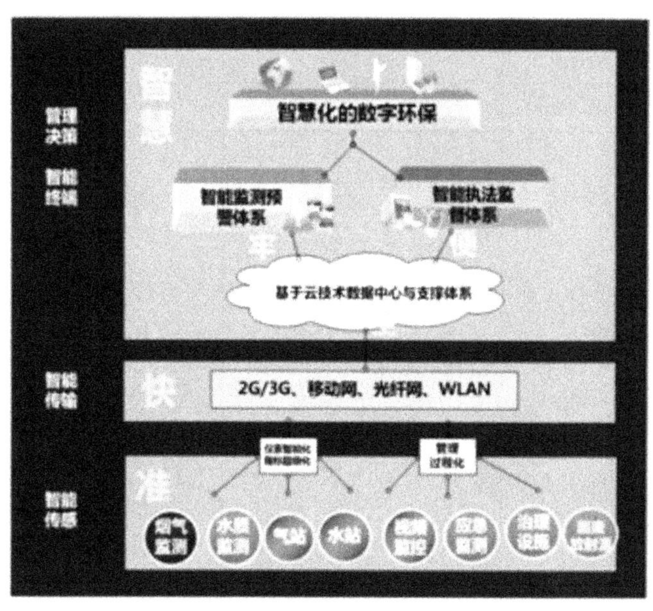

图 6-5 聚光科技智慧环保监控网络

聚光科技打造的是以感知为先、传输为基、计算为要、管理为本，构建环境与社会全向互联的智慧型环保感知网络，率先实现了环境监测监控的现代化和智能化，率先实现了环保物联网技术的标准化和产业化，率先探索了环保物联网系统建设、运维的市场化和社会化，达到了“测得准、传得快、算得清、管得好”的智慧环保总体目标。

聚光科技在发展过程中针对工业、环保与安全领域的检测需求，不断实现自主创新，确保了自身在业内的领先地位。其新研制成功的“智能化烟气在线监测系统”“智能化水质监测系统”等一系列高端分析产品，经行业权威专家鉴定，技术和关键性能指标均达到国际领先水平。

聚光科技凭借自身的研发、整合、创新能力，采用“互联网＋环保”模式，打破了业内传统思路。其利用物联网技术，对城市大气、水资源、噪音等环境指标进行采集、传输、分析、预警，对城市高能耗领域实时监测、精准管理，为用户提供了全面的、涵盖分析测量和信息化管理、具备物联网特点的解决方案，将智能检测与监测更好地落实到各类环保项目，避免了监管不到位、人为失误等业内普遍存在的问题，并且大幅度提高了工作精度和效率，引领了业内的变革（见表6-1）。

表6-1　聚光科技的发展脉络

发展阶段	初创阶段	扩张阶段	智能化转型阶段
时间	2002—2005年	2005—2011年	2011—现在
转型机遇		• “节能减排”政策	• 物联网战略 • “互联网＋”战略
聚焦产业	• 钢铁行业的气体检测	• 水泥、航天、环保、石化等产业的气体检测 • 从工业进入环保领域的消费型服务	• 环境监测行业 • 工业、环保与安全领域
主要产品	• 激光在线气体分析仪器	• 激光在线气体分析仪器 • CEMS环保排放监测系统	• 水污染源在线监测行业解决方案 • 烟气排放连续监测解决方案 • 环境空气质量自动监测解决方案 • 炼油石化过程分析解决方案 • 打造大监测平台
发展策略	围绕自主研发产品，在半导体激光气体分析技术基础上研发及实现产业化	研发与服务结合，加大研发投入，服务为技术提供辅助作用，从市场的角度挖掘客户潜在需求	提供智慧环保综合解决方案；内外创新能力协同发展，以匹配实现新的发展战略，支撑新的商业模式；收购荷兰Synspec公司等企业；巩固企业在智能监控领域的地位

3. 小结

聚光科技成功地将“互联网＋环保”完美结合，为客户、社会、自身带来了巨大的价值。其2016年1—12月实现营业收入24.69亿元，同比增长34.67％，远超业内同行的绩效。其工业在线分析仪器在国内同类市场中拥有最大的市场占有率。

聚光科技带来的“智慧环保”综合解决方案为企业、政府及公众都带来巨大的效益:一是帮助企业更好地掌握和管理自身排污情况,避免排放不达标所产生的高额罚金,承担起企业应有的社会责任;二是为政府提供行政处罚依据,避免企业偷排漏排情况,减轻政府压力,提高环保的力度和效度;三是满足公众对周边环境的知情权,并为投诉举报提供了平台,保护了公众的基本权益。

6.6.2 鸿雁电器

1.公司简介

鸿雁电器成立于1982年,是浙江省电气行业的领军品牌,也是国内最早一批建筑电气生产厂家之一。30多年来鸿雁电器凭借积极的产品创新和不断的市场探索,快速成为国内专业的建筑电器连接和建筑电气控制系统的集成供应商,在杭州、南京、西安、德州、成都等地均设有生产基地,占地面积约26万平方米。其在杭州的临安青山湖产业园和五常产业园,占地面积约20万平方米,职工总数有2700余人。

鸿雁电器最早以生产开关插座起家,逐渐打造了完整的电气全产业链,发展成为享誉全国的知名电气品牌。其主要产品包括开关插座、各类LED灯、电线、智能家居控制系统、卫浴五金、水管、空气过滤系统。产品涉及电力行业、工矿企业、轨道交通、建筑房产、住宅家装等各领域。

鸿雁电器一直以创新为驱动,不断实现产品升级和战略转移。在2009年,鸿雁电器联合台湾东贝,强势进军LED照明领域,在行业内率先提出“智慧照明”概念,并取得了重大的成功,连续实现收入、利润双增长。2015年鸿雁电器荣列“2015中国LED照明灯饰行业百强榜”第17位。

2.从智慧照明走向智慧城市

鸿雁电器是浙江省代表型“互联网+工业”的制造型企业,其不仅将互联网运用到内部生产(机器换人),同时它也是国内行业内率先将互联网融入自身产品的企业。

创建初期,鸿雁电器技术储备薄弱,与国外同类电器配件技术水平存在差距,同时还面临着来自珠三角产业群的激烈竞争。鸿雁电器积极与国外拥有领先技术的企业沟通，通过引进日本、瑞士、美国等国家的先进设备和国际质量标准体系来提升其开关产品的档次，逐渐成为国内有名的电器配件供应商。

当互联网在国内兴起时，鸿雁电器就迅速意识到互联网与自身的结合将创造出巨大的价值，并及时将战略转移到智能照明领域，加速互联网布局。2009年，鸿雁电器联合在LED的研发和生产环节具有领先优势的台湾东贝，在台北和杭州建立联合研发中心和合资公司，强势进军LED照明领域。在研发合作过程中，鸿雁电器负责研发灯具结构、光的智慧照明应用以及品牌、销售渠道，台湾东贝负责提供LED所需芯片以及配合鸿雁电器的客户需求导向研发需要。经过三四年在智能领域的耕耘，鸿雁电器成为行业集成供应的领先者，其下属智能家居控制系统(ZigBee)包括墙面式蓝牙音箱、外置式环境监测中心、调光调色温面板、彩色LCD触摸控制器、墙面式摄像头、人体感应面板、液晶显示场景控制器、触摸开关控制器、智能插座、触控窗帘等(见表6-2)。

表6-2　鸿雁电器基于“互联网+”提供的各领域方案

智慧家庭解决方案	智慧办公解决方案	智慧酒店解决方案	轨道交通解决方案	智慧道路解决方案	智慧工厂配电解决方案
智能照明系统	智慧照明系统	智慧照明系统	综合布线系统	智慧城市便民系统	中压配电系统
安防监控系统	安防监控系统	窗帘控制系统	售检票配电系统	智慧道路充电桩	低压配电系统
窗帘控制系统	办公网络系统	酒店网络系统	动力与照明配电系统	智慧道路低压配电系统	智能电力监控系统
家电管理系统	能源管理系统	健康管理系统	智慧照明系统	智慧道路网络系统	
健康管理系统	效率管理系统	能源管理系统	中压配电系统	智慧道路照明系统	
能源管理系统		影音娱乐系统			
影音娱乐系统					
家庭网络系统					

2015年，鸿雁电器投资5000万元人民币进行生产线、装配线的自动化、智能化改造以及新型智能工厂的建设。其利用工业4.0的概念，进一步提升内部生产效率，现在整个LED照明生产车间的生产线上只有4个工人，但产品生产效率却翻了一倍。新生产线在整个生产工序实现了自动组装、自动检测、自动老

化的系统解决方案,整个流程都不需要人工介入,还可以实现产品全检和质量检测的功能,进一步把控质量关。

与此同时,鸿雁电器着重布局智能家居业务,其总研发投入占比约在 7%。仅 2016 年鸿雁电器围绕智能家居所发明的专利就达到了 200 多件,其中一半是发明专利。相比之下,整个建筑电气行业的平均研发投入还不到 3%。另外,鸿雁电器通过在科研高校成立专门性研究所,定向培养智能领域的拔尖技术人员,进驻智能建筑产业蓝海。融合应用数字通信技术、远程操作和监控技术对传统的家居控制系统进行改造,以实现智能家居。

表 6-3 列出了鸿雁电器的发展脉络。

表 6-3 鸿雁电器的发展脉络

发展阶段	初创阶段	扩张阶段	智能化转型阶段
时间	1982—1998 年	1999—2008 年	2009—现在
转型机遇		• 智能领域	• 物联网战略 • “互联网+”战略
聚焦产业	• 电器配件 • 塑料管业	• 智能家居 • 传统照明设备	• 智慧照明 • 智慧家居 • 智能城市
主要产品	• 86 型开关插座 • 塑料管道	• 家庭信息箱 • 照明电器	• LED 照明设备
发展策略	引入国外设备、软件和质量标准体系以及利用现有行业伙伴能力攻克自身技术薄弱环节	利用原有技术,跨越电工电气领域,追随前沿科研力量探索智能领域的蓝海市场	基于原先照明技术,联手台湾东贝,积极打造智能 LED 照明产品,同时探索电气、智能、照明相融合的系统解决方案

3. 小结

如今鸿雁电器全力打造智慧电气产业链,努力从智慧照明发展到智能家居,最终打造智慧城市,已经推出了针对不同领域的互联网解决方案,例如智慧家庭、智慧办公、智慧酒店、轨道交通、智慧道路、智慧工厂配电等,将互联网思想和技术融入各行各业。

鸿雁电器提出“先升级、后转型”的发展理念，以战略思维引领发展方向，以信息技术改造传统产业，深耕建筑电气领域，全面实施卓越绩效管理模式，连续13年收入、利润双增长。鸿雁电器的发展摆脱了行业内普遍存在的低端定位现象，大幅度提升了产品附加值，不再使用价格战作为主要竞争手段，为电气产业开辟了新的发展方向。

6.7 浙江省培育“互联网＋工业”新型能力的政策建议

党的十八大以来，国家先后做出了创新驱动发展、“四化”同步发展、长江经济带建设、中国制造2025、“互联网＋”行动计划等重大战略部署。对浙江省工业不断推进以信息化改革为重点的全面深化改革，将创新动力、内需潜力和改革红利进一步释放，持续推动浙江省工业与互联网的深度融合，构建智能制造产业生态已呈现必然的趋势。而像聚光科技这样的创新型“互联网＋”企业也将不断涌现。推动“互联网＋工业”的进一步发展，需要从传统产业、新兴产业、基础设施建设以及产业协同四个维度推进。

6.7.1 “互联网＋”带动传统制造业转型

在重点传统制造行业中大力开展“互联网＋”协同制造项目的建设，鼓励传统制造型企业在生产、质量管理和运营管理系统上应用科学管理方式，实现全面互联，提高传统行业企业的信息化水平；鼓励企业应用制造执行系统、企业资源计划、产品生命周期管理以及集成式产品开发等系统，带动制造业骨干企业信息化水平的提升；鼓励传统制造型企业利用物联网、大数据等技术，对接云计算平台，整合产品全生命周期数据，为产品优化升级提供数据支撑。

6.7.2 重点发展“互联网＋”新型制造业

结合《浙江省制造业发展十三五规划》，大力推进智能工业机器人、数控机床、新型传感器、智能控制、增材制造等智能装备的研发与产业化，重点突破物联网传感芯片、通信网络与智能终端等关键技术和系统集成服务能力，建成国内领先的物联网产业基地。积极发展数字安防产品,打造全球数字安防中心。加快工业控制实时操作系统、智能终端操作系统的研发与应用,大力发展工业控制计算机和智能服务机器人及信息工程服务系统,巩固提升制造业智能控制水平。

6.7.3 推进“互联网+”配套设施建设

构建综合计算、通信、网络、控制和物理环境的多维复杂系统,结合互联网、网上可利用数据服务、嵌入式系统,为构建物联网提供基础,推进大型工程系统的实时感知、动态控制和信息服务;进一步推进大数据、云计算生态体系建设,推动制造业向基于大数据分析和应用的智能化转型,推动制造业数据资源开放,打造大型数据库。在浙江省范围内加强工业互联网的基础设施建设规划与布局,建设低时延、高可靠、广覆盖的工业互联网;鼓励互联网企业建设产业集群公共服务平台和中介服务机构,面向细分行业提供云制造服务,为中小企业的“互联网+”转型提供便利与协助。

6.7.4 “互联网+”促进产业协同发展

加强工业大数据的开发与利用,有效支撑制造业智能化转型。在保护产业生态系统的基础上,实现产业间的资源优化利用,构建开放、共享、协作的智能制造产业生态系统。通过“互联网+”提高产业生态系统的资源整合能力,促进能源系统的扁平化,从而提高产业间的能源利用效率,构建高效、节能、可循环的绿色制造体系,从而促进浙江省制造业的结构优化,对于制造业的长远发展,具有重大的现实性意义。

第7章 “互联网＋服务业”:提升新兴服务业创新能力

7.1 “互联网＋服务业”:从传统服务业到新兴服务业

7.1.1 服务业的定义

20世纪初,随着世界格局的变化,加上福利经济学的日益发展与国民各项经济统计制度的完善,服务业及其在国民经济中重要性的凸显引起了理论界的重视。最初服务业概念的提出来源于西方的“第三产业”。英国著名经济学家阿·费希尔(A. Fisher)1935年在其《文明与安全的冲突》一书中提出了“第三产业”这一概念。他认为,第三产业是指除工业、农业以外的所有可以吸纳货币的活动,用于泛指旅游、娱乐、文化、艺术教育、科学和政府活动等以非物质产品生产为主的部门。该书主要探讨了各主体如何在产业结构剧烈变化时调整自身以适应环境变化的问题。费希尔把第三产业作为描述历史变化和经济发展阶段的框架。在费希尔理论的基础上,1940年柯林·克拉克(Colin Clark)、1949年让·弗拉斯特(Jean Fourastie)先后提出并完善了三次产业分类法,这奠定了服务业区别第一、二产业的理论基础。1957年克拉克在其《经济进步条件》一书中进一步丰富了第三产业概念的内涵,首次把产业划分为三大产业。其中第三产业是指除了第一、第二产业以外的一切生产活动。由于该产业主要是由从事服务性的各项活动所构成,因此也称为“服务业”。克拉克还主张以“服务性行业”替代“第三产业”的概念。克拉克认为服务业包含建筑业、运输通信业、专业性和个人生活服务、商业、政府行政、军队等。但是,服务业和第三产业还是存在一定区别的。第三产业指除第一、第二产业以外所有的生产行业,而服务业是指能够提供相关服务或服务产品的行业。因此,第三产业的这一概念在适用范围以及种类上都要比服务业广。

我国国家统计局在2003年5月14日印发《三次产业规划规定》一文,对第三产业重新进行了划分,将服务业分为15类:交通运输、仓储和邮政业;信息传输、计算机服务和软件业;批发和零售业;住宿和餐饮业;金融业;房地产业;租赁和商务服务业;科学研究、技术服务和地质勘查业;水利、环境和公共设施管理业;居民服务和其他服务业;教育;卫生、社会保障和社会福利业;文化、体育和娱乐业;公共管理和社会组织;国际组织。

7.1.2 服务业的分类

本书将沿用美国社会经济学家丹尼尔·贝尔(Daniel Bell)提出的分类方法对服务业进行划分。按服务业在不同经济发展阶段的特点将服务业划分为传统服务业与现代服务业。贝尔认为,在工业社会初期,服务业主要由传统服务业构成,例如交通运输业和零售批发业等。到了后工业化社会时期,服务业转变成以现代服务业为主。现代服务业指那些依靠现代通信技术、经营方式而发展起来的新兴服务业,组成部分主要有金融、通信、计算机应用服务、房地产、网络传媒与文化业等高技术行业。这些行业的物质基础是需要很高的科技化水平来保证正常运营的。因此,在工业化后期现代服务业才得以有序地发展。根据贝尔的分类理论,传统服务业主要包括餐饮、零售、交通运输、邮政仓储业等行业。

1985年,国家统计局在总结国内外关于第三产业分类经验的基础上,从我国的实际情况出发,首次提出了我国三次产业的分类方法。报告中第一次明确提出了第三产业是除第一、第二产业以外的其他所有一切社会经济活动,并根据我国的实际情况具体划分为:地质勘查、水利管理业;交通运输、仓储及邮电通信业;批发和零售贸易、餐饮业;金融、保险业;房地产业;社会服务业;卫生、体育和社会福利业;教育、文化艺术和广播电影电视业;科学研究和综合技术服务业;国家机关、政党机关与社会团体;其他行业。

7.1.3 传统服务业的定义与分类

近年来随着我国国民经济的快速增长,产业结构不断升级优化,我国服务业取得了长足的发展，在我国经济转型升级中扮演了重要角色。2015年，我国服务业增加值341567亿元，2013—2015年年均增长8.1%，比国内生产总值年均增长高出0.8个百分点。2012年，我国服务业增加值在国内生产总值中的比重为45.5%，跃升为国民经济第一大产业。2015年，我国服务业增加值比重进一步上升至50.5%，占GDP的比重首次超过一半。服务业法人单位数也在急剧上升。2013年和2014年，我国服务业法人单位分别为808万户和968万户，分别增长11.8%和19.8%。2015年，我国新登记注册服务业企业358万户，增长24.5%，占全部新登记企业总数的80.6%。

按照Singlemann对四大服务业部门的分类方法，将服务业分成分配（流通）服务业、生产服务业、社会服务业以及个人（消费）服务业。沿用该分类方法，本书认为传统服务业就是其中的个人（消费）服务业，即各种有助于个人在其生活场所中的“福利改善”或者获得“更佳生存”的行业总体。因此，本书认为，我国传统服务业主要包含餐饮业、旅游业、住宿业以及文化娱乐产业等。

7.1.4 “互联网＋服务业”：新兴服务业的模式与特征

在新兴信息技术飞速发展的背景下，随着社会分工的不断细化、消费结构的升级以及产业结构的不断调整，用现代化的新技术、新业态和新的服务方式改造提升传统服务业而产生的，向社会提供高附加值、满足社会高层次和多样化需求的服务业被称为新兴服务业，也可以通俗地理解为“互联网＋”服务业。按其属性具体划分，主要分为生产性服务业和生活性服务业两大类。应给予新兴服务业高度重视，因为新兴服务业的健康发展有以下两方面的意义：一是可以扩大内需；二是经济转型与产业结构调整都离不开新兴服务业。

新兴服务业一般具有以下几个基本特征：一是高技术含量。新兴服务业均是在高新技术支撑下，在传统服务业基础上催生演变来的，具有较高技术知识含量。二是由于新兴服务业的高技术性导致人力资本含量高，与传统服务业从业人员普遍素质不高相比较，从事新兴服务业的劳动者大多接受过良好的教育，具有较高素质。三是高风险性。高新技术的运用、服务模式或者商业模式创新极大地提高了新兴服务业的工作效率，降低了运营成本，其辐射范围或者影响力也要比传统服务业大得多，但高效益和高风险是相伴而生的，新兴服务业在取得高经济效率的同时也孕育着较大的风险。四是高成长性。新兴服务业代表产业发展方向,有着广阔的市场需求和良好的发展前景,其增长速度一般要快于国民经济的平均增长速度,成长性较强。五是高增值性,新兴服务业大多是技术创新和制度创新而诱导出的新需求,既是资本追逐的投资对象,也是消费者热捧的消费需求对象,即社会边际收入的主要支出对象。在资本和消费者双重追逐下,必然有着较大的价值增值空间。

7.2 浙江省传统服务业发展现状与面临的挑战

2014 年浙江省餐饮业有法人企业 1544 家,营业总额达到 269.95 亿元,占社会消费品零售总额比重为 1.51%,基本持平于 2013 年的 260.99 亿元,但相较于 2012 年的 279.60 亿元有小幅下降。浙江省 2014 年住宿业有法人企业 1273 家,营业总额达到 280.03 亿元,占社会消费品零售总额比重为 1.57%,持平于 2013 年的 275.94 亿元,但与 2012 年的 301.57 亿元相比有小幅下滑。我国为扩大内需,引导大量社会资本投资旅游业,浙江省与旅游业相关的基础设施建设得到不断完善和提升,浙江省旅游业规模逐年上升,2014 年浙江省共接待 931 万人,实现创汇收入 57.53 亿美元,同比增长 6.69%,2013 年实现创汇收入 53.93 亿美元,同比增长率为 4.68%。浙江省传统服务业总体来看呈现出稳定上升趋势,但这与国外发达国家的传统服务业发展趋势相反,国外发达国家传统服务业持续走低,法国传统服务业占 GDP 的百分比稳定在 5%左右,美国则处于 4%的水平。究其原因还是浙江省传统服务业初期底子薄,随着近年我国经济快速发展,短期内造成较好的推动效应,而国外因为传统服务业已经发展较为成熟,市场饱和度已经较高,所以传统服务业占比维持在较低比例或者在一些新兴服务业产生时甚至传统服务业占比会呈现出下降的趋势。

浙江省传统服务业主要面临以下几个问题。首先,浙江省服务业发展水平低,竞争力弱。2015 年我国服务业占 GDP 比重才首次超过 50%,而发达国家第三产业在经济总量中所占比例高达 70%。总体来说,浙江省的服务业发展水平仍然较低,规模较小,竞争力薄弱,无论在服务品质还是在服务技术上与发达国家相比均有较大差距。第二,政府管制过多,市场准入限制了浙江省服务业的发展。浙江省传统服务业中除了餐饮业和住宿业市场化程度相对较高外,很多服务业市场化水平都较低,无法有效发挥市场配置的基础作用。第三,服务业发展结构不均衡,农村服务业水平远远低于城市,且内部结构不平衡,传统服务业占比过重,新兴服务业发展滞后。

近年来随着浙江省制造业转型升级的不断优化,制造业整体水平以及品质均有较大提高,特别是在中央提出“中国制造 2025”计划后,浙江省利用已有先进的互联网基础设施,大幅提升浙江省的制造业水平。制造业的进一步发展需要依赖与服务业的高度整合,靠服务业为制造业提供附加值。浙江省目前的服务业发展明显没有跟上制造业的步伐。一方面政府需要在制度上有所突破,激活浙江省体制内的创新激情;另一方面,从事传统服务业的相关企业应该抓住互联网时代的红利,努力向新兴服务业进行转型升级。

7.3 浙江省新兴服务业发展现状

随着浙江省高新技术的不断发展与完善,近年来浙江省新兴服务业呈现较快发展势头,特别是新兴服务业的重要组成部分——信息传输、计算机服务和软件业、科学研究、技术服务和地质勘查业以及金融业发展速度尤为突出。其中信息传输、计算机服务和软件业产值从 2010 年的 607.81 亿元上升到 2012 年的 885.76 亿元,增长 45.73%,从业人数也从 2012 年年底的 39.31 万人上升至 2014 年年底的 45.29 万人,同比增长 15.21%。固定电话普及率从 2010 年的 36.9(线/百人)下降至 2014 年的 30(线/百人)。同期移动电话普及率从 2010 年的 93.3(部/百人)上升至 2014 年的 134.6(部/百人)。信息传输、计算机服务和软件业的法人数从 2012 年的 13814 个增长至 2014 年的 25388 个,涨幅高达 83.78%。对于金融业而言,近年浙江省处于经济转型的关键时期,金融支撑经济转型升级,金融业在互联网时代结合新兴技术更是大势所趋,我国金融业也确实在近几年取得了巨大发展。2010 年年底,金融业从业人员有 30.35 万人,到 2014 年仅 4 年的时间,这一数字就增长了 29.69%,达到 39.36 万人。金融业法人单位数也从 2012 年的 3492 个增长至 2014 年的 5498 个,增长率达到惊人的 57.45%。新兴服务业另一个重要组成行业是科学研究与技术服务业,该行业的行业生产总值 2013 年为 441.32 亿元,该数字于 2014 年达到 497.74 亿元,增长约12.78%。该行业法人数量由2012年的22771个增长至2014年35096个,上升幅度高达54.13%,发展势头迅猛。

在浙江省新兴服务业高速发展的同时,我们注意到在发展过程中依然存在以下问题。

问题一:新兴服务业起步晚,发展相对滞后,占服务业比重较小。

在2014年第三产业增加值的构成中,传统服务业中的批发和零售业在浙江省生产总值中的占比从2013年的12.15%小幅上升至2014年的12.23%,尽管涨幅不大,但仍可以看到其在浙江省生产总值中占比较重。传统服务业中的交通运输、仓储和邮政业占比2013年为3.78%,2014年为3.80%,涨幅不大。与“食、住”相关的住宿和餐饮业占比有些许下降,为2.20%。而在与之相应的新兴服务业构成中,金融业与房地产业近三年较为稳定且占比相对较低。金融业2013年、2014年占比有所下降,在浙江省生产总值中占比分别为7.40%、6.89%;房地产行业占比亦有小幅回落,两年的占比分别为5.91%和5.39%。以上这些数据表明,在目前浙江省的服务业结构中,传统服务业仍然占据大半壁江山,且服务产品附加值较低,而代表服务业发展方向的技术密集型、高附加值的新兴服务项目所占比重则较小,因此现阶段浙江省服务业结构仍较传统,发展的层次也处于较低水平。

问题二:农村服务业消费比重较低。

将农村居民和城镇居民服务消费结构进行对比可以发现,在服务业总产出中农村居民消费占比较低,且呈现出下降趋势。农村居民和城镇居民消费结构的不同预示着消费服务业发展的不平衡。2014年全年统计数据显示,城镇居民在居住方面所产生的支出仅占居民生活消费支出的25.34%,而农村居民该项指标达到22.78%。同年,城镇居民在医疗保健方面的支出占居民生活消费支出的5.61%,而农村居民该项支出则占7.37%。与之相反的是,城镇人民将生活消费支出的4.67%投入了文化娱乐,而农村人民该项支出仅占居民生活消费支出的2.31%。农村服务业相对落后,特别是农村新兴服务业需尽快发展。

问题三:服务贸易内部结构不合理。

科学技术的进步与发展不但为新兴服务业提供了良好的基础条件,也使得全球服务业向技术和知识密集型进行转型。不仅如此,在国际服务贸易中,以高科技为支撑的服务贸易扮演着越来越重要的作用。但浙江省现阶段在服务贸易上存在诸多明显的不足之处，没有将服务贸易与高技术相结合，行业仍然是以传统服务为主。2015年浙江省服务贸易进出口总额为442.16亿美元，同比增长16.05%；其中出口为284.58亿美元，同比增长16.48%；进口为157.58亿美元，同比增长15.28%。2015年服务贸易总额占浙江省外贸总额的11.31%，同比提高1.62个百分点。规模不断扩大，传统领域仍然占主导地位，但传统部分在服务贸易总量中所占比例持续下降，而新兴领域增幅快于传统领域，所占比例也持续上升，同比上升5.69个百分点。2015年度浙江省运输、旅游和建筑三大传统领域进出口平均增幅为6.24%，低于浙江省服务贸易进出口平均增幅9.81个百分点。离岸服务外包首次超越三大传统行业，成为出口第一大行业，占浙江省服务贸易出口比重达24.91%。金融、通信、教育、文化等新兴领域增幅均在20%以上。文化出口增幅达到24.78%，在服务贸易出口规模中从2014年的第10位上升到第9位。目前来看，由于技术相对落后，加之制度不完善，行业内有较高科技含量、知识密集型的领域发展仍然相对滞后，例如金融业、咨询业、广告业等，这类行业发展的不足反映出浙江省服务贸易结构仍存在不合理情况。

7.4 浙江省新兴服务业典型案例分析

7.4.1 阿里巴巴：互联网+健康医疗

1.企业简介：全球最大的零售交易平台

阿里巴巴网络技术有限公司（简称：阿里巴巴集团）于1999年在中国杭州创立。从一开始，所有创始人就深信互联网能够创造公平的竞争环境，让小企业通过创新与科技扩展业务，并在参与国内或全球市场竞争时处于更有利的位置。自推出让中国的小型出口商、制造商及创业者接触全球买家的首个网站以来，阿里巴巴集团不断成长，成为网上及移动商务的全球领导者。阿里巴巴不断调整发展战略，从“为中小型制造商提供一个销售产品的贸易平台”到“成为主要的网上交易市场，让全球的中小企业通过互联网寻求潜在贸易伙伴，并且彼此沟通和达成交易”，再到“专注于为来自中国和全世界的中小企业买家和卖家提供高效、可信赖的贸易平台”,到建立阿里巴巴的商业生态系统,不同时期的战略定位,从一元到多元,从单一到综合的脉络,贯穿了阿里巴巴的发展。阿里巴巴集团及其关联公司目前经营着领先业界的批发平台和零售平台,以及其他多项基于互联网的业务,其中包括广告和营销服务、电子支付、云端计算和网络服务、移动解决方案等(见表7-1)。2014年北京时间9月19日晚,阿里巴巴成功登陆纽约证券交易所,以收盘价93.89美元、市值2314.39亿美元,创下首次公开募股市值最大的中国科技企业,也成为美国市场上市值最高的公司之一。阿里巴巴,就像它的名字一样,得到芝麻开门的咒语,打开财富的大门,实现自己的梦想。

表7-1 阿里巴巴集团业务范畴

主要业务	业务简介
淘宝网	创立于2003年5月,是注重多元化选择、价值和便利的中国消费者首选的网上购物平台。淘宝网展示数以亿计的产品与服务信息,为消费者提供多个种类的产品和服务。此外,消费者也通过淘宝网获取产品知识、与其他消费者交流、接收商家的实时资讯,以至使用当中的互动媒体接通其他消费者或品牌和零售商。根据艾瑞咨询基于2015年月度活跃用户数(MAU)的统计,淘宝网是中国最大的移动商务平台
天猫	创立于2008年4月,致力于为日益成熟的中国消费者提供选购顶级品牌产品的优质网购体验。至今,多个国际和中国本地品牌及零售商已在天猫上开设店铺。根据艾瑞咨询基于2015年月度活跃用户数(MAU)的统计,天猫是中国最大的第三方品牌及零售平台
聚划算	于2010年3月推出,是专注于限时促销的销售和营销平台。在聚划算上,天猫和淘宝网商家可通过提供特别折扣和进行促销活动,获取新客户并提高品牌知名度。聚划算提供的产品和服务包括精选的品牌和自有品牌产品、定制产品以及团体旅游套餐等服务
全球速卖通	创立于2010年4月,是为全球消费者而设的零售市场,其不少用户来自俄罗斯、美国、西班牙、巴西、法国和英国。世界各地的消费者可以通过全球速卖通,直接以实惠的价格从中国制造商和分销商处购买多种不同的产品

续表

主要业务	业务简介
阿里巴巴国际交易市场	阿里巴巴集团最先创立的业务,目前是领先的英语全球批发贸易平台。阿里巴巴国际交易市场上的买家来自全球200多个国家和地区,一般是从事进出口业务的贸易代理商、批发商、零售商、制造商及中小企业。
阿里妈妈	创立于2007年11月,是为阿里巴巴集团旗下交易市场的卖家提供PC及移动营销服务的营销技术平台。此外,阿里妈妈也通过其联盟营销计划,让商家于第三方网站和手机客户端投放广告,从而令营销和推广效果触达阿里巴巴集团旗下交易市场以外的平台和用户
阿里云	创立于2009年9月,致力于开发具有高度可扩展性的云计算与数据管理平台。阿里云为阿里巴巴集团的网上及移动商业生态系统的参与者,包括为卖家及其他第三方客户和企业,提供全面的云计算服务
蚂蚁金融服务	专注于服务小微企业与普通消费者。基于互联网的思想和技术,蚂蚁金融服务集团致力于打造一个开放的生态系统,与金融机构一起,共同为未来社会的金融提供支撑,实现"为世界带来微小而美好的改变"的愿景。蚂蚁金融服务集团旗下业务包括支付宝、余额宝、招财宝、蚂蚁聚宝、蚂蚁花呗、蚂蚁金融云、芝麻信用和网商银行等
菜鸟网络	阿里巴巴集团的关联公司,致力于满足现在及未来中国网上和移动商务业在物流方面的需求。菜鸟网络经营的物流数据平台,一方面为商家及消费者提供实时数据,另一方面向物流服务供应商提供有助其改善服务效率和效益的数据

来源:根据阿里巴巴集团公开资料整理

阿里巴巴在电子商务的基础上,通过对新浪微博、UC、高德地图、优酷等一系列的并购,打造了体系相对完善的生态圈。上一个财年,阿里巴巴在生活文娱、本地生活服务、海外电商巨头等领域四处出击,分别以10亿美元获得东南亚"亚马逊"Lazada的控股权,9亿美元投资外卖平台"饿了么",以每股美国存托股27.60美元的现金收购优酷土豆剩余的股份。通过微淘、社区、淘宝头条等内部内容平台,加上优酷、微博、UC等媒体矩阵,大大提升购物体验和移动端黏性,使得此前的"优酷+新浪微博+UC+淘宝"的泛销售生态系统演进到"商品+内容＋服务”的服务协同新生态。新生态的“新”主要体现在如下方面：一是移动驱动，2016 年第一季度，移动端 GMV 占比高达 73%，上年同期为 51%；移动端收入在电商零售平台总收入中占比为 71%，上年同期为 40%。阿里巴巴集团包括 UCWeb、神马搜索、高德地图等在内的移动互联网业务都实现高速增长，增速高达 51%。二是积极进军国际化，通过对 Lazada 等的收购，使得其能够和阿里巴巴在当地的速卖通等形成良好的协同效应。

2. 从医院到药店，从挂号到缴费，逐一攻城

(1)价值主张

目前，大多数医院存在以下问题：排队现场拥挤混乱，患者心声无法得知，院内指引不明显等，大大降低了医院的运转效率。正是意识到这些“痛点”的存在，阿里巴巴推出了“未来医院”计划(见表 7-2)，希望改变中国大部分公立医院拥挤不堪的现状，帮助医院提高运转效率，更加优化医疗资源的配置。“未来医院”目标绝不仅仅是“卖药”，而是要改造传统的医院就医流程，甚至整个生态。此计划由支付宝主导，借助支付宝钱包，以服务窗为载体，打通线上和线下，形成 O2O 闭环。

表 7-2 阿里巴巴“未来医院”计划

痛　点	解决方案
排队现场拥挤混乱	手机上完成挂号、候诊、付费、查勘报告，避免反复排队
患者心声无法得知	增加医患沟通及评价渠道，提升病人满意度
院内指引不明显	就诊流程智能提醒

(2)价值创造

依托于移动支付的业务优势，阿里布局重点打造在线医疗平台和医药电商平台生态圈，从医药电商切入市场。早在 2011 年，阿里就先后投资了寻医问药网、华康全景网等医疗平台。2014 年 1 月，阿里收购中信 21 世纪，更名为阿里健康(ALIHEALTH)，并推出支付宝“未来医院”计划。作为原本以提供电讯及信息增值服务、产品识别、鉴定、追踪系统、系统集成及软件开发为主业的公司，中信 21 世纪掌握着中国仅有的药品监管码体系，即掌握着整个流通过程的全部数据。

2015 年 1 月，阿里健康与医疗卫生行业信息化解决方案提供商卫宁软件签署战略合作协议，根据协议，双方将共同打造以医生多点执业和医院有效联动为代表的云医院建设；拓展阿里健康、阿里云等业务在医疗支付服务方面、药品流通和监管方面以及基础环境建设方面的地位和市场角色。这意味着阿里健康的布局将是三医（药品、医疗、医保）联动，立体（政府、消费终端、医疗机构）发力。

● 电子处方社会化

2015 年 1 月，阿里健康推动的北京军区总医院电子处方（社会化供应）已经悄悄上线，这是国内首家医院实现电子处方社会化。在阿里健康 App 上已经实现了该医院的电子处方同步购买，医疗服务与医药电商将深度结合。用户利用阿里健康 App，可以通过扫描电子监管码来快速查询每一盒药品的“身份”，其中包括使用方法、从出厂到流通各环节的流转情况。根据 CFDA 的要求，药品生产经营企业在 2015 年年底前实现全部药品制剂品种、全部生产和流通过程的电子监管。而全国所有药品电子监管码的数据信息都集中在阿里健康手中。药品安全识别功能将成为其在移动医疗领域发力的一大利器。

● 医疗服务全流程线上管理

目前在中国，大型医疗机构一般都有医院信息系统，即业界所说的 HIS（Hospital Information System）。这个系统就是医院日常办公用的系统，可以记录病人就诊、检验、医生处方情况等，使医院办公实现信息化。HIS 一般比较昂贵，有的大医院的系统甚至价值上千万元，中小医疗机构一般买不起，因此很多中小医疗机构至今记录病人情况都是用纸质病历手写。阿里健康依托阿里云平台，为中小医疗机构提供免费的云 HIS。2015 年 2 月，阿里健康云医院平台启动，实现医疗服务全流程线上管理。阿里健康的 HIS 和云医院平台通过互联网面向全国服务，实现互联网可实现的所有诊疗环节（挂号、问诊、解读数据、开处方等）。

● 支付宝“未来医院”计划

2014 年 5 月，支付宝钱包正式推出“未来医院”计划，将阿里最基础的支付能力、账户体系能力、数据能力、云计算能力输出到医疗行业。这意味着用户在医院就医，从门诊挂号、缴费、查取报告，到住院金清单查询、缴费全流程都可以用支付宝钱包完成（见图 7-1）。

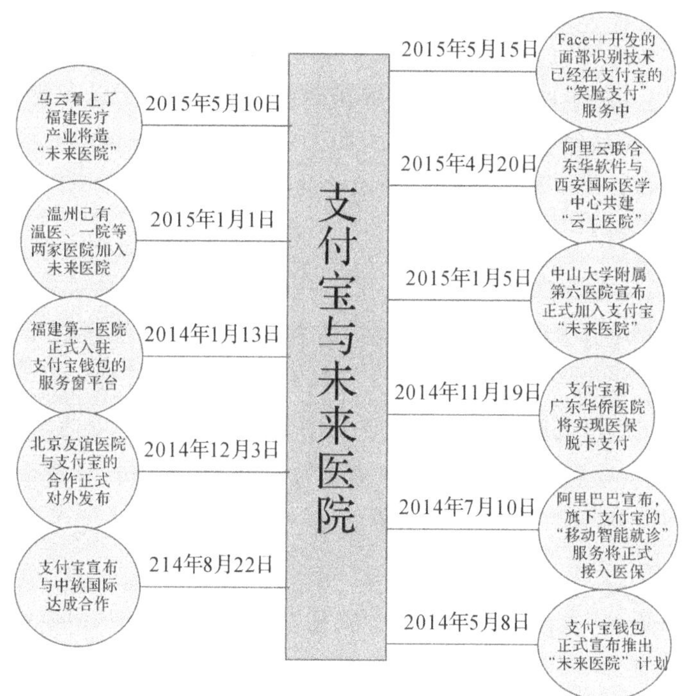

图7-1 支付宝与未来医院

来源:阿里互联网医疗布局总览 http://www.vcbeat.net/13009.html

● 中国医药O2O先锋联盟

2016年5月25日,阿里健康联合百佳惠苏禾、德生堂、百草堂、康爱多等65家连锁药店,共同宣布成立“中国医药O2O先锋联盟”,希望借助移动互联网和数据技术,打通上下游医疗医药服务产业。该联盟将致力于打造医药O2O生态圈和会员管理平台;推进医药分开,探索与医院建立良性合作关系;为联盟成员提供医药零售与互联网相关培训、教育服务;开展行业调研,分析行业形势,开发信息资源,建立信息与会员网络;通过联盟平台,集聚医药与产业合作的综合优势,制定行规行约,不断提高行业素质和服务水平等。

(3)价值获取

截至2015年年底,支付宝“未来医院”已在超过90%的省市落地,覆盖400

家医院，累计服务 5000 万人次，随后接入医保结算[1]；而天猫医药馆已成为国内最大的第三方医药平台，2015 年的销售额已达 60 亿元；在收购中信 21 世纪之前，天猫医药馆是阿里旗下天猫商城的医药购物频道，由于没有牌照，只能作为药品生产企业、药品经营企业和医疗机构之间的平台服务商，为这些企业导流，却不能直接销售药品。国家食品药品监督管理总局之所以一直在放开牌照上如此谨慎，是因为对网上售药监管有难度，如果没有一套好的监管体系，会使得假药盛行，危及消费者的生命。在这一点上，药品电子监管码就显示出了至关重要的作用。2005 年起，中信 21 世纪就与国家食品药品监督管理总局合作，开始筹备全国药品电子监管平台的搭建，其是全国药品电子监管码的唯一服务提供商。2014 年 1 月，阿里巴巴联手云峰基金注资 1.7 亿美元，拿下中信 21 世纪 54.3% 的股权，成为中信 21 世纪的实际控制者。这块牌照的获得，使得阿里在大约一半的销量是由天猫医药馆导流这样的局面下获得牌照，在与京东等平台的竞争中取得先机。

在医院方面，阿里巴巴将中小医疗机构搬上阿里云平台，为中小医疗机构提供免费的云 HIS，当中小医疗机构的量达到一定程度之后，阿里云医院平台上的医疗机构的数据可以实现互联互通，还可以在平台上帮患者实现转诊，进行“医医互动”，也可以为未来多点执业的医生提供平台。而“未来医院”计划除了提高医院运营效率以外，还实现了医护和患者之间的医疗数据共享，进一步促进远程医疗服务的实现。病人看完病后，可根据医生开出的处方在阿里平台上的药店买药，最终实现就医、医药配送流程智能化，从而实现阿里健康生态系统的价值。

3. 阿里巴巴在互联网＋健康医疗产业的小结

为了适应更复杂、更动态的环境，阿里巴巴利用起步阶段突飞猛进的技术能力，实现了商业模式设计从效率型主导向新颖型主导的转变，形成了从 B2B 到 C2C 再到 B2C 的系列模式，不仅推出了更多全新的能够将产品、服务和信息结合的产品和模式，还涉及了更多相关行业，例如物流业、返还业、社交平台、金融行业等。其中，阿里巴巴在医疗产业的跨界商业模式就是定位于用互联网技术提供医疗领域的解决方案。利用在电子商务领域的布局，通过先进的信息技术

---

① 数据来源：《2015“互联网＋”城市服务报告》。

手段来实现医药福利管理、保险理赔处理和支付交易等服务;围绕移动支付,以医药电商业务和医疗服务网络为核心,打造出在线医疗平台和医药电商平台生态圈。阿里健康最终将实现全民医疗健康贴身管理,针对每个人的健康、亚健康和生病状态给出最合适的解决方案。通过阿里健康的大数据服务,普通疾病由基层诊疗机构解决,复杂疾病交由相应专家应对,帮助医患之间实现匹配,帮助中国医疗健康服务机构的生态恢复成稳定的三角形结构。

7.4.2 网易:互联网+教育

1. 企业简介:“网聚人的力量”

网易公司(NASDAQ:NTES)是中国领先的互联网技术公司,创建于1997年6月。在开发互联网应用、服务及其他技术方面,网易始终保持国内业界的领先地位,与新浪、搜狐、腾讯并列成为中国的四大门户网站。除门户业务外,网易还提供在线游戏、搜索、邮箱、博客、相册、无线增值业务等。网易在中国互联网行业内率先推出了包括中文全文检索、全中文大容量免费邮件系统、无限容量免费网络相册、免费电子贺卡站、网上虚拟社区、网上拍卖平台、24小时客户服务中心在内的产品或服务,还通过自主研发推出了一款率先取得白金地位的国产网络游戏。

以网易的财报来看,网易公司主要将自己的业务收入分成三大块:在线游戏、广告服务和无线增值及其他服务。在在线游戏方面,网易早在2000年就看到了网游的巨大前景。2001年1月,网易初涉国内网游市场,与北京华义联合运营《石器时代》。正是这种稳步增长的趋势坚定了网易进军网络游戏市场的决心。除了合作运营之外,网易是国内少数几家拥有自主开发和运营能力的游戏运营商之一,旗下多款网络游戏多次获得“玩家最喜爱网络游戏奖”和“最佳原创国产网络游戏奖”等行业评选奖项。以中国经典名著为基础的《大话西游II》和《梦幻西游》两款精品RPC网络游戏的收入在2004年即占到网易游戏总收入的一半以上,在2008年甚至超过了网易游戏收入的90%以上。

为了减少公司对在线游戏的过度依赖,网易公司加大了对门户网站的投入,也加大了热点活动的推广,这些都为网易带来了更多的用户流量和广告的投放量。同时,网易也投入了巨大的资金和人力进行搜索引擎“有道”的开发和运营,其在未来也会为网易带来广告收入。另外,网易公司是中国率先提供无线增值业务的门户网站之一,首批提供WAP服务,并较早地提供短信和彩信服务。无线增值收入曾一度是网易重要的收入来源。正是以这部分重要的收入来源作为保障,网易得以自主研发在线游戏,并成功推出西游系列。但由于无线增值行业的无序竞争以及过度依赖于运营商,网易逐渐将这部分业务由公司的现金流支柱业务转变成为公司内部业务提供无限支撑。

2.网易公开课、云课堂等服务

(1)价值主张

2015年我国高等教育在学总规模为3700万人,高等教育的毛入学率为40%[①]。虽然与新中国成立时相比,高等教育毛入学率增长已超过150倍。但我国仍存在着巨大的高等教育供给缺口,如何保障人人享有高等教育权利是经济社会发展的重大问题。与此同时,信息技术的发展为均等国民教育机会,重置社会教育资源,开辟了一条新的实现途径——网络教育。自20世纪末以来,伴随着信息技术的飞速发展,网络教育以雷霆之势迅速在全球发展起来。1995年,在美国的所有大学中有28%的学校提供了网络课程,这一比例到1998年上升到了60%。据统计,截止到2008年,在美国平均每五个人中至少有一个曾经或正在通过网络进行学习或接受网络教育。到2009年,美国在线的网络学历或学位课程已接近五万门,这一数字已经基本涵盖了全美大学的所有课程。网络教育在飞速发展的同时,也通过其全新的理念——高等教育的知识共享和创造公用来改变全世界的高等教育。伴随国外开放教育的兴起与发展,中国教育部于2003年正式启动了国家精品课程评审项目,这成为中国开放教育的新起点。根据国家精品课程资源网披露的课程信息,从2003年到2013年,国家精品课程资源中心已收集各级各类精品课程20272门,其中本科课程14248门,高职课程5924门,成功遴选了高校优质课程资源,取得了教育信息化与开放资源共享的丰硕成果[②]。然而,国家精品课程网站上的学习资源只有联盟用户才可以完整查

① 中青在线.教育部发布高等教育质量报告:规模世界第一[EB/OL].http://news.sina.cn/c/nd/2016-04-07/doc-ifxrcizu3757332.shtml.

② 邓康桥,阙澄宇.MIT OCW项目与网易公开课运营模式比较研究[J].现代教育技术,2013,23(09):21-24.

看,普通用户需要注册,而且只能查看部分内容,对内容的下载设有权限限制,对课件的保密程度较高。且由于国家精品课程开放的资源建设过程存在较多的行政干预,从而导致学术游离于表面,最终使得大量资源并未获得社会和广大学习者应有的关注。

(2)价值创造

网易公开课于2010年10月推出,是一个免费开放的在线学习平台和内容传播平台,致力于全球一流教育、知识的传播。公开课为用户提供哈佛、斯坦福、牛津等全球知名高校,可汗学院、BBC、TED、Coursera等机构的教育视频、图文信息,内容涵盖人文、教育、社会、艺术、科技、健康、创业、金融等多个领域,用户可根据自身情况选择学习内容。公开课还提供在线笔记,帮助用户及时收集灵感。同时,用户可以在平台上跟帖,分享与讨论知识,还能使用网站提供的纠错、反馈工具完善视频字幕,以帮助有语言障碍或听力障碍的人士获取知识。

目前,网易公开课拥有近10万个线上教育视频资源,其中5.4万个网易自费翻译视频,包括PC、Web以及iPhone、iPad、Android、AndroidPad四大客户端版本。2016年,网易公开课荣获OEC优质公开课教育大奖。拥有超过4300万移动端用户的网易公开课,已成为全球最优质的国际化在线学习平台之一,以平台模式、产品和内容创新助推全球知识共享与传播,让新时代下每个人都能成为终身学习者。网易公开课所涵盖的国外名校视频公开课独具特色,不同于我国现存的精品课程。首先,国外名校视频公开课都是课堂实况录像,是课堂的真实再现。完全开放的授课环境,为视频观看者创造了良好的学习情境。其次,授课教师采用开放而思辨的授课方式,启迪学生去思考,更能吸引学生,这与中国传统的授课方式完全不同。另外,国外视频公开课都是名校广受好评的课程,课程内容更符合学习者的需要,更贴近生活,如耶鲁大学的《死亡》,这可能是每个人都好奇,都想要了解的。未来,网易公开课还将引进更多的优质内容,给广大网友提供享受全球优质教育资源的机会。

网易云课堂是网易公司旗下全新概念的互联网教育平台,于2012年12月25日上线,是以实用技能类内容为主,衔接高等教育和职业应用而打造的一个综合学习服务平台。网易云课堂在汇集优质课程资源的基础上,提供丰富的学习管理和支持功能,为用户提供教学内容的生成、传播和消费服务。网易云课堂主要为学习者提供海量、优质的课程,用户可以根据自身的学习程度,自主安排学习进度。立足于实用性的要求，网易云课堂与多家教育、培训机构建立合作，课程数量已超4100个，课时总数超50000，涵盖实用软件、IT与互联网、外语学习、生活家居、兴趣爱好、职场技能、金融管理、考试认证、中小学、亲子教育等10余个门类(见表7-3)。

表7-3　网易云课堂简介

商业模式	严格把控入驻机构质量，与入驻机构合作共同生产课程。邀请业界牛人开课，打造口碑
主要目标用户	大学生、求职人士、职场新人、IT界人士
特色板块	微专业、学习体系、题库、直播课
课程导页	笔记、讨论区、问答、服务咨询、评价
课程视频页	学习资料、讨论区、笔记
个人中心	我的课程、我的专业、我的学习计划、我的题库
课程介绍	学生满意度、简介、目录、讨论、笔记、问答、讲师、咨询、所属系列、评价、学员

2014年5月8日，网易云课堂与高教社“爱课程网”合作推出中文慕课学习平台“中国大学MOOC”，2015年9月选课人数突破100万，2015年12月选课人次突破700万，并入选App Store中国区“年度精选”榜单。2014年11月，网易云课堂正式引入大学本科计算机教育系统课程。2015年2月，网易云课堂推出以就业为导向而定制的职业体系化培养方案——微专业。2015年4月，网易云课堂上线自制微专业“前端开发工程师”。2015年6月，网易云课堂引入清华大学五道口金融学院的一系列金融课程。2015年7月，网易云课堂与国外知名学术出版商Wiley合作，推出“大数据工程师”和“移动开发工程师”两门微专业。

(3)价值获取

网易公开课和网易云课堂虽然在定位上有所不同，但是都秉持创新精神，以先进的技术和成熟的产品为用户提供绝佳的产品体验。“合抱之木，生于毫末；百丈之台，起于垒土”，经过多年的精耕细作，两者已然初显繁荣，无论是资源量、用户数，还是产品口碑和品牌知名度等，都处于行业领跑者的地位。截至2015年年底，网易云课堂移动端用户数已超过430万；而截至2016年4月，网易云课堂已经拥有1万多门课程，其中有20门微专业，覆盖18个教学领域，100多个细致分类，16 万个课程视频，合作机构近 1000 个，合作讲师超过 700 位。云课堂正在积极拓展与高校、高职院校、代理渠道商的合作，目前累计注册用户数 2900 万。这种立体、开放的学习生态，可以保证在线教育获取庞大的优质教育资源，不断提高用户黏度和付费转化率。网易公司也通过课程点击提升其影响力，扩大潜在的客户群体。随着在线教育市场的不断成熟，网易公开课和网易云课堂的优势会愈发显现，以亭亭姿态立于行业之中。

3. 网易在“互联网＋教育”产业的模式小结

从实质上看，“互联网＋”对教育的影响主要体现在教育资源的重新配置和整合上。一方面，互联网极大地放大了优质教育资源的作用和价值，从传统一个优秀老师只能服务几十个学生扩大到能服务几千个甚至数万个学生。另一方面，互联网联通一切的特性让跨区域、跨行业、跨时间的合作研究成为可能，这也在很大程度上规避了低水平的重复，加速了研究水平的提升。在“互联网＋”的冲击下，传统的因地域、时间和师资力量导致的教育鸿沟将逐步被缩小甚至被填平。在开放的大背景下，全球性的知识库正在加速形成，优质教育资源正得到极大程度的充实和丰富，这些资源通过互联网连接在一起，使得人们随时、随事、随地都可以获取他们想要的学习资源。知识获取的效率大幅提高，获取成本大幅降低，这也为终身学习的学习型社会建设奠定了坚实的基础。

7.5　浙江省“互联网＋服务业”的政策建议

服务业占 GDP 的比重可以反映国家或地区的经济结构和发展水平。促进服务业又好又快发展对我国未来经济发展有着深刻的意义。浙江省服务业目前仍然是以传统服务业为主，而新兴服务业是调整服务业结构以及未来服务业发展的重要方向。发展新兴服务业有以下三方面的重要意义。第一，可以进一步扩大内需。互联网时代消费者需求趋向于零散化和个性化，这是传统服务业无法触及和满足的需求，只有新兴服务业能满足这部分日益增长的高度零散化的需求。第二，新兴服务业是转变增长方式和产业结构升级的必经之路。从高污染、高耗能型的增长方式转变为生态与环境友好型的新增长模式，其中转型的基础就要依赖新兴服务业的发展，没有新兴服务业，就很难完成新兴产业的转型。第三，新兴服务业是促使浙江省制造业企业获得国际话语权不可或缺的一部分。西方发达国家的经验表明，新兴服务业是实现制造业腾飞的重要基石。浙江省制造业在全球价值链中多数位于低端，扮演着“代工”的角色。在向“微笑曲线”两端发展的过程中，不仅需要提高本地企业的创新能力，更需要关注产业之间的关联度，进行有效的产业融合，将新兴服务业与战略性新兴产业进行融合匹配。新兴服务业与浙江省目前的经济转型和产业结构调整有着异常紧密的联系。除此之外，新兴服务业的发展还关乎居民服务业、社会福利业等相关行业的发展。由中国社会科学院战略研究院发布的《中国服务业发展报告》指出，浙江省新兴服务业未来发展战略应主要着力于以下几个维度，市场引领战略、科技支撑战略、政策扶持战略以及积极开放战略。

1. 加快改造和提升传统服务业

发展新兴服务业不是一味地抛弃已有深厚基础的传统服务业，而是在传统服务业基础之上进行改造升级，运用现代的科技手段，特别是利用互联网及信息通信技术对传统服务业的经营方式和服务效率进行改造，促进传统服务业优化升级。

2. 完善相关政策法规

发展新兴服务业虽然可主要依赖市场机制进行调节控制，但是政府的引导和带动作用也是不可或缺的。政府可相应完善公共财政体系，加大对新兴服务业的投入；针对有关新兴服务业提供有所侧重的财税政策；适度降低行业进入门槛，放宽民间资本进入具体高新技术的新兴服务业并提供相应的税收减免政策；提供与新兴服务业发展配套的金融政策支持，引导多层级资本市场体系的建设，鼓励非银行金融机构进入新兴服务业，以满足不同层次的融资需求。

3. 建立健全支撑新兴服务业发展的科技保障体系

通过搭建公共技术服务平台，实现资源共享，提升新兴服务业的整体竞争力；积极推进最新科技成果向企业转移并为相应产品提供销售平台；在重点新兴服务业加强与战略性新兴产业的融合，着力在相应行业实施科技进步战略，加强科技进步在相应领域的推广。

4.优化城乡居民消费性服务业的结构

随着人民物质生活水平的提升,城乡人民对消费性服务的需求不断提升并呈现出越发零散化和个性化的需求。为了满足这种碎片化的需求,需不断加强商贸服务业水平,用新兴技术与之结合,在提升服务质量的同时大幅度提高服务效率;进一步推进城市现代化发展,特别是加大农村科技基础设施建设力度。

5.优化服务进出口结构

积极投身于服务全球化的浪潮之中,提升自身竞争力,增强国际市场的适应能力,提升对国际市场需求的响应速度;积极加大外资引入力度,逐步对市场及金融市场进行开放,积极引入国外高端服务业及新兴服务业,加快浙江省服务业从劳动密集型向技术和知识密集型转变。

6.支持大数据相关技术的发展

大力支持与大数据相关的技术创新,加快大数据共性和前瞻技术研发。首先,政府需要有前瞻性和系统性地提供政策支持,将企业引导至大数据技术创新,特别是与大数据相关的重点领域,例如机器深度学习、人工智能、实时大数据处理、海量数据存储管理、交互式数据可视化和应用相关的分析技术。其次,考虑到大数据时代的创新特点,对相关创新科研项目支持方式也需做出相应调整。在“产学研用”的任意一个环节,都需要把开源和开放标准作为重要的考核指标,以构建开放平台、搭建开放生态系统为目标。政府可通过直接补贴或者后补助的方式来支持企业和科研机构积极投身到开源发展中来,以更好地促进大数据技术扩散。

7.鼓励推动试点示范项目实施

作为推动高科技应用实施的重要政策手段之一,浙江省应该大力鼓励推动大数据类试点示范项目。通过规划政府领域的大数据试点项目,有效地带动政府社会管理和公共服务中的大数据技术应用。不仅如此,通过推进实施大数据在商业领域的试点项目,充分鼓励科技应用模式创新,以及对应的商业模式创新,从而可以反馈于整个产业,以推动产业发展。美国联邦政府在大数据试点项目规划方面有着十分明确的战略方向,其主要特点是“聚焦政府领域应用,落实具体部门”。美国发布的《大数据研究与发展计划》详细地给出了联邦部门大数据项目列表。纵观该列表，几乎均是涉及国家战略发展、不适合市场化的核心领域大数据项目，并将这些项目落实到具体部门和机构来实施。此外，大数据在商业领域的开展在美国也十分广泛，所以政策引导需着力推动政府领域的项目实施。

8. 推进个人数据隐私保护政策的实施

大数据时代无论是技术创新还是商业模式创新都不断强调开放和平台，这不可避免地会带来公民数据隐私的问题。过度放开数据管制会带来公民个人隐私的泄露，过度收紧数据管制又会阻碍大数据领域创新的推进。因此，浙江省在个人数据保护上，需要参考结合国际立法理念的演变趋势，对相关制度的调整进行前期行业研究。政府可以通过行业内部组织，及时有效地总结业界的最佳实践，逐步形成并推行行业共识。这一过程的开始可以是试点或示范项目，在试点成熟后可以上升为标准或法律法规，并通过行业自律和政府引导相结合的机制进行推广。

第8章 “互联网+农业”：打造新型农业创新能力

浙江省的农业发展在地理环境方面一直面临着“七山一水两分田”的尴尬，人均耕地不足0.5亩。土地资源的稀缺造就了浙江省在农业发展中对单位效益的极致追求，因此浙江省也非常重视农业科技的发展。在过去几年中，浙江省的农业生产方式完成了从人畜力为主到机械生产为主的转型，也在育种育苗领域有了一些突破。而在质量检测和安全溯源方面，浙江省农业也在积极地寻求突破。近年来互联网和信息通信技术的发展也为浙江省的农业发展带来了巨大的影响。互联网不仅在供给端改变了农业生产的组织方式，还改革了供需双方的嫁接问题。在互联网的催化下，涉农电商改变了农村的生产组织，改善了农民的生活水平，成为探讨浙江省农村发展的一个新话题。

8.1 浙江省“互联网+农业”发展历程：从农业信息化到涉农电商

浙江省平原盆地面积仅占陆地总面积的23.2%，耕地面积占全国的1.3%，相比其他农业大省土地资源较为匮乏。但根据浙江省农业厅的统计数据，2015年浙江省贡献了全国农业增加值的3.1%。浙江省较高的农业生产水平和较高的生产效率得益于浙江省多年以来将发展现代农业作为主要发展方向，致力于发展基于科技的集约型农业。浙江省农业信息化起步比较早，在21世纪之初就完成了农业信息网络平台的建设，实现了信息和资源的共享。而随着互联网的进一步普及和发展，涉农电商成为影响农民生活和农业生产的一大重要的商业模式。

在农业生产和农产品销售环节中一直存在着生产者与消费者对接薄弱的问题。农产品保存时间短而农民的信息获取渠道有限。过去，农民很难依靠自己的力量在短期之内寻找到农产品的目标客户群，因此在农产品的销售中往往存在着大量的中间人。由于农产品销售链条过长,经过中间人的层层加价,尽管农产品的市场交易价格不低,但农民最终只能获得销售收入中极少的一部分。

互联网交易平台和电子商务的出现很好地解决了供应者和需求者的匹配问题,农民通过网络平台可以接入全国范围内的广大市场,这不仅能让农民可以在交易中获得更多的溢价,获取更大的利润,更是降低了交易成本,提高了交易效率。浙江省的涉农电商发展最早可以追溯到十年前,在电子商务平台成立初期,就有农民尝试通过电商平台销售本地土特产。伴随着电子商务的一路成长,农产品电商交易额也在逐年上升。尤其是在12年之后,浙江省的涉农电商发展迅猛,开始被多方关注。这种商业形式也被认作是推动农村经济发展和农民收入增加的一个有效催化剂。

在电子商务高速发展的背景下和国家大众创业万众创新的号召下,2015年6月,国务院办公厅印发了《关于支持农民工等人员返乡创业的意见》,提出鼓励输出地资源嫁接输入地市场,带动返乡创业,鼓励农民工等人员发挥既熟悉输出地(农村)又熟悉输入地(城市)的优势,借助互联网等信息技术进行创业,通过对家乡传统手工业、绿色农产品等特色本地产品的挖掘、商业化、品牌化等,实现输出地资源和输入地市场的嫁接。

根据阿里研究院发布的《2015年中国淘宝村研究报告》,浙江省拥有280个淘宝村,位于全国省市之首,其中金华、温州两个地级市成为全国拥有淘宝村最多的地级市。淘宝村数量可以在一定意义上反映出浙江省在涉农电商发展方面在全国的领先地位。浙江省在涉农电商发展过程中涌现了多种发展模式,有以综合服务商主导的“遂昌模式”,也有以实体的专业市场为依托的“义乌模式”,也有嫁接本地区优势产业的“临安模式”,还有从无到有的“北山模式”。淘宝村和淘宝镇对于浙江省的农村发展意义重大,通过经营网店,大量的农村人口解决了就业的问题,2014年,浙江省的淘宝村就解决了6万人的直接就业。此外,涉农电商还响应国家“大众创业,万众创新”的政策。通过网店的发展,农民们的收入得到了可观提升,不少地区的社会治安也有了明显的改善。淘宝村和淘宝镇的蓬勃发展还吸引了一大批拥有较高学历的毕业生返乡创业,加快了农村的发展和建设。

8.2 涉农电商的运行机制

电子商务区别于传统的商业组织形式,其主要有进入门槛低、突破地域限制和减少流通环节的特征。这些特征让电子商务在农村情境下能和农民与农业更好地结合而产生涉农电商这一新的商业组织形式。涉农电商简单来说就是农民通过互联网销售农产品、手工艺品等产品的行为。过去农民由于生活在较为偏僻的农村,受基础设施落后和地理位置的制约,不能及时全面地获取市场信息。这样的信息不对称导致农民在农产品交易中遇到种种的障碍,一方面,农民没有办法及时寻找到需求方,由于农产品有存放时间短、运输损耗大、库存成本高的特点,很多农产品不能在保鲜时间内对接一个销售渠道,让农民蒙受了一定的损失。另一方面,传统农产品的流通环节非常长,即使农产品在城市中的销售价格并不低,但被销售渠道层层分成之后,农民能拿到手的收入所剩无几。而电子商务通过以下这三个机制,很好地解决了过去农民在农产品销售中遇到的这些问题,让涉农电商成为解决农民生产和销售问题的一个很好的方案。

8.2.1 供需重构

互联网和传统产业的结合可以重构供需。从供给端来看,互联网能提高农业生产效率。农民能借由互联网的手段获取更多的信息,而目前互联网的普及也为农民提供了便捷的农资采购渠道,降低了农民的生产成本。另外近些年来物联网的应用也从工业扩展到了农业,浙江省部分地区已经开始试点将物联网和电子通信技术应用到农业生产中,实现生产环节的监控和农产品的可追溯。这些现代信息化手段不仅可以节约劳动力,还能监测病虫害,可以有效地提升农产品的质量。

在需求端,互联网交易平台能有效地将浙江省乃至全国范围内的交易信息进行整合和匹配,农民通过互联网就能接触到千里之外的市场。而目前由于冷链物流技术的发展,农产品的跨空间、跨时间销售也不再成为制约农产品交易的问题。对很多手工艺品来说,很多目标客户分散在遥远的城市之中,过去农民无法寻找到这些目标客户,而通过互联网交易平台这些零散的需求被聚集了起来,解决了农民在生产这些手工艺品时的规模不经济性，同时农民还能够在销售过程中取得更大的议价能力，最终取得更大的利润。

综上所述，涉农电商可以改变传统农业生产中的规模不经济的问题，通过提供一个可信赖的交易平台，对接供需双方信息，整合供需双方的方式。涉农电商让农民有了一个可信赖的渠道，使其可将自己的产品销往全国各地，这将极大地增强农民的生产积极性并解放生产力。

8.2.2 降低门槛

互联网和传统的交易渠道的一个显著的不同在于其初期需要投入的固定成本大大低于传统商业。农民只需要一台电脑一根网线就可以接入在线市场，而且在线市场的交易手续费也相对来说较低。由于农民群体往往不具备较强的经济实力，无法进入壁垒较高的城市市场，也无法开拓新的市场，因此，在过去，农产品往往只能销售给当地的农贸市场或者农产品批发商。而由于涉农电商的进入门槛较低，除了电脑外不需要投入其他的固定成本，因此对于大多数农民来说是非常具有吸引力的。

另一方面，互联网的发展也同时赋予了农民创新能力。很多农民可能在初期并没有经营好一家网店的经验，但在互联网环境下，农民的试错成本变得非常低，农民可以通过在经营过程中的不断学习和进步逐渐培养起经营能力。互联网的发展加速了信息流通，在这样的环境中，农民的能力将能更快地建立起来。总之，互联网不仅降低了农民进入市场的资本投入，还为农民提供了一个能快速学习的环境，这成为农民参与涉农电商的重要前提。

8.2.3 减少交易环节

在过去，农产品的交易往往有非常长的交易链条，从农民到消费者之间农产品被环环加价。由于农民群体往往在价值链中拥有较低的议价能力，因此在整个价值分配过程中他们只能获得非常小的一部分利润。而涉农电商能将农民直接和个人消费者联系起来，较短的交易链条可以让农民在整个价值分配中获得更多的利润，而同时消费者也能享受到更加优质而低价的农产品。

8.3　涉农电商的机遇与挑战

目前浙江省在发展涉农电商时也涌现出一些问题,主要集中在以下方面。

8.3.1　产品附加价值低,网商盈利能力差

浙江省发展电子商务起步较早,很多地区在2006年就开始涌现出零星的从事电子商务的网商。而当时的在线市场规模并不大,有限的供应商和急速扩张的市场共同造就了早期在线市场供不应求的现象。随着在线交易规模的扩张,这些较早进入市场的网商也完成了早期的原始积累,不仅获得了较好的口碑和用户,也在电子商务的运营和策划上更有优势。但随着市场的完善,越来越多的竞争者加入市场,问题也逐渐暴露出来。

由于大多数的网商创新能力不够,对于产品的运营和策划能力尚且不足,因此在线市场中同类产品的同质化现象非常严重,很多网商,尤其是初入市场的卖家不得不采取打价格战的战略来提高自身产品的市场占有率,长此以往造成大多数网商的盈利能力并不强。近年来日益增长的广告宣传费用和人工费用更让很多依靠低价战略起家的网商的处境雪上加霜,甚至有些网商会面临卖一件亏一件的尴尬处境。再加上目前网商融资环节仍有诸多问题没有解决,目前的在线市场对于初创的网商来说已不再是充满机会的蓝海。

8.3.2　发展面临瓶颈,人才土地制约发展规模

涉农电商进入壁垒低,仅用一根网线一台电脑,就足以让农民接入巨大的在线市场。比起传统市场来,由于不需要在商铺和仓储方面的投资,发展涉农电商对农民来说原始投入较小。农民更乐于接受这种低风险高回报的方式。在涉农电商运营的初期,由于尚未建立起一定的规模,大部分网商都以家庭作坊式的运营方式度过初期的发展。这为农民节省了大量的运营成本,并且降低了投资风险。然而,在发展壮大之后,许多网商都表示面临难以扩大规模的发展瓶颈。

首先,由于许多网商地处偏远,本地区人才外流严重,因此在运营和策划类的人才方面显得比较缺乏,这就导致了许多网商即使在早期野蛮发展时期积累

了一定的资本,也因难以寻求到更加高端的人才而限制了网店的发展。除此以外,土地资源的限制也是另一个制约大多数网商扩张的因素。在初期,一般的网商并不需要非常大的运营场地,大多数网商都能通过少量的租用解决仓储和运营所需的空间。然而,随着规模的扩大,网商无法获得随着规模扩大而扩大的仓储空间,这一问题使得网商无法在初期发展之后继续扩大自身的规模。

8.4 浙江省涉农电商的典型案例

8.4.1 遂昌模式:综合服务商推动涉农电商发展

遂昌县位于浙江丽水,自然环境优美,有“九山半水半分田”之称。由于交通不便,遂昌县的工业一直没有得到很好发展,但因为天然环境的优势,其农产品有着较高的品质,却一直无法摆脱小而散的生产规模。

2005 年至 2010 年间,遂昌县开始零星出现销售土特产的网店,但由于当时的物流并不发达,且农民的经营能力有限,并未形成大规模的网店。2010 年 3 月 26 日,在返乡创业的潘东明的大力推动下,遂昌网店协会(以下简称遂网协)由遂昌团县委等政府机构和企业共同发起成立,并开展了一系列免费培训,指导农民进行网店的经营。由于政府的支持,遂昌从事土特农产品电子商务的网商数量迎来了短暂的增长,增加到近千家。然而这些网商也同样未能形成气候。潘东明认为农民网商普遍经营能力比较差,议价能力比较低,网商们在初期的经营中由于规模较小,因此经营成本较高,很难收回成本。于是,他发动遂昌网店协会部分理事筹资成立遂网电子商务有限公司(以下简称遂网公司)。遂网公司和遂网协有机结合。一方面由遂网协为网商们提供免费的培训;另一方面由遂网公司出面为网商们进行供应链的整合,并提供低价的电子商务服务。有了遂网公司,遂昌涉农电商进入健康良性的快速成长期。截止到 2013 年年底,遂昌网店协会共有会员 1600 多家,其中网商会员 1400 余家,供应商会员 200 余家,服务商会员(包括物流、快递、银行、运营商,以及摄影、网页设计等服务商)近 50 家。在 1400 余家网商会员中,城镇人员和农村户口人员比例相当,大学毕业生近 500 人,为城乡中青年群体提供了近 5000 个就业岗位。2013 年 5 月遂昌又创建了浙江赶街电子商务有限公司,在村里建立“赶街”电子商务服务站。通过为农民提供本地生活信息服务、电子商务和农村创业三大便民服务,将电商触角根植于广大农村。截至2014年6月,已发展“赶街”网点数140个,带动农村就业约200人。在政府的支持下,潘东明以不足200人的团队很快建立起电子商务综合服务平台,现已进入模式稳定、多地复制的快速成长期。遂昌的涉农电商发展得到了政府与社会各界的认可,2012年获评“最佳网商城镇”,“遂昌馆”亦成为淘宝“特色中国”中第一家县级馆。遂昌逐渐形成了农产品的一个地域品牌,给消费者留下了原生态、健康、绿色的印象,这一地域品牌为遂昌的农产品增加了新的价值。而为了维护此地域品牌的声誉,遂网公司联合当地政府共同制订了一系列标准和法规,以管理当地数量庞大的农民网商。2013年6月,遂昌县获评浙江省首批电子商务示范县。而现在,遂昌县更是希望通过其网商强大的影响力发展生态旅游业,将农产品交易和旅游业开发捆绑在一起,既吸引游客来体验遂昌天然优美的风景,又要让消费者通过旅游来认可遂昌农产品的质量。

在遂昌模式中,遂网集团创始人潘东明在遂昌的涉农电商发展过程中起到了非常关键的作用。他作为一名回乡创业的“新农人”,既可以通过他在城市中积累的关系和经验聚集创业所需的资源和技术,又可以凭借自己对于家乡的了解发现创业机会。像这样的新农人已经成为涉农电商创业的主力军。他们不仅自身取得了创业的成功,还能推动各大地区涉农电商的发展。通过调查研究发现,最早一批的淘宝村中,普遍都有一个在行业内备受关注的行业带头者。他们通过自身的行动,鼓励了更多村民参与互联网创业,并且通过自身的影响力在当地建立起一个能促进知识迅速流通的知识网络,通过培训、讲座等形式,使得更多原本缺乏信息化能力的创业者迅速地获取到相关知识。而在遂昌模式中,遂网公司这一综合服务商的推动和主导作用成为遂昌模式的一大特色:其电子商务的发展并非来自农民的自发活动,是遂网公司组织起了零散的农户,打通并重构了农产品产业链条,并在这一过程中找到了自己作为涉农电子商务服务商的定位,积极发挥了资源整合、标准制订、利益协调等中介组织的强大作用,从而解决了农产品电商产业链过长和农民能力较低、农产品非标准化生产和高品质农产品稀缺、农业生产活动零散分布和规模经济能够带来更高收益这些固有矛盾。遂昌的涉农电商创业者都得以在创业初期从遂网公司获得较为低廉的互联网电商服务,如仓储、摄影、网店设计等,而遂网公司也在遂昌电商发展的过程中积极培育地域品牌,设立统一的产品标准,推动区域电子商务的健康发展(见图 8-1)。

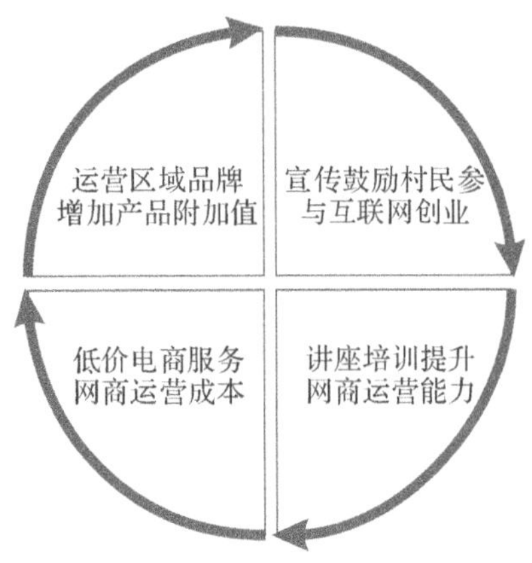

图 8-1 遂昌模式中综合服务商推动涉农电商发展的机制

8.4.2 义乌模式:依托本地综合市场的电商发展

义乌位于浙江省金华市,在过去由于地理偏僻,一度非常贫穷,为谋发展,勤劳勇敢的义乌人民以"鸡毛换糖"的形式走街串巷地进行小商品的交易,逐渐让义乌成为全国著名的小商品交易的集散地,在义乌建立起了全国范围内第一个小商品批发市场。如今,义乌已经成为我国最富庶的县市之一。义乌最大的小商品批发市场"中国义乌国际商贸城"已经建成 5 区,拥有营业面积 470 余万平方米,7 万多个展位,日均从业人员超过 20 万,客流量也超过每日 20 万人次,被联合国、世界银行等机构评为全球最大的小商品批发市场。

而义乌电子商务的发展也和当地的小商品批发市场息息相关,早在 2000 年前后,就有零星的网商进驻义乌开始电子商务创业。由于背后依托着义乌较为强大的专业市场以及便捷的物流体系,这些网商寻找到了一个门槛较低的创业机会。乘着电子商务发展初期的高增长,这些网商们也发展迅猛,并且吸引了一大批创业者来到义乌。被誉为中国网店第一村的义乌青岩刘村的村民们原本也和义乌的其他村庄一样,背靠本地的专业市场,将收取的租金作为主要的收入来源。但 2008 年,青岩刘村附近的一个专业市场搬迁,村民们遭遇了大规模的退租,无法维持原本的收入水平。为了保证收入,有村民提出可以再培育一个专业街,但村民刘文高则提出要搞电子商务。那时电子商务在义乌的影响力并不大,村民们对电商的概念也就是当时几个租住在青岩刘村开淘宝店的年轻人。但刘文高指出,这些搞电子商务创业的年轻人普遍都缺少资金,青岩刘村可以通过相对低廉的房租吸引他们入驻。刘文高自己也开了网店,在自己创业和与周围创业者的交谈过程中,他还认识到,由于这些外来的创业者都普遍没有本地的商务资源,因此进货渠道都依赖义乌的专业市场,但因为做网店,一般无法大批量地进货,因此在和当地市场里的供货商的博弈中就无法取得较低的进货价格。于是,刘文高提出了“抱团串货”的概念,将村子里网商们零散的需求先统一起来,再一起和供应商议价,以提升网商们的议价能力,从而可取得较低的进货价格。在电商服务商方面,村子里也进行了资源的共享,将摄影、文案、美工的需求统一打包,大大降低了网商初期的运营成本。

青岩刘村由网商自发形成了行业协会,来协调网商们进行资源的共享,形成了一个适合低成本创业的氛围。当青岩刘的情况传播出去之后,这一良好的创业环境吸引了更多的人才到义乌进行创业。网商行业协会也进行了更多的模式创新,比如解决网商难以大量囤货的困难,使得网商可以先接单再进货,进一步降低了义乌网商的运营成本,提升了整体的运营效率。随着这些创新模式的有效实施,青岩刘村也愈发地像一个网商孵化器。近年来当地政府联合淘宝大学和本地的高职院校开展了整体的网商培训课程,让当地网商的运营能力得到了进一步提高。

2012年,义乌的在线交易额突破174亿元。截至2013年6月,注册地为义乌的网商突破了10万家,义乌铸就了农村电子商务的一大奇迹。义乌模式的关键在于其背后依托的专业市场,电子商务的发展和义乌传统的商贸经济的发展相辅相成。一方面,传统的专业市场为义乌的网商提供了得天独厚的条件,让义乌的电子商务发展获得了区别于其他地区的核心竞争能力;另一方面,电子商务的发展也不断推动着传统产业的转型升级。如今义乌被称为网商们的“黄埔军校”,建立了一个个孵化器来鼓励青年创业者创业。同时,义乌本地的职业学校也凭借义乌电子商务发展的天然优势进行电子商务人才培养,为义乌电子商务的发展输送着新鲜的血液。在青岩刘村的涉农电商发展过程中,最明显的特点是根据义乌网商的特征自发进行的一系列商业模式创新,使青岩刘村拥有了良好的创业环境。对于网商来说,在义乌创业不仅能有效地解决货源的问题,还能以较低的价格获取电商综合服务。这样一个创业环境自然也能吸引一大批人才的涌入,形成了良性循环(见图 8-2)。

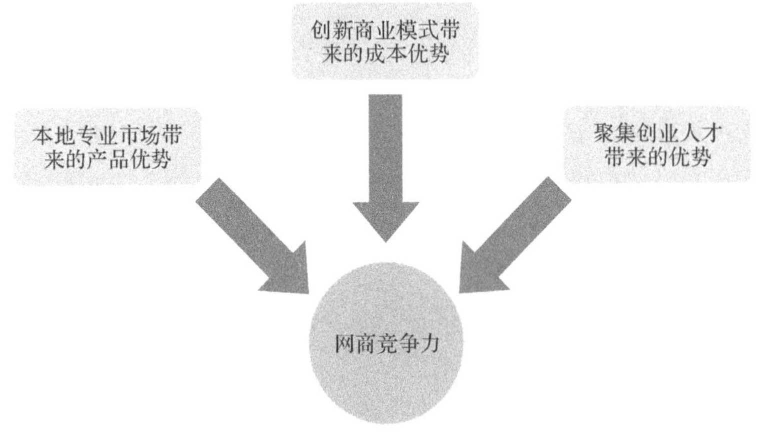

图 8-2　义乌模式中本地网商的竞争力来源

8.5　浙江省培育“互联网+农业”新型能力的政策建议

目前淘宝村的发展遇到了一些挑战。首先是随着互联网经济的发展,过去几年电商的扩张速度已经逐步放缓,电子商务已经从蓝海变为了红海。由于互联网拓宽了交易的边界,同时也意味着淘宝村的电商们要和没有地域限制的大量竞争者在同一市场中竞争,因此,提升涉农电商的核心竞争力是非常关键的问题。遂昌模式中通过政府、行业协会和综合服务商共同努力形成一套管理办法和产品标准对本地网商展开监管,可以避免在竞争过程中劣币驱逐良币。另外,人才和土地方面的资源限制也是未来淘宝村需要突破的一个问题。在义乌模式中,通过创新的商业模式和与传统专业市场的互动来突破这一瓶颈的案例也可以为浙江省许多有块状经济特征的县市区提供借鉴意义。综上所述,本课题组提出了以下三条政策建议。

8.5.1　建立电子商务产业园,优化土地配置

根据当地电子商务发展的需要,建设功能完善的电子商务产业园区。通过

政策、资金、税收等优惠条件引进包括创业咨询服务机构、专业物流企业、金融与担保机构在内的各类服务机构,同时建设公共服务和公共孵化平台,构建电子商务生态系统,降低网商的运营成本。

电子商务产业园不仅能解决网商们目前面临的土地资源制约规模扩张的问题,还能让网商们集聚起来,以规模经济获取成本更低的专业服务。

8.5.2 结合本地职业培训,加快人才培养

立足区域与行业平台设立职业技术学校,学历教育和职业培训双管齐下,为当地电子商务的发展提供人才储备。在办学方向上,根据地方人才结构特点,培养当地电子商务发展紧缺的技术型和技能型人才;在办学层次上,以中等职业教育为主,有条件的地区创办或引进高等职业教育,丰富人才培养结构;在办学形式上,通过远程教育、订单式培训等多种灵活方式满足行业发展需求。

发展职业教育能培养本地区的人才进行电子商务的运营。这一方面能从根本上解决由于地区对高端人才吸引力弱而导致人才缺乏的问题;另一方面可以培养更加适合本地区电子商务发展的人才。

8.5.3 发挥行业协会作用,规范市场竞争

应该发挥行业协会在规范本地市场中的作用,制订质量标准,避免由于个别不良网商而影响到地域品牌。有效的质量标准的设定和实施有助于帮助消费者识别优质的产品和服务。行业协会还应该发挥其自身作用,鼓励地区产业进行差异化竞争和品牌运作,增加产品附加价值。地方政府应该给予行业协会更多的支持,使它们能发挥服务功能,开展行业自律,更好地为网商服务。还应鼓励行业协会探索建立行业预警管理机制,对危及行业发展和网商利益的事件建立快速反应机制和行动预案。

目前淘宝村存在大量的恶性竞争和同质化问题,鼓励自发、自愿、自治的行业协会在本地市场中起调节作用,能很好地维护地区市场稳定,促进区域品牌的形成,服务地方网商,最终有利于整个地区电子商务产业的可持续发展。

第四篇　政策启示

近年浙江省经济的持续发展为下一步继续深化经济转型升级提供了稳定的物质基础和工作基础。通过本书之前章节的分析可以发现，浙江省在向创新强省、经济大省转变的过程中仍存在诸多问题。特别是在未来需要重点发展的创新型经济领域，存在较明显的结构不均衡、发展质量不高等问题。浙江省以传统产业和劳动密集型产业为主的制造业，总体上处于全球产业链的低端，产品附加值偏低，在中高端市场缺乏竞争力，依然主要以大量资源消耗的增长方式为支撑，主要产业发展层次低、竞争力薄弱，整体创新型经济格局尚未形成，传统产业竞争的格局没有实现根本转变。浙江省产业主要集中在“微笑曲线”的前半段，主要依靠低成本、低价格以获取竞争优势。在技术方面的创新也缺少重大突破，高科技产业和现代性服务业成长速度较慢。

第9章　政策建议

改革开放以来，浙江凭借沿海区位、政府先动等先发优势，传统产业发展迅猛，创造了经济发展的奇迹，国内生产总值跃居全国前5位。但近年来，浙江省的成功经验被各兄弟省市学习模仿和广泛引进，使得浙江省的先发优势不断弱化。而处在发展期的浙江省，没有对下一发展范式做出迅速反应，还沉浸在之前的发展范式中。别的省市在学习浙江省传统产业发展的同时，不断加快传统产业改造提升、加大高技术产业发展，这样就更进一步弱化了浙江的发展优势。因此，再创浙江经济发展的新优势需要经济的转型升级。前文基于浙江省统计数据以及真实产业案例，对2014年浙江省创新型经济的运行情况进行了全面的梳理与总结。在经济转型、范式转变的时期，浙江省发展创新型经济可谓机遇与挑战并存。随着浙江经济逐步迈入新常态，加快发展创新型经济是实现产业升级、经济结构调整、打造创新强省和经济大省的有效途径。提升传统产业创新能力以推进传统产业改造升级以及加强企业自主创新能力建设是重中之重。因此，本章将从产业层面以及企业层面分别给出在经济新常态下浙江省发展创新型经济的政策建议。

9.1　针对宏观层面的政策建议

9.1.1　突出企业主导，完善技术创新体系

产业技术创新体系是企业技术创新活动的主要载体，而企业又是创新的主体。因此技术创新体系建设需要着重推动5个方面工作：一是加强企业自身研发机构建设，对不同研发投入的企业实行梯度税收减免政策。进一步深化省、市两级企业技术中心管理体系建设，同时着力打造国家级创新研发示范基地在企

业中的建设。在不断深入优化传统产业的同时，积极开展高新技术、现代服务业等企业技术中心的培育、认定和建设工作，形成传统制造业、高新技术产业、高技术服务业、新兴服务业等多个行业较完备的企业技术创新系统，增强高新技术产业对传统产业的推动作用。二是深入开展新兴技术创新综合试点，为企业技术创新的快速商业化提供相应的政策支持，利用集群优势助力商业化过程。积极帮助规划建设一批重点企业研究院，为一些核心关键产业设立重大专项。三是助力青年科研创新力量的成长，实施青年科学家培养计划，输入新鲜血液，不断增强创新驱动力。四是大力培育国家级技术创新示范企业。抓住国家开展技术创新示范企业培育的有利时机，积极培育省级技术创新示范企业，发挥其技术创新引导和示范作用。五是深入推进政府创新服务平台建设。围绕重点需要发展的战略性新兴产业和提升传统优势产业关键共性和重大技术攻关领域，大力开展共性技术攻关、创新创业扶持等创新服务平台建设，支持企业开展技术攻关，加快创新成果产业化。

9.1.2 强化市场导向，创新发展动力机制

充分发挥市场机制在配置技术创新资源中的基础性作用，强调用市场化驱动创新发展，用机制驱动创新，进入良性循环。主要需要做好以下几方面工作：一是加强突破性创新认定奖励工作，特别是装备制造方面的首台(套)认定奖励工作。建立健全重大技术装备突破的保险机制，从制度上支持企业研发和推广应用重大技术装备，提升传统产业企业创新能力，推进传统行业迭代升级。二是继续实施“浙江制造精品”工程。按计划每年公布“浙江制造精品目录”，每年更新迭代。同等条件下，优先鼓励本省企业、政府主导型投资项目以及政府集中采购优先使用“浙江制造精品”。三是针对浙江省传统制造业“机器换人”的急切市场需求，实施企业改造提升工程。积极探索建立双向激励互补机制，在推动传统制造方式改造的同时，利用智能化装备，提升传统装备的数字化程度，能追溯到每一个生产环节，并全面优化，从而实现对智能化设计、研发和产业化能力的提升。四是加强政府与高校、科研机构、领先企业的合作，打造沟通平台，发觉并瞄准市场需求和技术升级方向，三方联合制定编制高水准的重点产业技术路线图，三方联手引导行业发展，以准确把握技术发展趋势，开展技术创新，抢占产业技术制高点。五是总结梳理市场发展规律，从产业链视角，形成纵向产业技术联

盟，通过技术合作，集群作用，共同分享利益，促进创新能力协同提升。从中间产品视角，利用产业间产品互补性，形成横向合作协同。以此建立产业生态系统，利用纵向和横向的“打通”，整体提升生态中产业的创新能力。

9.1.3　开展协同创新，完善“产学研政”合作机制

继续维持浙江省的产业政策导向，始终坚持以产业为主导，以研究开发为基础，以实用、能用和好用当头，着力破解当前“产学研政”合作创新中的突出问题。首先，建立“产学研政”四方合作创新的省级协调机制，统筹谋划，合理安排，建立健全职责清晰、分工明确的合作机制。二是加强产学研项目对接，引入风险投资机构以及社会资金。政府牵头，对行业前沿技术进行梳理，将浙江和兄弟省市进行横向比较，并定期发布浙江省企业前沿技术需求目录；高校及研发机构牵头合作，总结高校前沿实验室的技术突破，同期发布浙江省高等院校及独立研发机构技术项目推介目录，有针对性地向高等院校和企业进行双向推介。为了更好地鼓励技术开发，考虑到技术商业化进程中资本的重要性，引入风险投资机构，力争实现风险共担收益共享。三是建立研究生（重点是博士生）培养企业合作导师制度。在省内重点高校选择重点优势学科，建立院校和企业的双导师制，让博士、硕士研究生贴近产业实际需求进行学科研究。同时让研究生能与产业建立良好合作关系，为留住优秀创新人才做保障。

9.1.4　优化创新环境，加大知识产权保护力度

浙江省在经济发展阶段“模仿创新”现象较为普遍。追赶时期的“模仿创新”是“活下去”的一种有效途径，但简单的复制不仅会使同质化竞争加剧并将竞争锁定在较低的同一范式“价格战”层面，还会打击领先企业的创新动力，进而进一步限制浙江省高新技术的创新。随着经济步入新常态，这种靠模仿进行的产业复制发展模式也需要随之改变，应提倡大力推进各种形式的创新。政府应该从政策上加强对知识产权创造、运用、保护的管理，重点做好三方面工作：一是根据浙江省现有产业发展特点，通过行业协会、产业联盟等组织，培育专有技术保护机制，加强对特定领域的专有技术保护。二是强化联合执法、案件会商、信息共享等机制，依法惩治侵犯知识产权的违法犯罪行为，切实保护企业合法权益。不仅如此，还需进一步加大对侵权违法行为的处罚力度，做到“有必查”“查必罚”

"罚必狠"。三是建立健全知识产权预警机制，定期向企业发布维权指南，并对侵权违法行为进行警醒教育，在各个层面树立知识产权保护意识。

9.1.5 促进政策协同，提高政策导向激励绩效

目前浙江省的产业政策存在"多而散"的现象，亟须构建政策协同扶持机制，使"碎片化"的政策可以高效地协同作用。应切实梳理已有的各层级政策，将已有的各项创新政策用足用好，并突出强调政策之间的协同互补作用。主要需要做到以下几点：一是务必进一步落实支持企业进行技术创新的税收政策，并实行梯度税收抵扣政策。重点解决好企业研发费用税前加计扣除政策在执行中难以到位的情况，做到"该减则减、能免则免"。改进企业的研发费用核算方法，合理、适当地扩大研发费用加计扣除范围。二是加强对财政专项资金使用的监督。浙江省目前财政专项资金的使用效率偏低，相关责任单位忽略审查制度的使用。因此，需要完善财政政策评价与绩效评估制度，提升专项资金利用效率，提升专项资金的集约化水平。三是建立部门间的政策协同、协调机制。经费相对集中的部门，务必要加强沟通与协同，着力形成针对性强、重点突出、集中扶持的机制。利用政策之间的相互协同，打好政策的"组合拳"，以提升财政资金的使用效率。四是探索建立节地奖励制度，加快推进用能、排污等容量指标交易，对企业开展"腾笼换鸟"和"机器换人"后腾出的土地空间的级差收入，腾出的用能指标和排污权的转让和交易收益，全部或部分用于支持企业调整产业结构，促进企业技术创新。

9.1.6 强化开放合作，提升创新国际化水平

随着信息技术的不断突破，在打开产业边界的同时，也"打通"了国界。面对全球经济一体化不断加深的背景，必须要进一步强化开放合作，整合全球的各类优势资源，切实推进企业技术创新国际化。中国依旧是世界人口第一大国，以往的"以市场换技术"的战略虽为产业的发展提供了一定基础，但同时也容易陷入"引进—落后—再引进—再落后"的恶性循环。为了新时期实现追赶，甚至是"超越追赶"，下一步需重点加强三方面工作：一是鼓励企业设立海外研发机构，间接输入国外技术和人才资源，或者直接通过并购或收购海外的研发机构或企业，在遵守商业规则的前提下，吸纳全球高端优势创新资源。二是鼓励企业加强与跨

国公司、国际组织、科研机构的合作，组建产业创新国际合作联盟，开展高层次国际创新合作。三是进一步深化海外人才引进计划，通过政府补贴奖励的方式，引进一批国际创新人才和高端优质项目，入驻未来科技城（海创园）、青山湖科技城，发挥技术溢出与扩散功能，带动园区企业技术创新能力提升。

9.2　针对微观层面的政策建议

本课题组认为，企业是创新活动的主体，是浙江省发展创新型经济的主要载体，为浙江省企业建立良好的、利于发展建设创新型经济的企业政策是十分重要的。对于浙江而言，要提升创新型经济就需要提升创新型企业的竞争力。主要可采用分两步走战略。一是扶持大型优质创新型高新企业，以重点企业为核心，带动商业生态系统以及周边产业的增长，并在此基础上培育一批中小企业成为创新型企业。二是注重培育企业家的“工匠精神”“企业家精神”，并以“创新精神”为抓手。本课题组提出如下几点对策与建议。

9.2.1　强化创新型企业示范作用

以产业进行分类，在浙江省范围内筛选各行业领军创新型企业，总结推广创新型企业的发展模式，示范带动更多的中小企业走创新型的发展道路。然后在浙江省范围内筛选1000家左右具有良好成长性的潜在创新型企业建立培育库，并着重关注浙江省选定的战略性新兴产业。提升企业对特色技术、特色工艺、特色品牌的掌控能力，对市场需求进行持续创新。主要可以采用以下方法。首先，建立“集群大学”。以各产业领军的创新型企业或者潜在创新型企业牵头，在有条件的产业集群中建立专业大学甚至综合性大学，培养能够操作先进生产设备的高素质技术人才。政府建立配套专项财政预算支持“集群大学”的发展和建设。为了扩大集群效应，建议政府可规划专项用地，集中建设，集中管理。其次，根据需要在领军企业或相关集群中建立职业技术学校。借鉴日本、德国的职业教育经验以及培养方案，大幅增加学生的实践操作时间，推进校企联合培养复合型、创新型技术劳动者。为了确保职业技术学校的有序运营，一方面，政府要对牵头企业进行资金支持和相应税收减免，另一方面要对集群内企业引入高素质劳动者实施补贴或者减税，抵消企业吸纳低端劳动力的成本优势，优化员工结构。

9.2.2 推进中小企业生产流程优化

在加快传统产业迭代升级以及新兴产业发展时，不仅需要关注对于产品的突破式创新，还需关注在生产流程上的过程创新，主要着力于以下几个方面：一是加大对企业产品质量检测的力度。对于采用落后技术装备生产的低质产品、污染环境的企业坚决予以查处，督促企业加大研发投入，加快设备进一步迭代升级。二是通过金融、财税优惠政策鼓励智能机器的引入，加大生产设备更新。利用先进的生产设备缩短产品开发和生产时间，提高企业生产效率，以工艺流程创新带动产品创新来增强产品竞争优势。三是健全和完善各项企业生产规章制度，在装备、工艺、操作、考核等方面制订合适的管理标准，采用现代管理技术方法和手段。

9.2.3 推进中小企业工业化与信息化的两化融合水平

随着信息技术不断升级以及智能设备的普及，工业智能时代已经到来，强化企业的信息化与工业化水平的提升已是大势所趋。而工业化和信息化对于中小企业来说更是在范式转变期实现“弯道超车”的助力器。一要指导中小企业实施信息化，加强企业信息管理工作，提高科学管理水平，建立现代企业制度，在企业研发、生产、市场、服务等各个环节全面推动信息化建设。二要设立两化融合专项引导资金，用于支持信息化项目的开展，从而推进信息化在中小企业中得以较快速度普及。三要搭建公共信息服务平台，促进企业内部与外部之间的信息共享，提高整体信息化水平，最大限度发挥企业内部以及利用外部的资源、技术和市场的优势，提高市场反应速度。

9.3 企业提升自主创新能力存在的问题及解决方案

在全球化竞争不断加剧的今天，我们也需要全球化为企业带来的好处。但如何获取和整合全球创新资源，加快形成自主创新能力，是企业目前亟待解决的重大现实问题。企业需要通过有效的学习增强自主创新能力。对于战略寻求型对外投资来讲，除了有效的学习以外，还需要对所获得的资产进行有效控制。怎样同时兼顾有效学习和资产控制，获取合适的资源，以及怎样对获取的资源进行整合，从而形成能力，是企业目前面临的瓶颈问题。

9.3.1　增强资产获取的有效性上存在的问题

根据现有的研究，目前许多企业在技术资产、品牌资产的获取方面，有效性不高，不利于提升自主创新能力。主要有以下三点：

第一，资产寻求缺乏长期导向的规划，往往获取不到战略性的核心资产。部分企业在并购活动中拿不到所需的知识产权、品牌等的控制权，即使获取了知识产权，也很难获得研发流程和组织体系。部分企业的资产获取瞄准短期所需，缺乏从提升自主创新能力出发的长期规划。

第二，资产获取缺乏互补性。部分企业只侧重于技术资产或品牌资产，而没有从创新过程的互补性出发，获取各个环节所需的战略资产。

第三，资产获取缺乏全球布局意识。部分企业没有在全球范围内主动搜寻战略资产，缺乏主动性，也没有在全球范围内考虑各个地区的区位优势，博采众长。

9.3.2　资产整合提升中存在的问题

企业在获取了创新所需的战略资产之后，需要通过企业内外的组织网络来整合、协调各类战略资产，而目前相当多的中国企业没有实现这样的全球资产整合。只有对创新的各个环节进行整合协调，才能顺利实现新技术的商业化。只有对资产进行整合提升，才能真正形成难以被购买和模仿的创新能力。当前众多的大中型企业在企业内部和企业之间都迫切需要进行资产整合，以形成协同创新的优势。

9.3.3　实施自主创新的全球价值网络规划

第一，从目标上看，价值网络规划应瞄准全球价值网络中的自主创新和产业升级。制造企业从技术引进、消化吸收集成到突破式原始创新的自主创新提升路径，对应 OEM（代工）到 ODM（贴牌）直至 OBM（代工厂经营自有品牌）的产业升级路径。技术资产和品牌资产都应该是自主创新所亟须获取的战略资产,也是实现产业升级的壁垒和关键。

第二,从价值网络的一般特征入手,应优化价值网络中的创新分工协作。以制造业不同价值环节的协同为突破口,构建"设计—生产—服务"(DMS)协同的高附加值创新网络。整个制造过程可以分布在全球不同区域,由多个企业内的分支机构以及合作伙伴完成。整个过程所涵盖的战略资产需要进行控制和整合。

第三,应从区域角度出发,详细分析全球各主要经济体的区位优势,实现"设计—生产—服务"各个环节的最优区位布局。尤其要从创新的角度,分析各个区域在研发、产品设计、生产工艺、服务等方面的创新基础和活力。

第四,对于大企业而言,要强化产业链共赢,增强产业链整体竞争力,制定推动本地集群网络共同发展的战略,形成区域稳定的供应联盟和创新联盟。

第五,对于中小企业而言,要加快自主创新能力的形成,形成为龙头企业配套的产品系列创新与升级能力,主动对接龙头企业,增强在网络中的嵌入性,推动集群创新能力的发展。

9.4 培育企业家精神的建议

浙江省企业家精神的培育和发展,也可以有内部和外部两种途径。内部途径主要是通过政策支持、培训、加强交流等方式增强省内企业家的发展信心;外部途径主要是通过引进外资、引进高新技术企业、引进高层次人才等方式为浙江省的经济发展、创业精神注入新鲜血液。

9.4.1 企业家精神培育和发展的内部途径

浙江省已经出台了较多的产业扶持政策,鼓励产业集群加强与高校等科研机构合作,给予税收优惠,配套相关的基础设施以及不同形式的资助。除此之外,浙江省还开设了以提升中小企业家为目的的培训课程,提升和开阔企业家的眼界,树立企业家的信心,提供互相交流和合作的平台。地方政府也根据不同产业集群的特征,加强行业协会在产业集群中的积极作用,充分调动集群企业家二次创业的积极主动性。同时,加强平台建设,例如公共服务平台、交流合作平台等,为中小企业提供必要的资金和技术支持,为集群所有企业提供交流和合作的渠道。但这些仍远远不够,政府的产业集群政策应当避免"零和博弈"的陷阱,要从长远角度启动集群发展计划,吸引集群企业作为主体参与政策制定。单纯依赖税收优惠等政策只能使集群企业获得暂时的竞争优势而弱化了企业家精神。可以参照波特的《国家竞争优势》所提到的相关理论来辨别不同政策对企业家精神的强化和弱化作用,多采用利于长远发展的集群发展计划。

9.4.2　企业家精神培育和发展的外部途径

引入外资和高新技术企业需要产业园区规划以及土地资源的供给保障,这些客观因素一定程度上制约了浙江省通过这种途径培育和发展企业家精神的进度。但是,有两种途径可以在现有条件下充分利用。

首先是人才引进。以政府为主体,号召中小企业开展中高层管理人才预备的大型招聘会,并充分运用媒体的力量,将浙江的中小企业招聘做成品牌,吸引有志青年前来应聘,为企业输送充满朝气的血液,带动企业积极向上的精神面貌;同时建立引进人才档案管理和引进人才保障机制,通过精神层面的交流、关怀以及物质层面的基本保障,留住人才。同时,各行业、各集群内部可以有计划地与省内外高校合作,构建企业大学,以学校学习、企业实习为主线双向培养具备一定科学文化素质又能够尽快融入企业基层工作的"蓝领"人才,并通过制定具有吸引力的职位升迁体系,吸引和保留这些人才,为企业注入优质的"燃油"。

其次是将浙商总部迁回浙江,吸引大型优势项目入驻。目前,基于浙江制造的浙商已经遍布全球,但是缺乏来自浙江的有力支撑。为浙江省、全国乃至全球的浙商提供"大本营"服务,建立集成多元支撑服务体系的全球浙商大本营应该成为一项战略性任务。除通过举办"年度全球浙商大会"等尚属表面的活动外,更应战略性地推动省内最有条件的浙江大学等机构,建立长效的、与国际一流机构合作的集研究、教育、培训、案例、档案、寻根、文化等为一体的"全球浙商研究院"等,建立浙商档案馆、浙商博物馆等。以中心城市或特色集群为核心构筑以研发、检测、金融、知识产权、文化、创意、休闲等多元服务生态体系为支撑的现代总部经济极。

参考文献

Adner R，Kapoor R. Value creation in innovation ecosystems：how the structure of technological interdependence affects firm performance in new technology generations [J]. Strategic Management Journal，2010，31 (3)：306-333.

Amit R，Zott C. Value creation in e-business[J]. Strategic Management Journal，2001，22(6/7)：493-520.

Anderson C. The long tail[EB/OL]. Retrieved from http://www.wired.com/wired/archive/2004-12-10/tail.html.

Baden-Fuller C，Haefliger S. Business models and technological innovation[J]. Long Range Planning，2013，46(6):419-426.

Chesbrough H. Business model innovation：opportunities and barriers [J]. Long Range Planning，2010，43(2)：354-363.

Chesbrough H，Rosenbloom R S. The role of the business model in capturing value from innovation：evidence from Xerox Corporation's technology spin-off companies[J]. Industrial and Corporate Change，2002，11(3)：529-555.

Christensen C M，Leslie D. The Innovator's Dilemma[M]. Cambridge：Harvard Business School Press,1997.

Dixit A K，Grossman G M. Trade and protection with multistage production [J]. Review of Economic Studies，1982,49：583-594.

Enkel E，S Heil. Preparing for distant collaboration：Antecedents to potential absorptive capacity in cross-industry innovation[J]. Technovation，2014,34(4)：242-260.

European Commission. 2007 Innovation Scoreboard[R]. European：European Commission，2007

Geroski P A. What do we know about entry [J] . International Journal of Industrial Organization,1995,13(4):421-440.

Gerstlberger W. Regional innovation systems and sustainability — selected examples of international discussion [J]. Technovation, 2004, 24 (9): 749-758.

Greenaway D,Milner C. A cross section analysis of intra-industry's trade in the UK[J]. European Economic Review, 1984, 25: 319-344.

Helpman E. Trade FDI and the organization of firms[R]. NBER Working Paper, No. 12091,2006.

Henderson R M. Clark K B. Architectural innovation: The reconfiguration of existing product technologies and the failure of established firms[J]. Administrative Science Quarterly, 1990,35(1): 9-30.

Kim W C, Mauborgne R. Value innovation: the strategic logic of high growth [J]. Harvard Business Review, 1997, 75(1).

Klepper J H, Entry M. Exit and shakeout in the united states in new manufactured products[J] . International Journal of Industrial Organization,1995, 13 (4):567-591

Lewis W A. The Theory of Economic Growth [M], London: George Allen&Urwin, 1955.

Moore J F. Predators and prey: A new ecology of competition[J]. Harvard Business Review, 1993, (May/June): 75-86.

OECD. National Innovation Systems[R]. Paris : OECD, 1997.

Evangelista R, Iammarino S, Mastrostefano V A. Looking for regional systems of innovation: evidence from the Italian innovation survey[J]. Regional Studies, 2002,36(2): 173-186.

Teece D J. Business models, business strategy and innovation[J]. Long Range Planning, 2010, 43(2):172-194.

The Massachusetts Technology Collaborative. Index of the Massachusetts Innovation Economy—2009[R]. John Adams Innovation Institute,2009.

The Global Innovation Index 2012[M], https://www.globalinnovationindex.org/.

The Global Innovation Index 2013[M], https://www.globalinnovationindex.org/.
The Global Innovation Index 2014[M], https://www.globalinnovationindex.org/.
UNIDO. Industrial Development Report 2009 [M]. http://www.unido.org/fileadmin/user_media/Publications/IDR/2009/IDR_2009_print.PDF, 2009.
Zott C, Amit R. Business model design: an activity system perspective[J]. Long Range Planning, 2010,43(2):216-226.
阿里研究院.2013年中国城市电子商务发展指数报告[R].2013.
阿里研究院.2014年中国电子商务示范城市发展指数报告[R].2014.
北京统计年鉴委员会.北京统计年鉴2013－2015[M]. 北京:中国统计出版社,2015.
陈佳贵,黄群慧. 工业现代化的标志、衡量指标及对中国工业的初步评价[J].中国社会科学,2003(3):18-28.
陈亮,盛振中,张瑞东等. 中国淘宝村研究报告(2015)[R].阿里研究院,2016.
工业和信息化部信息化推进司.中国电子信息产业发展研究院. 2013年中国信息化发展水平评估报告[R].2013.
广东省统计局.广东统计年鉴2013－2015[M]. 北京:中国统计出版社,2015.
国家统计局,国家发展和改革委. 工业企业科技活动统计年鉴2013－2015 [M]. 北京:中国统计出版社,2015.
湖南日报.2025年迈入制造强国行列[EB/OL]. http://news.ifeng.com/a/20150520/43795153_0.shtml
江苏省统计局. 江苏统计年鉴2013－2015[M]. 北京:中国统计出版社,2015.
科技统计资料汇编2013－2015[R]. http://www.sts.org.cnzlhb.
李江帆.第三产业经济学[M].广州:广东人民出版社,1990.
钱纳里 H S,鲁宾逊 M•赛尔奎因.工业化与经济增长的比较研究[M].中译本.上海:上海三联书店,1989.
山东省统计局.山东统计年鉴2013－2015[M]. 北京:中国统计出版社,2015.
上海市统计局.上海统计年鉴2013－2015[M]. 北京:中国统计出版社,2015.
沈健芬. 浙江农村电子商务调查与分析[OB/EL]. http://www.zj.gov.cn/art/2016/5/30/art_5499_2125060.html.
史丹.中国服务业发展报告2012[M].北京:社会科学文献出版社,2012.

王小平.现代产业体系与服务业发展[M].北京:人民大学出版社,2011.

王艳磊.德国工业 4.0 战略透视[EB/OL].http://www.cnii.com.cn/internation/2015-03/11/content_1543198.htm

夏杰长,张晓兵.我国现代服务业发展目标与战略思路[J].经济研究参考,2012(4).

夏杰长.打破垄断和完善规制:深化现代服务业改革的关键所在[J].北京工商大学学报(社会科学版),2013(3).

杨玉英,邱灵,洪群联.我国服务经济发展的现状评价和趋势预测[J].经济纵横,2013(3).

袁卫.农博会:浙江现代农业风向标[J].今日浙江,2012.

张海鹏,曲婷婷.第三产业发展的国际比较及启示[J].经济纵横,2013(5).

张家伟.创新与产业组织演进:产业生命周期理论综述[J].产业经济研究,2007(5):74-78.

浙江省经济和信息化委员会.浙江省制造业发展"十三五"规划[R].2016-08-31.

浙江省人民政府.中国制造 2025 浙江行动纲要[R].2015.

浙江省统计局.浙江统计年鉴 2013—2015[M].北京:中国统计出版社,2015.

中国电子信息产业发展研究院.2014 年中国信息化发展水平评估报告[R].2014.

中国商业电讯.鸿雁电气牵手台湾东贝光电[EB/OL].http://finance.ifeng.com/roll/20091217/1594729.shtml

中华人民共和国国家统计局.中国城市统计年鉴 2013—2015[M].北京:中国统计出版社,2015.

中华人民共和国国家统计局.中国高技术产业统计年鉴 2013—2015[M].北京:中国统计出版社,2015.

中华人民共和国国家统计局.中国科技统计年鉴 2013—2015[M].北京:中国统计出版社,2015.

中华人民共和国国家统计局.中国统计年鉴 2005—2015[M].北京:中国统计出版社,2015.

中华人民共和国国务院.中国制造 2025[R].2015-05-19.

朱敏慧."工业 4.0 的机遇[J].汽车与配件,2015(2):4-4.